A PSICANÁLISE NAS POLÍTICAS PÚBLICAS

Blucher

A PSICANÁLISE NAS POLÍTICAS PÚBLICAS

Bem-estar e mal-estar social

Adriana Simões Marino

A psicanálise nas políticas públicas: bem-estar e mal-estar social

Editora Edgard Blücher Ltda.

Publisher Edgard Blücher
Editor Eduardo Blücher
Coordenador editorial Rafael Fulanetti
Coordenação de produção Andressa Lira
Produção editorial Ariana Corrêa
Preparação de texto Mariana Naime
Diagramação Thaís Pereira
Revisão de texto Regiane da Silva Miyashiro
Capa Laércio Flenic
Imagem da capa AhighMentality, de Vitor Tritto Domingos de Oliveira

Blucher

Rua Pedroso Alvarenga, 1245, 4º andar
04531-934 – São Paulo – SP – Brasil
Tel.: 55 11 3078-5366
contato@blucher.com.br
www.blucher.com.br

Segundo o Novo Acordo Ortográfico, conforme 6. ed. do *Vocabulário Ortográfico da Língua Portuguesa*, Academia Brasileira de Letras, julho de 2021.

Dados Internacionais de Catalogação na Publicação (CIP)
Angélica Ilacqua CRB-8/7057

Marino, Adriana Simões
A psicanálise nas políticas públicas: bem-estar e mal-estar social / Adriana Simões Marino. - São Paulo: Blucher, 2024.
344 p.: il.

Bibliografia
ISBN 978-85-212-2451-8

1. Psicanálise 2. Políticas públicas 3. Política social I. Título

24-1840 CDD 150.195

Índice para catálogo sistemático:
1. Psicanálise

Àqueles(as) já desencantados(as) pelos fascínios do poder.

Bebida é água!
Comida é pasto!
Você tem sede de quê?
Você tem fome de quê?
A gente não quer só comida
A gente quer comida
Diversão e arte
A gente não quer só comida
A gente quer saída
Para qualquer parte

Arnaldo Antunes, Sérgio de Britto, Marcelo Fromer, *Comida*

Conteúdo

Prefácio

Emília Estivalet Broide

O livro que o leitor tem em mãos é precioso. Adriana Marino tece, com a delicadeza de um bordado e a força de um levante, a articulação entre a psicanálise e as políticas públicas. Delicadeza é sua marca quando nos propicia fluir em diversas geografias de saberes, ao introduzir elementos de diferentes campos de conhecimento com leveza e precisão. Levante, porque, engajada em uma verdadeira práxis, faz com que os conceitos emerjam como efeito de sua experiência junto às políticas públicas, escapando tanto da opacidade da pura teoria quanto da experiência sem reflexão. Levante é um gesto, é subversão, é o desejo inconformado transformado em potência criativa.

Adriana Marino, ao fazer a leitura do mal-estar estrutural presente na cultura ocidental, confronta paradoxos; sem estabelecer relações causais, analisa as diferentes dimensões – clínica, política e social –, a fim de abordar criticamente os contextos de produção das subjetividades e da organização dos laços sociais no mundo contemporâneo neoliberal. Mais ainda, instiga o leitor a ir adiante em suas interrogações. Uma pergunta não visa uma resposta apaziguadora, mas pode se abrir a novas inquietações sobre a mesma questão, ou ainda, lançar inéditas formulações.

Sua reflexão é multidisciplinar e possibilita uma abordagem *não toda* de cada campo de saber, inclusive da própria psicanálise. Nessa perspectiva, a autora segue os passos do fundador, uma vez que ele próprio disse que, diante da incompletude de seus resultados analíticos, não lhe restou alternativa senão seguir o exemplo dos arqueólogos, os quais trazem à luz, após um longo período de soterramento, os inestimáveis, ainda que mutilados, vestígios da Antiguidade. Freud, em *Análise fragmentária de uma histeria (O caso Dora)*, anunciou mudanças substanciais em seu método de trabalho, revelando a incompletude de seu saber, e buscou referências fora da psicanálise para avançar diante dos impasses apresentados na cura das neuroses, não por impotência, mas por desejo de saber.

Lacan (1998p), em "Variantes do tratamento-padrão", dirá que o fruto positivo da revelação da ignorância é um saber que se sabe incompleto. Para ele, o psicanalista ocupa o lugar da *douta ignorância*, lugar onde se revela um *saber fazer*, e não uma pretensão de tudo saber. O reconhecimento do *não todo* provoca o desejo de saber e movimenta tanto a psicanálise quanto as políticas públicas. Já o ideário totalizante, marcado pelo excesso de ilusão de completude que visa à homogeneização de condutas e à normatização de comportamentos, acaba, muitas vezes, por reproduzir aquilo que visava combater.

A autora situa a psicanálise enquanto capaz de operar os giros discursivos necessários para sair das problematizações binárias quanto à eficácia e à eficiência das políticas públicas, ao revelar o impossível da plena satisfação dos sujeitos diante do mal-estar estrutural de nossa sociedade. Lança como hipótese que a insistência liberal-conservadora está no cerne da política enquanto verdade recalcada. Ao situar que o psicanalista, inserido nas políticas públicas, infiltra o *não todo* na política, não faz tal movimento de forma determinista, trabalha com os detalhes, com a sutileza que essa posição implica, ou seja, a de não estar aderida ao discurso do mestre.

No trânsito entre as disciplinas, Adriana Marino apresenta as incidências, os pontos de contato, cruzamentos, sinuosidades e intersecções entre a psicanálise e as políticas públicas, criando circunstâncias para que a abordagem do tema não seja entrópica a cada campo de conhecimento, mas constitua lugares privilegiados para pensar as intervenções possíveis em sua condição de potência criativa e mudança.

O processo de pensar e de inventar novos dispositivos de intervenção com base na psicanálise vem do trabalho nas brechas, na proposição da autora, como um contra dispositivo no interior dos dispositivos de Estado. Fruto de uma tese de doutorado, o presente livro parte do desejo de Adriana Marino de produzir conhecimento a partir de seu engajamento em práticas públicas coletivas e de seu compromisso e sua responsabilidade em compartilhar com outros os impasses vividos por todos aqueles que se aventuram no trabalho vinculado às políticas inscritas na conquista de direitos sociais. Tal proposição engajada da autora já confere ao livro efeitos de transmissão, efeitos que se produzem ao serem enunciados.

Prólogo
Um cenário de impasses

As distintas formas narrativas e posicionamentos políticos que ocuparam as ruas e ainda ocupam as redes do país trazem à tona impasses que tangenciam o campo das políticas públicas, sendo reveladores de uma série de insatisfações em relação ao nosso momento sociocultural e à nossa democracia representativa. Para ilustrar esses impasses e dizer algo sobre aquilo que motivou a realização da pesquisa deste livro, farei, neste momento, um percurso sobre alguns acontecimentos marcantes no prenúncio desta escrita.

A cena enseja vertigem, a representação de um fogo cruzado, a tensão dos discursos, o vigor dos embates e a dificuldade ou falsidade das soluções consensuais. Sem pretender aprofundar cada um desses acontecimentos ou focar nossa atenção sobre questões políticas específicas, este prólogo busca situar, lembrar e compartilhar com o(a) leitor(a) um tanto das aflições que envolvem este cenário de contestação e crise. Uma provocação à reflexão sobre nossos tempos, procurando manter a tensão que esses acontecimentos suscitaram ou talvez incomodar para melhor revelar os impasses contidos neste objeto de estudo.

Situemos o início desta cena de efervescência política com as manifestações organizadas pelo Movimento Passe Livre (MPL), em junho de 2013. Como é sabido, esse movimento tem como visada a livre circulação das pessoas pela cidade, considerando que o valor da tarifa do transporte público pode excluir parte da população do seu direito de acesso à cidade. Dias antes desse movimento ganhar força e adesão de boa parte da população que, segundo pesquisa do Instituto Brasileiro de Opinião Pública e Estatística (Ibope) à época, registrava 75% de aprovação (Ibope, 2013), alunos da Faculdade de Filosofia, Letras e Ciências Humanas da Universidade de São Paulo (FFLCH-USP), dentre eles(as) meus(minhas) colegas da graduação em filosofia, já tinham aparecido pelos corredores com sinais visíveis de violência em seus corpos em razão do confronto com a polícia na Avenida Paulista.

Porém, antes que se pudesse clamar por qualquer "primavera à brasileira" – em uma alusão aos movimentos internacionais do período, como a "primavera árabe" e o *Occupy Wall Street* – do interior do movimento pela redução da tarifa, surgiram bandeiras bem distantes daquela pretendida originalmente pelo movimento. Não bastasse o desvirtuamento, vislumbrou-se a emergência de cartazes e inúmeras faixas cujas inscrições se encontravam muito distantes do direcionamento político e discursivo indicativos do movimento. Diziam que não era "só pelos 20 centavos", como nos cartazes com inscrições de escolas e hospitais "padrão FIFA", em referência à proximidade da abertura dos jogos da Copa do Mundo no país. Nesse contexto, além de uma série de manifestações contra a realização da Copa e das vaias à presidenta Dilma Rousseff (PT) na abertura dos jogos, houve inúmeros embates em torno do atraso na conclusão das obras, indícios de superfaturamento, displicência com estádios subutilizados e, por fim, o sete a um para a Alemanha (Estadão, 2014a). Muitos aderiram à "moda CBF", passando a utilizar camisetas da seleção em manifestações anticorrupção.

Na sequência das manifestações de junho de 2013, já derrubado o aumento da tarifa e da saída do MPL dessa cena, encontramos a votação da lei do Ato Médico que passava a regulamentar o exercício da medicina, restringindo à categoria médica quaisquer diagnósticos e indicações terapêuticas, inclusive no campo da saúde mental (Brasil, 2013). Ao mesmo tempo que esse projeto de lei sofria importantes vetos da presidenta Dilma (Marino, 2013b), foi realizada uma votação entendida como "simbólica" de um projeto da autoria do deputado João Campos (PSDB-GO), endossado pelo pastor deputado Marco Feliciano (PSC-SP), então presidente da Comissão de Direitos Humanos, sobre o "tratamento" com a possibilidade de "cura" da homossexualidade/homoafetividade por psicólogos(as) (Estadão, 2013). O projeto, que ficou conhecido como "Cura Gay", localizava-se na contramão do Código de Ética Profissional da Psicologia e representava o poder do fundamentalismo religioso no aparelhamento de nossas instituições públicas (Conselho Federal de Psicologia [CFP], 1987).

Na sequência, a imprensa chegou a noticiar o que foi referido como "o maior julgamento da história" do país. Enquanto se clamava vitória contra a corrupção em função do julgamento dos condenados do "mensalão" petista, fechavam-se os olhos para o "mensalão" e o "trensalão" tucanos (Carta Maior, 2015). Em meio às manifestações contra o Ato Médico, a Cura Gay, os jogos de futebol e a genérica corrupção, emergiu o caso do desaparecimento de um ajudante de pedreiro na comunidade da Rocinha no Rio de Janeiro: "Onde está Amarildo?". O caso foi investigado pelo Ministério Público que apontou a participação de policiais das Unidades de Polícia Pacificadora (UPP) e do Batalhão de Operações Especiais (BOPE) no caso do desaparecimento de Amarildo Dias de Souza (G1, 2015a).

Apesar do reconhecimento da falta de médicos(as) nas Unidades Básicas de Saúde (UBS), especialmente nos rincões do país, a chegada de médicos(as) cubanos no programa Mais Médicos, em fins de 2013, escancarava nossa falsa democracia racial. Houve uma série de manifestações da categoria médica que não se restringiram às precárias condições de trabalho nas unidades, ao formato da atenção e do cuidado à saúde ou mesmo à ausência de projetos de efetivação da carreira pública e contratos de trabalho. Houve manifestações explícitas de racismo contra esses(as) trabalhadores(as) (Carta Capital, 2013a). No interior da turbulência em razão do reconhecimento da pouca ou nula participação e representatividade encontrada em nossa democracia representativa, na diversidade das pautas e nos meandros dessas manifestações, surgiram mascarados(as) cuja atuação se dava pela tática Black Blocs (Observatório da Imprensa, 2014). Na continuidade das manifestações, a palavra de ordem para os enfrentamentos e as prisões passou a ser a categoria dos chamados "vândalos", amplamente utilizada pela mídia, que então preparava o solo para uma "lei antiterrorismo" (Carta Capital, 2014b).

Houve uma série de prisões marcadamente arbitrárias, como a de um jovem que foi preso ao portar um vasilhame de vinagre, além de reiterados registros e inúmeros relatos de abuso policial, como no caso da prisão e tortura do estudante Fábio Hideki (Estadão, 2015). Nas periferias, ônibus foram queimados, mas nada de marcadamente novo ou diferente dos inúmeros relatos de violência policial. Em outubro de 2013, um jovem da zona norte de São Paulo foi assassinado – segundo as justificativas da polícia – por um "tiro acidental". Esse jovem não fugiu às estatísticas nacionais, pois era negro/preto, pobre e morador da periferia (Waizelfisz, 2014). Ele ainda teve tempo de dizer: "Por que o senhor atirou em mim?" (Revista Fórum, 2013; Carta Capital, 2013b).

Em meio a esse fogo cruzado, a mídia passou a noticiar justiceiros que buscavam legitimar a violência sob um discurso de "omissão do Estado". Em janeiro de 2014, um jovem negro foi espancado e acorrentado nu a um poste no Rio de Janeiro, "acusado" por justiceiros de ter roubado uma bicicleta. Houve, inclusive, quem aprovasse o antigo talião, como foi o caso de uma jornalista que chegou a dizer em horário nobre da televisão: "Tá com dó? Leva pra casa." (Carta Capital, 2014a). Ao lado desse pesadelo, outros tantos colunistas e blogueiros ganharam notoriedade, fazendo ecoar outros clichês marcados pelo complexo nacional do "vira-lata" como: "bandido bom é bandido morto", "direitos humanos para humanos direitos", em oposição àqueles(as) da "gente de bem", que acreditam pagar a carga mais alta de impostos e serem vítimas dos maiores índices de violência no país.

Ainda em meio às manifestações, encontramos o assassinato de um jornalista no Rio de Janeiro, que acabou por receber a atenção do público pelas principais manchetes de jornais. Apesar de pouco noticiado, três dias antes, uma chacina policial matou três pessoas na Vila Carrão, um bairro da periferia de São Paulo (Agência Record, 2014). Entremeios, o fracasso das internações compulsórias das pessoas usuárias de crack e do repasse de verbas públicas às comunidades terapêuticas pelo Programa Recomeço do governo do Estado de São Paulo, fez-se aparecer uma luz no fim do túnel. Rapidamente, no prenúncio do programa De Braços Abertos da prefeitura paulistana, em razão da alta aderência dos(as) usuários(as) ao projeto e do vislumbre da eficácia de uma política de redução de danos no campo das drogas,[1] evidenciou-se uma das muitas cenas de horror e sabotagem oferecida pelo Departamento de Narcóticos de São Paulo (Denarc): explosões e tentativa de dispersão dos(as) usuários(as) e trabalhadores(as) do programa (Estadão, 2014b).

---

1 As políticas de drogas servem de paradigma para pensarmos os impasses das políticas públicas no Brasil, já que convivem duas políticas oficiais e divergentes sobre o tema. Uma delas é a política da Secretaria Nacional de Políticas sobre Drogas (Senad) do Ministério da Justiça, que tem por pressuposto o famigerado "Guerra às Drogas" e o ideal de um mundo livre de drogas (Brasil, 2005). A segunda é a política do Ministério da Saúde (MS) para a atenção integral a usuários de álcool e outras drogas, que tem como norte as estratégias de redução de danos, sem ter como objetivo único e principal a abstinência (Brasil, 2003). O fogo cruzado que encontramos nas políticas sobre drogas do governo estadual e da prefeitura paulistana, até 2016, foi representante do descompasso existente entre formas discursivas e ideológicas macropolíticas que fundamentam posturas éticas e práticas clínicas heterogêneas em um mesmo espaço-tempo, como é o caso da região da Luz de São Paulo, conhecida como "Cracolândia".

No contexto de clamor populacional pela garantia de direitos sociais, de profundo descontentamento com relação ao nosso momento sociopolítico, ao lado de clamores por justiça feita com as próprias mãos e tendências discursivas conservadoras, reencontramos o projeto de emenda constitucional sobre a redução da maioridade penal. A referida pretensão de alterar a Constituição se encontrava inscrita nessa série, na medida em que foi trazida para votação em caráter de urgência na mesma época. Juntamente às diversas bandeiras carregadas nas manifestações, havia tanto aquelas a favor como contra a redução da idade penal. Em outros termos, punição e garantia de direitos lado a lado. No dia 19 de fevereiro de 2014, a Comissão de Constituição, Justiça e Cidadania (CCJ) rejeitou o projeto que, no entanto, seria retomado um ano mais tarde (Congresso em Foco, 2014). Pouco tempo depois, um vídeo mostrando cenas de tortura contra adolescentes internos da Fundação CASA de São Paulo foi apresentado no programa Fantástico da Rede Globo.

Logo após a derrocada desse projeto, veio o escândalo causado pelos chamados "rolezinhos" organizados por jovens de periferias em shoppings da cidade de São Paulo. Do horror dessa mistura, e na mesma sequência, apesar do conhecido trânsito caótico da capital paulista, houve alvoroço com a implantação de corredores e faixas exclusivas de ônibus, ciclovias e ciclofaixas pelas ruas da cidade. Se, por um lado, a implantação de um sistema alternativo aos automóveis se mostrava já urgente à sustentabilidade dessa cidade, por outro, a forma como a implementação se deu em certos lugares fez questionar sua própria legitimidade. A questão da transparência nos gastos e o aumento de atropelamentos por mera falta de sinalização fez com que, afora exceções, o projeto da prefeitura paulista fosse severamente criticado.

Emergia, nesse mesmo período, aquilo que ficou conhecido como a "gente diferenciada": cidadãos que se identificavam com a "gente de bem" e que até organizaram uma reedição da Marcha da Família com Deus pela Liberdade (Folha de São Paulo, 2014). Lado a lado, o então deputado Jean Wyllys (PSOL-RJ) apresentava um projeto de lei para a descriminalização da maconha e outras drogas, visando estimular a reflexão sobre o malogro histórico das políticas proibicionistas e ressaltando a necessidade de se rever a postura frente ao tema (Desentorpecendo a Razão, 2014). O debate persiste, buscando fazer valer a própria lei da Reforma Psiquiátrica, que prioriza estratégias redutoras de danos, apesar do contínuo financiamento e apoio legal às comunidades terapêuticas – cuja maioria se assenta em práticas de fundamentação religiosa, contrárias à lei de saúde mental (Brasil, 2001), além de apresentar inúmeras denúncias de maus-tratos e tortura (Saúde Livre, 2015).

Com a proximidade das eleições no país, o cenário permaneceu em alto grau de tensão. Mesmo depois de uma disputa acirrada, a reeleição para a presidência da República só fez acalorar os discursos de ódio nas mídias e redes sociais da internet. A reeleição do Partido dos Trabalhadores (PT) passou a ser fundamentada em um suposto temor da chamada "nova classe média" de perder o benefício de transferência de renda do Programa Bolsa Família (PBF). Como era preciso localizar um inimigo, a culpa foi colocada, pelos setores conservadores da sociedade e pela grande mídia sudestina, sobre os(as) nordestinos(as). Enfim, a razão e o bom senso se viram solapados por ideias equivocadas em torno da liberdade de expressão e chegou-se a aventar uma separação do país. Os discursos de oposição se acirraram depois das eleições e a efervescência de palavras de ódio, xenofóbicas e classistas não se restringiu à internet, mas se fez presente nas ruas.

Em razão dos novos escândalos de corrupção oriundos das investigações e delações premiadas da Operação Lava Jato, de uma crise política e econômica que se fez sentir por todos os lados, das dificuldades do governo federal para realizar o famigerado ajuste fiscal e a forte rejeição contra o poder Executivo, novas manifestações ocorreram em 2015. Foi a onda dos panelaços nas chamadas "sacadas *gourmet*", das trocas ministeriais por desesperados apoios políticos e da alta visibilidade e influência do Movimento Brasil Livre (MBL) e Vem Pra Rua. Essas manifestações e movimentos foram marcados por ondas de conservadorismo e apoio dos partidos da oposição – como do PSDB, que havia perdido a corrida presidencial, fortalecendo o "Flá-Flú" de nosso cenário político, ansiosos por um impedimento da presidenta e, quem sabe, de uma reviravolta no resultado das eleições. Além de teorias conspiratórias, houve quem pedisse a volta da ditadura militar. Eram (e são ainda) tempos de forte influência no congresso da bancada da Bíblia, Boi e Bala (BBB). Um colunista chegou a escrever um texto cujo título permite apreender essa toada discursiva: "Menos escolas, mais prisões!" (Constantino, 2015).

Diante de um congresso marcadamente conservador e oportunista, a nova derrota de uma votação pela redução da maioridade penal não foi suficiente para legitimar o processo. Uma votação feita em menos de 24 horas aprovou o projeto com poucas alterações, colocando em xeque a legitimidade da instituição congressista em razão da própria inconstitucionalidade da manobra (Folha de São Paulo, 2015b). Foi uma noite e tanto para este golpe sustentado pela bancada BBB. Afinal, a suposta legitimidade desse ato apoiava-se em uma pesquisa, sinalizando que 87% da população tinha por bem fazer valer mais punição (DataFolha, 2015).

Em agosto de 2015, uma chacina que matou 18 pessoas nas regiões de Barueri e Osasco acenava a participação de 19 suspeitos, sendo 18 policiais. A princípio, uma retaliação pela morte de um membro da corporação (Folha de São Paulo, 2015a). Na mesma onda segregacionista, aqueles(as) pobres, negros/pretos(as) e sem dinheiro na carteira foram retirados(as) dos ônibus cujos destinos eram as praias da zona sul do Rio de Janeiro – uma estratégia adotada pela segurança pública para coibir os arrastões na orla carioca (G1, 2015b).

Um breve apanhado de setembro a novembro de 2015 permite visualizar o descalabro que se apresentava e a onda de retrocessos em nosso cenário político: a proposta de um Estatuto da Família que definia família apenas aquelas compostas por um homem e uma mulher; a pretensão da revisão do Estatuto do Desarmamento e do aborto legal, pela proibição da pílula do dia seguinte e da necessidade de se realizar corpo de delito para auferir estupro; a descoberta de contas bancárias secretas na Suíça e, inclusive, de uma empresa chamada "Jesus.com" do então presidente do congresso, Eduardo Cunha (PMDB-RJ); uma das maiores tragédias já ocorridas no Brasil – o rompimento das barragens na cidade de Mariana (MG) – que, embora fosse anunciada e previsível, foi difundida como "acidente" por mídias e poderes locais; afora a reorganização do sistema estadual paulista de ensino, com a previsão do fechamento de 94 escolas da rede e a nomeação de Valencius Wurch, diretor do maior hospital psiquiátrico particular do Brasil, para a coordenação da Secretaria Nacional de Saúde Mental do período.

Até 2018, tivemos um golpe parlamentar contra uma presidenta eleita; uma emenda constitucional que congelou por 20 anos os gastos com políticas sociais; uma reforma trabalhista que pauperiza ainda mais o(a) trabalhador(a) aposentado(a), sem triscar nos privilégios da classe dominante. Tivemos também o processo escuso que conduziu o ex-presidente Lula à prisão; o extermínio de uma mulher, negra/preta, homossexual, militante dos direitos humanos e oriunda da periferia carioca, Marielle Franco. Por fim, aquilo que talvez não quiséssemos prever: a eleição de Bolsonaro com sua corja miliciana, encampando o que há de pior de nossa herança escravagista, de nossa cultura machista, misógina, patriarcal, heteronormativa e racista. Ainda, a pandemia da covid-19 que escancarou o abismo de nosso recorte de classe social, o obscurantismo, o descaso com nossos mortos, a recusa ao pensamento crítico e ao trabalho científico. Enfim, sigamos escrevendo essa história.

***

Segundo dados de uma pesquisa realizada em 2014 sobre qualidade de vida e bem-estar na cidade de São Paulo, as áreas de maior insatisfação da população versaram sobre saúde, segurança pública, transporte/trânsito/mobilidade, desigualdade social e transparência/participação política. Soma-se a isso a descrença em relação às instituições públicas quanto a sua capacidade de contribuir para a qualidade de vida das pessoas. Dos 169 itens avaliados como indicadores do estado de bem-estar na cidade, 82% ficaram abaixo da média, sendo que os índices avaliados positivamente não tinham relação direta com instituições públicas, como: relações humanas (família, amizade, acesso à internet e relacionamento amoroso), religião e consumo (Ibope, 2014).

É possível notar uma concentração dos índices de insatisfação no âmbito dos critérios relacionados ao bem-estar público, cujas causas dos impasses estão sob a responsabilidade do Estado e suas políticas públicas. Por outro lado, os indicadores de satisfação ou bem-estar assentaram-se no campo individual, ou seja, da vida relacional, religiosa e consumo privados. Em outros termos, enquanto a dimensão pública – campo da alteridade por excelência – atesta que estamos "mal", a vida privada – a subjetividade inerente ao campo individual – é percebida como estando "bem". Dados curiosos quando postos à escuta de uma psicanalista, já que a dimensão da singularidade contida no bem-estar privado está sendo percebida como distinta das questões que afetam o mal-estar coletivo.

O cenário trazido visa chamar atenção para esses tempos de efervescência e contestação que revelam insatisfações com relação ao nosso momento sociocultural e político. Seguimos em tempos de insatisfação que fazem emergir, lado a lado, discursos opostos, polarizados, sobre nosso mal-estar. Questões que proponho abordar enquanto psicanalista a fim de não recuar frente ao que nos afeta em nossos tempos.

Apresentação

Este trabalho investiga as implicações do mal-estar nas políticas de bem-estar social a partir de uma articulação entre a psicanálise de orientação freudo-lacaniana e as políticas públicas. Traz o prenúncio das incursões da psicanálise como política de saúde, ressaltando as questões freudianas sobre uma psicanálise fora do *setting* tradicional.

Em seguida, traz um percurso teórico e histórico sobre as políticas sociais públicas, culminando na hipótese de uma verdade recalcada, a saber, uma insistência liberal-conservadora no cerne da política. Essa hipótese é trabalhada por meio de uma decifração sobre as tendências pulsionais inconscientes, o que permite apreender o fenômeno da reprodução daquilo que se pretende combater, isto é, a implantação de políticas que acabam reproduzindo os problemas que motivaram sua implementação. Ao problematizar o lugar da psicanálise nas políticas públicas, considera uma confluência de impossíveis, na medida em que ambas se encontram às voltas com o impossível da plena satisfação pública e privada.

A teoria dos discursos e o reconhecimento dos engodos contidos em políticas que visam o pleno bem-estar permitem diferenciar como cada uma dessas áreas (política pública e psicanálise) trata seus impossíveis. A partir de uma torção discursiva, aponta-se para o risco do fenômeno da reprodução de condições estruturais na manutenção de uma perniciosa entropia no campo dessas políticas.

Circunscreve a orientação ética, clínica e política da psicanálise e seu lugar nessas políticas, o que a permitiria funcionar como um contradispositivo no interior dos dispositivos de poder do Estado. Considera o lugar do não-todo na política e traz como exemplo uma política de saúde mental finlandesa – a fim de que a psicanálise não represente uma espécie de imparidade na civilização. Ressalta que, em diferentes políticas, serviços e programas, é possível localizar uma orientação contrária aos dispositivos de poder estatal que, paradoxalmente, pode ser mais eficaz, eficiente e satisfatória.

Principia uma investigação sobre a possibilidade de uma política pública que seja condizente com a política da psicanálise e, por fim, aborda o tema desta pesquisa pela perspectiva da revolução e da subversão como processos que orientam um(a) psicanalista, onde quer que este(a) se encontre.

Introdução

Neste livro, investigo as possíveis implicações do mal-estar nas políticas sociais públicas a partir de um percurso com a psicanálise e o campo das políticas centradas no ideário do bem-estar social. As questões que norteiam esse tema, e que serviram de sustentação à proposta de investigação, tiveram sua origem no reconhecimento de impasses em termos de satisfação e insatisfação com relação a essas políticas.

Ressalto esse aspecto subjetivo, de juízo ou avaliação perceptiva, considerando uma possível confluência: tanto ao falarmos sobre essas políticas – o mais prosaicamente, como numa mesa de bar – quanto ao abordarmos as satisfações e insatisfações em termos da orientação de uma análise. Essa confluência costuma ser referida como uma simples impossibilidade de plenamente bem satisfazer a todos(as) e a cada um(a), se consideramos um mal-estar tido como estrutural na civilização ocidental. Para este trabalho, pretendo esmiuçar alguns elementos que podem estar em jogo nessa afirmação, bem como certa resignação frente a isso que, aprendemos com a psicanálise, nos seria constitutivo.

As políticas sociais públicas são um conjunto de ações do Estado voltado à garantia de direitos sociais, um compromisso político com o público cujo objetivo é atender demandas em diferentes áreas da sociedade, como educação, saúde e assistência social. São ações oriundas dos Estados distribuídas nos níveis federal, estadual e municipal, tendo em vista a garantia da justiça social e do bem-estar coletivo.[1] Como desenvolverei melhor, tais concepções diretivas e causais partem de desdobramentos históricos, políticos, sociais e econômicos que atingiram o auge na Europa Ocidental, especialmente a partir dos preceitos teóricos e das experiências em torno do intervencionismo estatal e do chamado Estado de Bem-Estar Social (*Welfare State*), de meados do século XX.

As pesquisas em políticas públicas trazem consigo uma dimensão reconhecidamente pragmática, seja no predomínio de estudos empíricos, situacionais ou setoriais, seja em razão de pesquisas que enfocam o seu próprio campo de fundamentação científica (Souza, 2003). Apesar dessa dimensão pragmática e científica sobre as ações dos Estados, é importante ressaltar que seu objeto remete a uma tradição que é da filosofia política. Conforme a didática conceituação proposta por Bobbio (2003), enquanto a ciência política "tem uma função essencialmente descritiva ou explicativa" (p. 59), a filosofia política apresenta-se no campo das teorias sobre a melhor forma de governo, tendo "um papel primordialmente indicativo" (p. 59). Mais à frente, enfatiza que "o objeto da primeira é a política tal como é (a 'verdade efetiva'); o propósito da segunda é a política tal como deveria ser" (p. 59).

Para que possamos nos situar, o tema é marcado por questões filosóficas que antecedem sua apropriação pela empiria, isto é, das experiências desenvolvidas e analisadas pela ciência política e pela

1 Apesar de a ciência política e a disciplina da administração pública distinguirem "políticas sociais públicas" de "políticas públicas" (conforme acompanharemos no segundo capítulo deste livro), estas sempre trazem um impacto social, mesmo quando não são oriundas da conquista de direitos sociais nem visam especialmente ao bem-estar social. Por esse motivo, salvo algumas exceções, usarei o termo mais genérico "políticas públicas", não obstante o acento deste trabalho por sobre as políticas sociais públicas.

disciplina da administração pública. Minha proposta vai de encontro a uma análise sobre uma noção de política que se pretende pública, cujas tradições remetem à filosofia dedicada ao tema da *res pública*, quer dizer, da "coisa pública" dedicada ao bem comum. Por outro lado, não se trata de uma simples apartação desses campos, pois a "política" empresta-se como objeto em diferentes áreas do conhecimento. Tanto no discurso sobre a ética pública, no contexto "da formulação de propostas para uma boa, correta ou eficiente política (na acepção de *policy*)", quanto na dimensão de *politics*, como "teoria geral do Estado" (Bobbio, 2003, p. 73).

Para que prossigamos no assunto, é importante dizer que as políticas sociais passaram a ser implementadas no Brasil a partir da constituição da República e, mais acentuadamente, durante o processo entendido como de redemocratização brasileira, enquanto direitos formalmente presentes na Constituição Federal de 1988. Contudo, apesar dos avanços oriundos da conquista de direitos sociais no país, constata-se ainda, e apesar de certos esforços, uma série de violações a essas mesmas garantias de direitos sociais. Em outros termos, o catálogo de direitos contidos em nossa última Carta se encontra reiteradamente ameaçado ou sob o risco de deslegitimação.[2]

Ao lado da eficácia e da eficiência em termos da oferta e da execução de serviços oriundos da conquista de direitos sociais (dimensão que podemos chamar de "material"), considero importante nos

---

2 Sabemos que os impasses entre aquilo que deve ser (deontologia) e aquilo que é (ontologia) não se restringem aos direitos presentes em nossa Constituição, nem mesmo trata-se de uma exclusividade de nosso país. Nesse sentido, comenta Bobbio (2003), em relação ao espectro mais amplo dos direitos humanos: "Com efeito, à clarividente consciência sobre o que é central em uma política que tende a formular e proteger melhor os direitos humanos corresponde a sua violação sistemática em quase todos os países do mundo, nas relações entre países, entre raças, entre poderosos e fracos, entre ricos e pobres, entre maiorias e minorias, entre violentos e resignados. O *éthos* dos direitos humanos resplandece em declarações estrondosas que quase sempre e em quase todos os lugares permanecem no papel" (p. 204).

concentrar na vertente da satisfação e da insatisfação com relação às políticas dedicadas ao bem-estar social (dimensão que chamarei de "subjetiva"). Neste trabalho, emprego o termo "material" para referir tanto à "eficácia", que diz do alcance dos resultados pretendidos, quanto à "eficiência", que se relaciona aos recursos econômico-financeiros e os meios empregados para se atingir determinado objetivo. Por "subjetiva" nos aproximamos do conceito de "efetividade", que tem relação com o alcance dos objetivos, das possíveis satisfações em relação às políticas públicas, gerando impactos ou transformações onde quer que elas se apresentem (Marques, 2013).

São dimensões materiais e imateriais que se relacionam e se encontram presentes nas discussões sobre as métricas de satisfação em políticas públicas e que também estão presentes nas investigações em psicanálise, quando consideramos um impossível em termos da plena satisfação pulsional. Para abordar essas métricas da satisfação em políticas públicas, trarei alguns desenvolvimentos teóricos do economista indiano e estudioso no assunto, Amartya Sen (2010; 2011). Seus estudos permitem uma aproximação com o referencial psicanalítico, especialmente em termos do que Freud (1905/1996e; 1930/2010f) discorreu sobre a parcialidade inerente à pulsão, no contexto de sua abordagem sobre o mal-estar na civilização.

***

Inicialmente, este livro foi uma tese de doutorado apresentada no Instituto de Psicologia da Universidade de São Paulo (IPUSP), em 2018, e teve sua origem no cruzamento de experiências oriundas da clínica psicanalítica e no campo das políticas de assistência social, justiça e saúde mental. Desde meu engajamento no trabalho com crianças e adolescentes em instituições de acolhimento na prefeitura de Guarulhos (SP); com crianças autoras de ato infracional e a aplicação das medidas de proteção pelos Conselhos Tutelares da capital paulista (Marino, 2013a); a atuação junto aos trabalhadores de equipes multidisciplinares da atenção básica em saúde – no escopo das políticas de saúde mental, álcool e outras drogas da Rede de Atenção Psicossocial (RAPS) ao programa da Residência Médica em Psiquiatria em Rede do município de São Paulo, junto à Secretaria Municipal de Saúde, desde 2013; à composição de uma clínica pública de psicanálise no coletivo Psicanálise na Praça Roosevelt, desde maio de 2017; eis o caminho que percorri e os espaços onde circulo e me ocupo como analista que pensa e atua no campo das políticas públicas.

Essas experiências resultaram na apreensão de que muitos dos embates em termos da eficácia, eficiência e, fundamentalmente, da satisfação ou insatisfação com relação às políticas socioassistenciais, de justiça e saúde acabam por transpor seus setores de origem, tornando necessário um exercício de reflexão sobre a articulação de diferentes áreas, isto é, são demandas de políticas públicas intersetoriais que atestam a complementaridade e interdependência de políticas inscritas na ampla temática dos direitos sociais.

Apesar de esses direitos historicamente conquistados constarem no texto das leis, é frequente a queixa de trabalhadores(as) e usuários(as) de serviços de que as políticas, os programas e os serviços não satisfazem a demanda da população nem a de seus territórios. Há sobrecarga e precarização do trabalho; demandas institucionais oriundas de parcerias público-privadas por metas de eficiência inexequíveis; falta de investimentos ao provento de recursos humanos; falta de condições materiais, de infraestrutura e orçamentária; dificuldades em efetivar redes de trabalho; justaposição conflituosa de projetos e programas nos níveis municipais, estaduais e federal; divergências teóricas e técnicas básicas que tornam inoperativas as diretrizes políticas; dificuldades no âmbito da inserção efetiva de usuários(as) nos serviços ou programas; profissionais de serviços que não têm a "cara" das pessoas que usam esses serviços (em termos de gênero, classe e raça), dificultando o acesso e a aderência de usuários(as); além da queixa genérica e generalizada de que o sistema público seria de baixa qualidade.

A proximidade com o cotidiano dessas políticas permitiu uma apreensão de que muitos dos problemas encontrados no dia a dia de trabalhadores(as) e usuários(as) de serviços públicos se devem tanto às dificuldades na articulação entre as redes formais (equipamentos públicos) e informais (composta de pessoas e demais espaços de referência) quanto da não constatação de que essas redes e a execução dessas políticas são feitas, justamente, de pessoas. São pessoas inseridas em uma lógica em que a coisa pública deveria funcionar como uma máquina pretensamente dessubjetivada e, desse modo, devidamente eficaz e eficiente para satisfazer a todos(as).

Os impasses levantados se manifestam em políticas, serviços e programas em que a aspiração pela garantia de direitos sociais se mostra paradoxal, pois, para inserir aqueles(as) que estão fora da universalidade igualitária, é preciso lançar mão de diferentes e particulares formas de inclusão, visando garantir a equidade. Como derradeiro, encontramos o fenômeno da segmentação dos chamados "sistemas de bem-estar" – conforme aprofundarei adiante. Em poucas palavras, no caso brasileiro, são serviços públicos percebidos como sendo de menor qualidade, geralmente destinados aos(às) mais pobres, enquanto os mais caros e, muitas vezes, percebidos como sendo de melhor qualidade, aos(às) mais ricos.

Uma possível via de compreensão para esse fenômeno pode ser situada em termos dos direitos de igualdade (donde se depreende a equidade) e os direitos de liberdade – dois princípios a serem equacionados em certa concepção sobre o regime democrático e que se encontram em um campo permeado por conflitos. Afinal, como equacionar aquilo que seria da ordem igualitária do bem comum, para todos(as), e as liberdades individuais e particulares, que se orientam para cada um(a) ou para alguns(mas)? Comumente, o problema se situa pelo emprego dos seguintes termos antitéticos: público e privado, esquerda e direita, coletivo e indivíduo, Estado e mercado, bem comum e bem próprio. Em uma linguagem mais popular, tais antagonismos são apresentados por embates reducionistas entre "dar o peixe" e "ensinar a pescar"; "mortadelas" e "coxinhas".

Desde as históricas referências em filosofia política até as atuais ciências dedicadas a estudo, implantação, implementação e avaliação de políticas públicas, estamos longe de um consenso sobre qual seria a melhor forma de governo e qual seria a justa métrica para se elaborar e avaliar uma política pública. É nesse contexto que encontramos a visada de certos modelos chamados "integrados" de desenvolvimento socioeconômico, pautados na pretensão de uma harmonia entre interesses e necessidades públicos e privados. No entanto, a partir do escopo teórico da psicanálise freudiana e lacaniana, entendemos que a pretendida completude, harmonia ou bem-estar público e privado se encontra como impossível frente ao real oriundo da castração.

***

O impossível da plena satisfação seria um reflexo do mal-estar (*Unbehagen*) na civilização, do conflito pulsional do sujeito no mundo, já que, como nos ensina Freud (1930/2010f), a civilização convoca renúncias pulsionais de onde se extrai uma parcela de prazer em prol de uma parcela de segurança que, entretanto, resta sempre insuficiente à plena satisfação. Para Freud, nenhum método de "busca de felicidade" trará toda a garantia de satisfação ou toda a segurança contra o sofrimento. Mesmo a distribuição das riquezas do mundo, enfatiza, não resolveria o problema, pois seria da ordem do impossível conciliar plenamente as reivindicações dos indivíduos (mundo privado) e as demandas da civilização (dimensão pública).

Conforme atentou Goldenberg (2006), os impasses entre as dimensões individual e coletiva formam o objeto central das preocupações freudianas em *Psicologia das massas*, sendo que o maior problema localizado pelo autor "é o homem não resignar-se a ser um cupim e reivindicar a sua liberdade individual em oposição à vontade da massa. Reivindicação que constitui precisamente o problema insolúvel não só para Freud como para qualquer governo" (p. 15). Em outras palavras, nem sempre as pessoas concordam em dividir o pedaço do bolo, mas preferem o bolo inteiro e, diante deste impossível de plena e satisfatória acomodação pública e privada, Freud sinaliza que seria somente pelo viés de uma ilusão que se poderia dar cabo ao mal-estar:

> *É pouco provável que mediante alguma influência possamos levar o homem a transformar sua natureza na de uma térmite [cupim]; ele sempre defenderá sua exigência de liberdade individual contra a vontade do grupo. Boa parte da peleja da humanidade se concentra em torno da tarefa de achar um equilíbrio adequado, isto é, que traga a felicidade, entre tais exigências individuais e aquelas do grupo, culturais; é um dos problemas que concernem ao seu próprio destino, a questão de se este equilíbrio é alcançável mediante uma determinada configuração cultural ou se o conflito é insolúvel. (Freud, 1930/2010f, p. 58)*

Diferentes modelos de Estado, leis e religiões foram concebidos justamente para fazer valer este voto frente ao que Freud (1927/1998) chamou de "desamparo infantil" (p. 33). Daí a ilusão se constituir a partir de uma economia psíquica na qual se devota à ciência, à religião ou à justiça um "governo benevolente de uma Providência divina" ou um "estabelecimento de uma ordem moral mundial" que viria supostamente assegurar a "realização das exigências de justiça" e o "prolongamento da existência terrena" (p. 39). São expressões de desejos calcados no desamparo infantil constitutivo da nossa condição de sujeito – que perdura devido à atemporalidade característica do inconsciente –, apesar de não encontrar respaldo na realidade da civilização e na própria constituição da nossa subjetividade.

Dessa forma, a partir da nossa herança simbólica constitutiva, a ilusão se constitui por meio da crença na existência de um Outro – Estado, Pai, Deus e demais figuras simbólicas dotadas de uma pretensão de completude, satisfação ou bem-estar – supostamente capaz de dar conta do mal-estar, ou seja, de responder e atender ao que o sujeito necessita, deseja ou demanda (categorias que distinguirei adiante). Isso porque, ante à função paterna, este agente da castração simbólica, o que o sujeito encontra é a sua divisão subjetiva, dada pela transmissão da castração também constitutiva desse Outro e, com isso, temos um impossível de plena satisfação.

As questões que trago aqui têm sua genealogia nas considerações apresentadas sobre as noções de mal-estar e de impossível empreendidas pela psicanálise freudiana e lacaniana. Por sua vez, essas noções remetem à centralidade do conceito de castração, estendido ao campo sociocultural e político por meio dos impasses à plena satisfação no interior da civilização. Parto da noção de impossível (dada pelo funcionamento do inconsciente) que pode conduzir ao fracasso das aspirações em torno do bem-estar e da plena satisfação pública e privada. Assim, o bem-estar da humanidade pode se encontrar solapado, a princípio, por razões de um mal-estar constitutivo, e não apenas empírico-contingente, como expôs brevemente Freud (1927/1998) em *O futuro de uma ilusão*:

> *Não devem as suposições que determinam nossas regulamentações políticas serem chamadas também de ilusões? E não acontece que, em nossa civilização, as relações entre os sexos sejam perturbadas por ilusão erótica ou um certo número dessas ilusões? E, uma vez despertada nossa suspeita, não nos esquivaríamos de também perguntar se nossa convicção de que podemos aprender algo sobre a realidade externa pelo emprego da observação e do*

> *raciocínio no trabalho científico, possui um melhor fundamento. (p. 43)*

Diante do impossível, apresento alguns elementos para pensarmos as políticas sociais envoltas da ilusão de um completo bem-estar público, tendo em vista a noção de inconsciente e o conceito de real formalizado por Lacan (outro nome para os "impossíveis" conforme a psicanálise de orientação lacaniana). Diante dos impasses entre bem-estar e mal-estar no âmbito dessas políticas – que são entendidas como políticas de bem-estar social – seria possível irmos além do que Freud (1937/1996b) desenvolveu em termos do "rochedo da castração"? Portanto, mais além de uma aparente negatividade pessimista, conformista e impotente, como se pode depreender em uma primeira leitura e conforme o seguinte dizer do autor: "Não posso ser um otimista e acredito que me distingo dos pessimistas apenas porque as coisas cruéis, estúpidas e sem sentido não me perturbam, pois desde o começo aceitei-as como parte daquilo de que é feito o mundo." (Freud & Andréas-Salomé, 1975, p. 50). Ao reconhecer que tanto a disciplina das políticas públicas quanto a psicanálise admitem impossíveis de plena satisfação, apresentarei como cada uma aborda e trata seus impossíveis.

***

No exercício de uma apropriação particular dessas políticas, quero dizer, a dos impasses entre bem-estar e mal-estar social, não pretendo aqui aprofundar uma política setorial específica. Isso porque entendo que a escolha por uma política setorial implicaria circunscrever a uma dimensão particular, dos setores ou a casos singulares, uma dinâmica mais complexa que as ultrapassa – conforme extraio de minha experiência em diferentes setores de políticas públicas. Por isso, meu objetivo é analisar aquilo que se encontra transversalmente a essas políticas, buscando as origens dos problemas que comumente se verificam a partir da ideia de que, por meio das políticas de bem-estar oferecidas pelo Estado, alcançar-se-ia a felicidade, a harmonia ou o bem-estar para todos(as).

Apesar de não centrar o tema sobre uma política setorial específica, faremos uma incursão sobre uma política de saúde mental localizada na Finlândia e voltada para casos considerados graves, especialmente de psicoses. O Diálogo Aberto (*Open Dialogue*) é uma política finlandesa considerada mais eficaz, eficiente e satisfatória em comparação aos métodos tradicionais de tratamento encontrados naquele país, principalmente aqueles cujas estratégias empregam o uso intensivo de medicamentos psicotrópicos, com acento às internações psiquiátricas, e que trazem propostas de tratamento centralizadas e determinadas por diagnósticos psiquiátricos. A motivação para apresentar essa política, localizada há quilômetros de distância do nosso país, é trazer um exemplo no qual uma política pública, que a princípio não pretende ser eficaz, eficiente e satisfatória é, paradoxalmente, mais eficaz, eficiente e satisfatória que aquelas que trazem essa pretensão de forma paradigmática.

Soma-se a esse recorte o intuito de não reduzir essas reflexões a uma política pública ou mesmo a uma prática coletiva na qual se localize uma espécie de atuação ímpar de psicanalistas. Ao contrário, o Diálogo Aberto encontra seus aportes teóricos e práticos em abordagens terapêuticas fundamentalmente diferentes da psicanálise. A ideia central aqui, além da oportunidade de apresentar uma política ainda pouco conhecida no Brasil, é ressaltar que não tomarei a psicanálise como uma espécie de zênite sobre o qual lançaríamos todas as nossas apostas. Ao contrário, como indico com o exemplo dessa política finlandesa, é possível localizar políticas, programas e serviços nos quais se encontram posições clínicas, éticas e políticas que podem funcionar contrariamente aos dispositivos de poder por vezes contraproducentes do Estado, permitindo soluções diferentes daquelas que redundam em uma espécie de resignação ou impotência e que, sobretudo, reproduzem problemas aos quais essas políticas buscam tratar e resolver.

É da condição de estrangeira, de uma psicanalista extramuros,[3] que proponho uma abordagem sobre essas políticas. A proposta condiz com certa apropriação desse objeto, mantendo-o em um espaço de tensionamento por meio de uma distância em relação às tendências protocolares, além do necessário reconhecimento de meus limites frente ao discurso dos especialistas em políticas públicas. O enfoque, então, condiz com uma posição transversal do(a) psicanalista, como estrangeiro(a) a esse campo de investigações – apesar de sua presença em espaços onde se localizam diferentes práticas públicas e coletivas, inserindo um posicionamento ético, clínico e político próprio à psicanálise. É deste lugar de estrangeiro(a), conforme penso e discuto neste trabalho, que psicanalistas podem se inserir em políticas, programas e serviços públicos como psicanalistas. A aparente redundância tem como objetivo melhor circunscrever minhas reflexões sobre a posição do(a) analista no interior de espaços onde vigoram dispositivos de poder.

Sabemos que a psicanálise não se constitui como um campo hegemônico em termos éticos, de direcionamento clínico e mesmo político. Freud (1913/1996r) não proferiu uma palavra final sobre o lugar da psicanálise nas políticas públicas, ora advogando sua impossibilidade, apontando limitações e diferenças com relação à clínica particular

3 Para Freud (1925/1996u), o inconsciente se mostrava presente nas mais diversas manifestações humanas. A pesquisa científica sempre foi o "principal interesse" de sua vida, fazendo com que a psicanálise fosse não só um específico método terapêutico, mas que engendrasse o esforço para ser reconhecida como a "ciência dos processos mentais inconscientes" (p. 72). Em suas investigações, a aplicação (no sentido da extensão) da psicanálise sempre se achou imbricada em suas teorias. Cabe ressaltar ainda que a pesquisa psicanalítica no campo das questões sociais e políticas, chamada de psicanálise "aplicada", em "extensão" ou "extramuros", sempre foi utilizada como fundamento na clínica e na própria teoria psicanalítica.

propriamente dita, ora aludindo às suas possibilidades e condições de eficácia. Como depreendo deste seu estilo, o fundador da psicanálise legou-nos duas direções em sua metapsicologia que podem contribuir para pensar o lugar da psicanálise nas discussões e incursões sobre fenômenos socioculturais e políticos. Tais direções me serviram de recurso – apesar das possíveis limitações de recortes como este – que podem contribuir para os encaminhamentos deste trabalho.

De um lado, temos o caráter revolucionário da descoberta do inconsciente, ressaltada ao longo da obra de Lacan, no acento dado à primeira tópica freudiana a partir da divisão do aparelho psíquico entre consciente, pré-consciente e inconsciente. De outro, encontramos os desdobramentos da psicanálise em sua segunda tópica, com a divisão entre Ego/Eu, Id/Isso e Superego/Supereu, da acentuação do Eu como instância privilegiada e seus desdobramentos em termos de educação, adaptação à realidade, conscientização e maturação do indivíduo. É sabida a insistência de Lacan, desde o início de seus seminários e escritos, a uma radical confrontação a essa segunda vertente que recebeu as láureas da Associação Psicanalítica Internacional (IPA). Apesar de não aprofundar essas querelas, é importante termos em vista que se trata de desdobramentos histórico-políticos na própria psicanálise cujas discussões se encontram presentes ainda hoje.

***

Para investigar o lugar do(a) psicanalista nas políticas públicas, fiz um percurso inicial sobre essa inserção ainda no período freudiano, levando em conta a sua não regulamentação pelo Estado, as dificuldades oriundas da questão da psicanálise tomada como um direito e aproximando ambos os campos deste estudo em termos de seus impossíveis: psicanalisar (conforme o discurso analítico) e governar (do discurso do mestre, inerente às políticas sociais do Estado). Com esta confluência de impossíveis em vista, cada um com seus limites e alcances próprios, apresento uma compilação de alguns estudos em ciência e filosofia políticas, ressaltando as concepções sobre o bem comum e o bem-estar social que atravessam o tema das políticas sociais. Afinal, são políticas oriundas da concepção do Estado de Bem-estar Social. Por se tratar de um vasto campo de pesquisa, selecionei alguns filósofos clássicos para uma abordagem sobre o bem comum em sua articulação com o bem-estar. Na sequência, trago recortes precisos para localizar essas políticas ao longo do tempo.

Os desenvolvimentos histórico e teórico trazidos sobre essas políticas são retomados para pensar as condições de possibilidade da psicanálise se oferecer como um contradispositivo no interior dos dispositivos de poder do Estado. Em outros termos, conforme um mote recorrente neste trabalho: para não incorrer na reprodução daquilo que se pretende combater. Afinal, se a resposta para meu questionamento pode se reduzir a uma tautologia (psicanalistas encontram-se como psicanalistas nas políticas públicas) ou simples afirmação (já que é factível que psicanalistas atuem em políticas, programas e serviços públicos), considero importante dizer de suas possibilidades, circunscrever seus alcances, limites e diferenciar como cada uma dessas áreas trata seus impossíveis. Soma-se a isso uma cautela em minha reflexão em termos dos juízos de valor que poderiam ser aventados nesse contexto sobre os alcances da psicanálise, como pretendi marcar ao trazer o exemplo da política finlandesa do Diálogo Aberto.

O passo seguinte deste livro se concentra no estatuto do "bem" em psicanálise, chamando atenção para seu caráter problemático, tanto no interior da clínica psicanalítica, quanto em sua inserção nas políticas públicas, especificamente em termos de se pretender o "bem". Para essa investigação, recorri aos seminários sobre *A ética da psicanálise* e *O avesso da psicanálise* de Lacan (1959-1960/1997a; 1969-1970/1992b), a fim de abordar a posição de impotência do sujeito diante da impossibilidade da plena satisfação. Isso porque as políticas sociais podem ser reveladoras de uma fantasia social que, não obstante, exercem um papel importante em termos de um valor a certa dose de ilusão no contexto civilizacional. Posteriormente, conforme trago como hipótese, haveria uma verdade recalcada na forma de uma insistência liberal na política que emergiria como sintoma em infindáveis demandas por mais políticas impossíveis de satisfazer plenamente ou, também, como uma forma de gozo contido em políticas que são feitas para que nada funcione efetivamente. Tendo em vista essa possível verdade recalcada, lanço uma questão sobre a possibilidade de haver certas tendências políticas inconscientes, cuja reflexão pretende trazer uma contribuição à apreensão desse fenômeno iatrogênico.

***

Enfim, quais as condições para um(a) psicanalista inserir-se em dispositivos do Estado de modo que não ceda de seu desejo de analista, isto é, para que não incorra numa captura por discursos que vigoram sob o ideário do bem-estar social? A questão remete a uma dimensão clínica, perpassando a ética e a política em psicanálise, que permeiam este livro. Como pensar uma psicanálise extramuros, nas políticas públicas, de modo que se possa manter acesa a direção da subversão do sujeito e seu desejo singular, sem incorrer nos engodos imaginários em termos de se querer o "bem"? Se a pretensão pelo bem leva ao pior, como observaram Fingermann e Dias (2005), considero importante reconhecer o mal-estar que nos constitui em prol de alternativas que viabilizem a coisa pública e seu bem comum, sem necessariamente incorrer nos engodos dos serviços dos bens, do bem-estar para todos(as), sinalizando uma aposta para uma política que inclua o não-todo

1. A psicanálise fora e dentro do Estado

Neste primeiro capítulo, faremos um percurso sobre a inserção da psicanálise nas políticas públicas, levando em consideração dois aspectos que, a princípio, conferem-lhe uma posição negativa no interior da pólis: seu estado de não regulamentação profissional pelo Estado e seu caráter de profissão impossível. Não obstante as tentativas feitas ao longo do tempo para sua inscrição como profissão regulamentada por leis estatais, a psicanálise encontra-se embrenhada em equipamentos públicos e privados de atenção psicossocial, saúde, educação, assistência social e justiça, principalmente por meio da atuação de profissionais da Psicologia e em detrimento das possíveis diferenças articuladas nos termos desta profissão, com seus respectivos Código de Ética Profissional, Conselhos Regionais, Conselho Federal e sindicato. Sem pretender aprofundar as discussões em torno da regulamentação e das possíveis diferenças com relação à categoria da Psicologia, meu interesse, neste momento, é pensar a psicanálise nas políticas públicas a partir de um recorte histórico preciso, a saber, os impasses relativos à psicanálise tomada como política pública ainda no período freudiano.

Este primeiro capítulo está organizado em dois eixos. O primeiro discute, sob um ponto de vista histórico, o prenúncio da inserção da psicanálise como política social de saúde pública a partir dos textos freudianos e, especialmente, da conferência realizada em Budapeste no ano de 1918, por ocasião do V Congresso Internacional de Psicanálise. Nesse momento, Freud pretendia inscrever a psicanálise como um direito assegurado pelo Estado em função das demandas oriundas de neuroses de guerra. Veremos como a aspiração da psicanálise como direito e dever do Estado pode engendrar problemas em relação às questões presentes no âmbito da própria formação psicanalítica, à condição de sua não regulamentação pelo Estado e mesmo como ciência cujo objeto condiz com processos inconscientes.

É nessa mesma conferência que o autor se referiu à psicanálise fora do *setting* tradicional – para neuróticos de guerra e para os pobres – como uma terapêutica que comportaria possíveis diferenças em relação ao "ouro" da análise propriamente dita, isto é, aquela realizada no *setting* tradicional. O autor trouxe a hipótese de uma necessária adaptação por meio da ideia de um "cobre" situado pelo emprego da sugestão nesses casos, aproximando a psicanálise nesses contextos às práticas educativas, de mestria e auxílios assistenciais. No entanto, como pretendo chamar a atenção, apesar desta hipótese sobre o cobre da sugestão, Freud não proferiu uma palavra final sobre essa psicanálise adaptada às políticas públicas, chamando atenção para uma dimensão ética na qual se manteria o mesmo rigor e o caráter não tendencioso inerente aos fundamentos psicanalíticos.

Depois de nos aproximarmos das questões suscitadas com esse prenúncio da psicanálise nas políticas públicas, ao mesmo tempo dentro e fora do Estado, avançaremos para o segundo eixo deste capítulo. A proposta é aproximar a posição cautelosa do autor em relação à psicanálise no contexto dessas políticas por meio dos desdobramentos localizados na segunda tópica do aparelho psíquico, especialmente com relação à acentuação da instância do Eu/Ego em termos de educação, adaptação à realidade, conscientização e maturação ou desenvolvimento do indivíduo. Afinal, é nesses mesmos termos que Freud, em 1918, dizia que se encontrava o cobre da sugestão em comparação com o ouro da análise, colocando possivelmente em xeque os próprios fundamentos da psicanálise.

Faremos uma leitura atenta desses termos, levando em consideração o caráter revolucionário da descoberta do inconsciente. É a partir do que o autor desenvolveu sobre o cobre da sugestão, como adaptação da psicanálise às políticas públicas, da concepção de uma não separação exata entre as instâncias psíquicas do Eu/Ego e do Isso/Id – conforme a segunda tópica – e sobre a análise das resistências como um processo de construção em análise, que encontraremos um caminho possível para fazer avançar as discussões a respeito do lugar do(a) psicanalista nessas políticas. Ao final do capítulo, apresentarei mais esquematicamente os próximos passos deste livro, tendo como norte certa confluência entre as políticas públicas e a psicanálise, ao levar em conta seus impossíveis, respectivamente, de governar e psicanalisar.

O cobre da psicanálise na política pública

> *Se a psicanálise, ao lado de sua significação científica, tem valor como procedimento terapêutico, se é capaz de fornecer ajuda àqueles que sofrem em sua luta para atender às exigências da civilização, esse auxílio deveria ser acessível também à grande multidão, demasiado pobre para reembolsar um analista por seu laborioso trabalho.*
>
> Freud, 1923/1996k, p. 319

Nos tempos que antecederam ao término da Primeira Guerra, Freud encontrava-se abatido pela fome, mas animado com a possibilidade da realização do V Congresso Internacional de Psicanálise em Budapeste, na Hungria (Gay, 2012). O congresso ocorreu nos dias 28 e 29 de setembro de 1918 quando, pela primeira vez, Freud (1919/2010d) defendeu a criação de centros psicanalíticos de atendimento público e gratuito. À ocasião, estavam presentes representantes oficiais dos governos austríaco, alemão e húngaro em função dos problemas causados pelas neuroses de guerra. Afora o impacto financeiro com essas neuroses, a psicanálise, que antes fora contundentemente questionada, passava a ser reconhecida como teoria e prática clínica que podia explicar e tratar os problemas psicológicos oriundos da guerra.

Se até o momento acreditava-se que todos os soldados fingiam estar doentes para não voltar ao *front* – como ocorrera com a histeria tida como fingimento pela medicina de seu tempo –, agora se reconhecia que as neuroses de guerra eram dotadas de uma verdade inconsciente. Essa verdade referia-se à sobredeterminação inconsciente dos sintomas apresentados pelos soldados, como tremores e paralisias, inserindo essa modalidade de sofrimento no escopo das neuroses traumáticas. Apesar de a etiologia das neuroses de guerra estar relacionada a uma violência externa, apresentava uma dinâmica na qual a "fuga na doença" condizia com uma salvaguarda narcísica e os sintomas como uma tentativa de cura do sujeito, como nas demais neuroses tratadas pela psicanálise (Freud, 1919/2010d, p. 384).

O projeto para uma clínica pública financiada pelo Estado logo minguou, em razão dos embates que se seguiram na política internacional e na vida pessoal de Freud. Uma série de acontecimentos ocorreu: a Áustria foi integrada à Alemanha, um filho de Freud esteve em cativeiro e, com o fim da guerra, as neuroses de guerra igualmente teriam desaparecido. Foi somente em 1920, nos primeiros anos da República de Weimar, com Berlim tendo se tornado o principal centro de pulsação da psicanálise, que a ideia de um centro de tratamento psicanalítico público retornou à pauta. Somam-se a isso as notícias que circularam no pós-guerra quanto ao método de tratamento despendido pelos médicos do exército, a saber, o eletrochoque usado como forma do combatente supostamente restaurar suas capacidades ou mesmo preferir voltar ao trabalho a sentir dor. Cabe ressaltar que esse método causou inúmeras mortes em decorrência das altas descargas elétricas e de suicídios (Freud, 1920/1996f).

Nesse mesmo ano, foram inaugurados uma clínica e um instituto berlinense, organizados por Ernst Simmel e financiados por Max Eitingon. A clínica berlinense funcionava como o que hoje chamamos de "clínica-escola". Havia aqueles considerados analistas e também terapeutas em formação. A ideia condizia com o que fora proferido por Freud (1919/2010c) em Budapeste: "em algum momento a consciência da sociedade despertará, advertindo-a de que o pobre tem tanto *direito* a auxílio psíquico quanto hoje em dia já tem cirurgias vitais. E que as neuroses não afetam menos a saúde do povo do que a tuberculose" (p. 291, grifo nosso).

Encontramos aí uma primeira experiência da psicanálise como proposta para a saúde pública. Freud observou que, no início, essas instituições dependeriam da filantropia de analistas, mas acreditava que, em algum momento, o Estado poderia se responsabilizar por essas instituições, reconhecendo-as, inclusive, como "deveres" do Estado (p. 292). O entre guerras foi profícuo para o desenvolvimento de mais de doze clínicas sociais psicanaliticamente orientadas, em diferentes países europeus, atravessados pelo ideário do Estado de Bem-estar Social (Danto, 2019).

Pari passu a este movimento de Freud em advogar a psicanálise como um direito no contexto de uma política pública, também apontava revisões quanto aos objetivos terapêuticos da psicanálise: "Definimos como nossa tarefa levar o doente neurótico ao conhecimento dos impulsos inconscientes, reprimidos, que nele existem, e para esse fim descobrir as resistências que nele se opõem a tal ampliação do conhecimento de si." (Freud, 1919/2010c, p. 280). Notemos que o autor trazia uma forte injunção sobre a teoria da técnica analítica assentada no trabalho de conscientização dos conteúdos inconscientes dos pacientes. Em seguida, no entanto, o próprio autor ponderava as chances de se alcançar esse feito:

> *Desvelar essas resistências garantirá sua superação? Nem sempre, sem dúvida, mas esperamos chegar a esse objetivo explorando a transferência ante a pessoa do médico, para fazer o doente partilhar nossa convicção da impropriedade das repressões ocorridas na infância e da impossibilidade de viver a vida conforme o princípio do prazer. (Freud, 1919/2010c, p. 280)*

Freud asseverava, noutros momentos de sua conferência em Budapeste, que a psicanálise seria uma atividade médica, tecendo comparações com a química, os processos cirúrgicos, ortopédicos e educativos, ressaltando a técnica da conscientização como integração pelo Eu/Ego dos conteúdos inconscientes. Uma fala, como se pode depreender, bastante persuasiva aos poderosos representantes do poder presentes naquela ocasião. Mas também deixava claro que tais analogias eram insuficientes para dar conta do que se passava em uma experiência analítica. E ia além, na mesma conferência, ao ressaltar que a via do trabalho se daria pela análise e eliminação das resistências que faziam com que a subjetividade se apresentasse "dilacerada" e "dividida" (Freud, 1919/2010c, p. 284). No entanto, reconhecia que tal processo de integração da subjetividade ocorreria sem a interferência do(a) analista, sendo "automática" ao ser provocada pela decomposição dos sintomas e o levantamento das resistências em uma análise (p. 284).

Como característica do estilo freudiano, que fundou distintas leituras e escolas sobre os princípios metapsicológicos e a teoria da técnica entre os pós-freudianos, na mesma ocasião, Freud chamou atenção para um aspecto ético central da psicanálise e que seria posteriormente ressaltado na obra de Lacan (especialmente em seu seminário sobre *A ética da psicanálise* de 1959-1960, que desenvolverei mais à frente). Essa dimensão ética considerava o que instituições de saúde não analíticas em geral, e mesmo a prática de certos analistas em particular (em uma alusão à técnica ativa[1] de S. Ferenczi), engendravam ao promover o que entendiam ser para o "bem" dos pacientes. Em seus termos:

> *O analista que, tendo o coração solícito, digamos, dá ao doente tudo o que um indivíduo pode esperar de outro, incorre no mesmo erro econômico de que os sanatórios não analíticos são culpados. Estes objetivam apenas tornar tudo o mais agradável possível para o doente, a fim de que ele se sinta bem e goste de lá [para ali] se refugiar das dificuldades da vida. (Freud, 1919/2010c, pp. 287-288)*

A posição de analista condiz com uma ética que faz menção à abstinência do(a) terapeuta, de modo que os desejos do(a) paciente não sejam exatamente satisfeitos, pois isso contraria o princípio de realidade que confere ao desejo uma impossibilidade de plena satisfação (em razão da própria dinâmica pulsional, conforme também detalharei adiante). Essa abstinência, dizia o autor, refere-se a uma recusa enfática de "transformar" o(a) paciente em uma "propriedade" do(a) analista, o que quer dizer, "a conformar seu destino, impor-lhe nossos ideais e, com a soberba de um Criador, modelá-lo à nossa imagem, nisso encontrando prazer" (Freud, 1919/2010c, p. 288). Desse modo, se a psicanálise pretendia entrar no rol dos direitos a serem garantidos pelo Estado, era preciso levar em consideração que não poderia trazer uma promessa que, por razões teóricas e técnicas, não cumpriria sem contrariar seus próprios princípios, como de não transformar o(a) paciente em uma "propriedade" à imagem supostamente ideal do(a) analista.

---

1 Resumidamente, a técnica ativa compreendia injunções e orientações aos(às) pacientes, tendo como objetivo a superação das resistências em uma análise (Laplanche & Pontalis, 1992).

Ao falar sobre pacientes que se encontravam em situações de desamparo social, levantou a hipótese de a técnica comportar manejos específicos, como uma combinação da transferência psicanalítica com processos de influência educativo e de um(a) psicanalista ser ocasionalmente "obrigado a atuar como educador e conselheiro" (p. 289). Mas, como pensar uma psicanálise em dispositivos de poder do Estado, e mesmo como uma política pública, se haveria concessões aos próprios princípios da psicanálise ao inseri-la nessas políticas? Como se pudesse responder a essa questão, o autor referiu: "Mas isso deve ocorrer com grande cuidado, e o paciente não deve ser educado para se assemelhar a nós, mas para liberar e consumar sua própria natureza." (p. 289).

É nesse sentido que o autor afirmou que a psicanálise não devia ser uma "visão de mundo" (*Weltanschauung*), de modo que o(a) analista acabe impondo direta ou indiretamente seus ideais sobre o(a) paciente, o que seria uma "violência", como em mais de uma ocasião Freud asseverou com relação à hipnose[2] e ao uso inadvertido do poder do(a) analista (p. 289). Enfim, o autor concluiu que diferentes formas de sofrimento exigem diferentes manejos terapêuticos como condição para que a própria psicanálise avance. Mas até este momento, apenas aventava o que e como seria uma psicanálise como política social de saúde pública, sem ainda ter a ocasião de verificá-la pela experiência soberana da clínica.

De qualquer modo, notemos como a psicanálise, para inserir-se como direito da população e dever do Estado, perpassa questões clínicas, éticas e políticas específicas à psicanálise, e é nessa mesma

---

2 Ao relatar um fragmento de sua experiência com a hipnose em Bernheim em 1889, Freud (1921/2011b) pôde notar: "também me recordo de haver sentido, na época, uma surda hostilidade a essa tirania da sugestão. Quando gritavam a um doente que não se mostrava dócil: 'O que você está fazendo? *Vous vous contresuggestionez!*', eu achava aquilo uma evidente injustiça e uma violência. Ele tinha direito a contrassugestões certamente, se tentavam sujeitá-lo com sugestões." (p. 41).

conferência em Budapeste, antes de malograr o projeto de uma psicanálise para traumatizados por guerras e aos pobres, que Freud insinuava sobre o que seria essa psicanálise nas políticas públicas. Em seus termos, "adaptar" a técnica da psicanálise "às novas condições", sejam quais forem, implicaria na possibilidade de simplificar e tornar inteligível as teorias, levar em conta a possibilidade da resistência de pacientes para quem a doença poderia servir à obtenção de ajudas sociais (como forma de ganho secundário com a doença) e a necessidade de combinar o tratamento com auxílios materiais. Por fim, no seio dessa adaptação, trouxe a hipótese de uma "fusão" do "ouro" analítico com o "cobre da sugestão direta" – como no método catártico que antecedera à descoberta da psicanálise e que foi praticada com neuróticos de guerra por E. Simmel (Freud, 1919/2010c, p. 292).

É como se o autor antevisse, talvez de maneira selvagem,[3] o que poderia acontecer em uma análise gratuita voltada ao povo de forma mais ampla, fora do contexto do *setting* clássico. Não obstante as precauções do autor, ele mesmo finalizou a conferência alertando que esse cobre não deveria perder de vista o ouro, de modo que, onde quer que se dê uma psicanálise e com qualquer público, esta deve se manter sempre "rigorosa e não tendenciosa" (p. 292).

A rigor, o autor não disse que uma psicanálise como política de saúde ou em políticas públicas seria o cobre da psicanálise, isto é, uma prática valorativamente menor ou impura, mas uma "fusão" do ouro com o cobre que, sabemos, somada à prata e outros compostos, faz liga.[4] Cabe ressaltar ainda que Simmel estivera aplicando o método catártico presente na hipnose, o que não quer dizer que uma psicanálise

3 Em referência à "psicanálise selvagem" descrita pelo mesmo autor para abordar processos de interpretação empregados em contextos nos quais não se deu a transferência (Freud, 1910/1996l).

4 O que não escusa a postura de Freud em sua pretensão de "vender" a psicanálise como política de Estado, da mesma forma que a referida "liga" entre ouro e cobre não alivia todos os problemas levantados sobre uma pretensa "impureza".

no contexto dessas políticas reduzir-se-ia à sugestão. Contudo, a ideia de uma psicanálise "pura" e outra "impura" serviu a querelas no próprio campo psicanalítico, mesmo sem ter sido preciso inventariar os impasses oriundos de sua inserção nos dispositivos do Estado, como na educação, saúde mental pública, justiça e outros – como disseminado no entre Guerras (Danto, 2019).

Sem pretender avançar sobre os desdobramentos da psicanálise nos diferentes setores da política pública ao longo do tempo e mesmo as experiências das clínicas públicas de psicanálise desenvolvidas posteriormente,[5] temos um recorte sobre o início dessas incursões na obra freudiana e que considero suficiente para abordar algumas questões acerca do lugar do(a) psicanalista nessas políticas. A seguir, nossa atenção se desdobrará sobre os fundamentos teóricos e da técnica analítica que podem circunscrever as questões levantadas a partir da conferência em Budapeste. Trarei a primeira e segunda tópicas do aparelho psíquico para apreender as idas e vindas do autor em termos do que seria, enfim, o ouro da análise e o cobre da sugestão que, fundidas, contribuiriam para pensar a inserção da psicanálise nas políticas públicas.

Ouro e cobre nas tópicas freudianas

Acompanhamos que Freud estava, ao mesmo tempo, reticente e otimista com a possibilidade de inserção da psicanálise como política de Estado. Veremos agora como a posição cautelosa do autor figura entre os desdobramentos da segunda tópica do aparelho psíquico e que podem nos lançar algumas pistas sobre o lugar do(a) psicanalista nessas políticas. Apesar do otimismo quanto à inserção da análise no escopo das políticas de saúde pública e da nascente assistência social,

5 Sobre a história dessas experiências, indico a leitura de *As clínicas públicas de Freud: psicanálise e justiça social, 1918-1938*, de Elizabeth Ann Danto.

inclusive com a pretensão de tê-la como um "direito", Freud não arrefeceu frente aos problemas que essas experiências poderiam implicar aos fundamentos da psicanálise.

Vale ressaltar que a psicanálise não se encontrava (e não se encontra ainda na maior parte dos países, inclusive no Brasil) como uma profissão regulamentada pelo Estado;[6] e mesmo Freud declarou explicitamente ser contrário a essa regulamentação ao longo de toda a sua obra. Quando abordou o assunto lateralmente em *A questão da análise leiga*, advogou a importância de uma não intervenção por regulamentos e proibições legais, apesar de pretender que a psicanálise não devesse ser exercida por quem não tivesse "adquirido o direito de fazê-lo, mediante uma formação específica", o que exigiria "certo grau de liberdade de movimentos", incompatível "com restrições mesquinhas" (Freud, 1926/2014a, pp. 195 e 216). No entanto, falar em termos de um direito à psicanálise, como Freud defendeu em Budapeste, levanta algumas questões.

Havia um forte interesse por parte do autor de que a psicanálise fosse reconhecida, pela sociedade de seu tempo, como uma "ciência" e um "método de investigação dos processos psíquicos inconscientes" (Freud, 1922-1923/1996d, p. 268). No entanto, tais elementos não se articulam facilmente no sentido de uma defesa da psicanálise como um direito. No texto sobre a análise leiga, enfatizou o tripé da análise pessoal, supervisão e formação teórica como condição para a formação do(a) psicanalista (Freud, 1926/2014a). Ressaltou ainda que restringir as terapias, dentre elas, a psicanálise, à profissão médica, não garantiria a formação de analistas nem inibiria o charlatanismo. Freud não apontou um número de horas de análise, quantidade de

---

6 Há mais de 20 anos, temos o movimento da Articulação das Entidades Psicanalíticas Brasileiras com membros(as) representantes de diferentes entidades psicanalíticas nacionais e internacionais cujo objetivo é assegurar que a psicanálise não seja regulamentada pelo Estado. Para uma abordagem mais aprofundada sobre o assunto: *O paciente, o terapeuta e o Estado*, da Elizabeth Roudinesco (2005).

supervisão e tempo específico de formação que garantiriam a eficácia de um tratamento e, enfim, a formação – apesar de falar sobre sua prática de sessões semanais e a duração de análises didáticas por volta de um ou dois anos – parâmetros que depois foram convencionados como *standard* de formação na IPA.

A psicanálise contempla aspectos em sua formação que são incomensuráveis, o que não quer dizer que sejam sem formalização e rigor. Sem aprofundarmos os importantes elementos dessa formação neste livro,[7] o que chamo atenção é que uma lei do Estado, assim como um diploma, não torna alguém psicanalista. O resultado de uma experiência de análise, como observou posteriormente Lacan (1963-1964/1997b), condiz com processos de transformação subjetiva e, nesse ínterim, com o advento do desejo de analista. Trata-se de um desejo advertido de um saber sobre o insabido, isto é, da incompletude no próprio saber sobre a verdade da castração (um saber, portanto, sobre o impossível), conforme retomarei ao longo deste trabalho.

Dessa forma, essa concepção de formação não alcança sua garantia por leis do Estado. Afinal, um(a) analista lida com leis do inconsciente que fogem à ordenação consciente e, mais ainda, à ordenação pretendida pelas burocracias. A formação psicanalítica leva em conta uma transmissão sobre a experiência do inconsciente, uma transformação na relação do sujeito com a castração, sempre de maneira singular e, de certa forma, irregular (não sujeita a regulações do tipo estatais ou universitárias). Essa ciência dos processos inconscientes não se confunde facilmente com um direito a ser garantido pelo Estado, apesar do que Freud (1919/2010c) pretendeu em Budapeste. Isso não significa que se deva excluir a psicanálise das políticas públicas por seu caráter de não regulamentação pelo Estado e formação *sui generis*. Significa que elevá-la à categoria de um direito nos leva a

7 Tive a oportunidade de trabalhar o tema em: *Sobre o acesso à formação psicanalítica* (Marino et al., 2022).

problemas sobre sua regulamentação, colocando em xeque seus próprios pressupostos formativos, clínico, ético e político.

É do lugar de estrangeiro, como observaram Koltai (2000) e Quinet (2009); de "extra-territorialidade" segundo Lacan (1955/1998p, p. 327), que encontramos as condições de eficácia de um "tratamento que se espera um psicanalista", de alguém que concluiu uma experiência de análise (p. 331). Desse modo, o lugar da psicanálise na política seria mesmo paradoxal, pois comporta impasses que, no entanto, revelam as condições mesmas de sua possibilidade: "Ao mesmo tempo externa às instituições estatais, que a toleram, e interna à cada disciplina que a leva em conta, ela se parece com um saber nômade, indefinível, subversivo, perturbador, sempre acampado na fronteira" (Roudinesco, 2005, p. 121).

Esse lugar, retomando a expressão freudiana, é feito de "cobre" e, no sentido dessa analogia, vale lembrar que a sugestão se encontra na base da descoberta da transferência: um operador e conceito fundamental em psicanálise. Não há tratamento possível, diz Freud (1926/2014a), sem certa crença de um sujeito de que aquele(a) analista poderá ajudar de alguma forma. A sugestão, no entanto, não é empregada para a simples remoção de sintomas e para tratar demais formas de sofrimento psíquico o que, segundo o autor, distinguiria a psicanálise das psicoterapias e da hipnose. Enquanto métodos terapêuticos que empregam a sugestão acrescentam reiteradamente elementos ao discurso do sujeito, um(a) analista trabalha como um(a) arqueólogo(a) ou escultor(a) que "traz algo para fora" (Freud, 1904-1905/1996p, p. 247). Como observam Fingermann e Dias (2005), as psicoterapias em geral ocupam-se em compreender, aconselhar, orientar, indicar soluções, dar explicações e oferecer remediações ao Eu que redundam no emprego da sugestão.

> *Na verdade, há entre a técnica sugestiva e a analítica a maior antítese possível, aquela que o grande Leonardo da*

> *Vinci resumiu, com relação às artes, nas fórmulas* per via di porre *e* per via di levare. *A pintura, diz Leonardo, trabalha* per via di porre, *pois deposita sobre a tela incolor partículas coloridas que antes não estavam ali; já a escultura, ao contrário, funciona* per via di levare, *pois retira da pedra tudo o que encobre a superfície da estátua nela contida. (Freud, 1904-1905/1996p, p. 247)*

A transferência comporta um investimento libidinal que ao mesmo tempo inibe e permite que haja um tratamento. Para que o processo aconteça, a transferência do sujeito ao(à) analista deve permanecer sem satisfação, servindo como móbil do trabalho analítico. A importância do poder exercido pela influência do(a) analista está na condição de que o(a) analista não faça uso desse poder: "Na psicanálise, a inevitável influência sugestiva do médico é dirigida *para a tarefa*, que *cabe ao doente*, de superar as resistências, ou seja, de realizar o trabalho de cura." (Freud, 1923/2011a, p. 297, grifo nosso). Em Lacan (1958/1998d), encontramos uma observação importante em relação a esse manejo:

> *ele [Freud] reconheceu prontamente que nisso estava o princípio de seu poder, no que este não se distinguia da sugestão, mas também que esse poder só lhe dava a solução do problema na condição de não se servir dele, pois era então que assumia todo o seu desenvolvimento de transferência. (p. 603)*

Na esteira da leitura que evoca o cobre de uma psicanálise adaptada a contextos fora do *setting* tradicional, no texto *Recomendações aos médicos que exercem a psicanálise*, Freud (1912/1996m) observou que a sugestão seria necessária no contexto do tratamento em instituições: "é lícito insistir em que ele próprio não se ache em dúvida quanto ao que está fazendo e saiba que o seu método não é o da verdadeira psicanálise." (p. 131). Mas como ele mesmo observou, apenas um ano mais tarde, não se deve "mecanizar" a técnica analítica, de modo que "um curso de ação que, via de regra, é justificado possa, às vezes, mostrar-se ineficaz, enquanto outro que habitualmente é errôneo possa, de vez em quando, conduzir ao fim desejado." (Freud, 1913/1996r, p. 139). Nesse mesmo texto, o autor mostrava-se também descrente em relação à gratuidade do tratamento, na medida em que aumentaria a resistência do(a) paciente, afora outros inconvenientes (especialmente ao(à) analista). Apesar de reconhecer esses problemas, na mesma sequência enfatizou que havia casos em que a gratuidade não constituía entraves e conduzia "a excelentes resultados" (p. 148).

Afinal, existem ou não especificidades e impasses da psicanálise fora do contexto do *setting* tradicional do consultório? Freud não proferiu uma palavra final sobre esse assunto. O mesmo se deve ao papel do(a) analista como educador(a) e mestre no contexto da sugestão, como observou na conferência em Budapeste e também no texto sobre as *Recomendações*, no qual dizia que "A ambição educativa é de tão pouca utilidade quanto a ambição terapêutica", conforme certo *furor sanandis* (Freud, 1912/1996m, p. 132). O autor ora aproximava ora distanciava os impossíveis em termos do poder de educar, governar e psicanalisar. Quando os aproximava, trazia cautelas em relação ao ouro da psicanálise e, quando os separava, trazia ressalvas em relação ao cobre da sugestão.

A fim de avançarmos sobre as questões quanto ao ouro e ao cobre na própria psicanálise e sua inserção nas políticas públicas, cabe ressaltar que os problemas inferidos pelo autor se encontram alinhados aos desdobramentos de sua segunda tópica. Eis um ponto que considero importante por dar pistas sobre os problemas levantados. A passagem da primeira à segunda tópica foi realizada por Freud (1923/1996h) em função de uma complicação oriunda do emprego do termo "inconsciente", que podia remeter a uma concepção duplamente descritiva – do conteúdo latente que se encontrava na pré-consciência e os conteúdos propriamente inconscientes e reprimidos; além de dinâmica, mas que não suscitava qualquer ambiguidade. Somou-se a isso a dificuldade da concepção do Eu em termos de pré-consciência, consciência ou inconsciência, já que o Eu inseria-se tanto na consciência quanto no inconsciente, revelando uma divisão inerente ao próprio Eu.

A primeira tópica foi esboçada no *Projeto para uma psicologia científica* de 1895 e em *A interpretação dos sonhos* de 1900, cuja divisão do aparelho psíquico se situava em termos de consciente, pré-consciente e inconsciente. Nesses tempos, Freud atentava ao caráter revolucionário da descoberta do inconsciente presente nas mais diversas manifestações humanas. Isso porque, após a revolução copernicana deslocar o homem do centro do universo e a teoria darwinista falar da herança da espécie humana dos macacos, a psicanálise fez o inconsciente prevalecer sobre as luzes da consciência, onde o homem não seria mais "senhor em sua própria casa" (Freud, 1917/2010g, p. 251). A psicanálise, desde o seu surgimento, mostrou-se como uma práxis que perturba a ordem estabelecida, um discurso que consterna o *status quo*.

Já a segunda tópica começou a ser desenvolvida na década de 1920 (na mesma época da conferência de Budapeste) e foi mais sistematicamente apresentada no texto o *O ego e o id* de 1923, cuja divisão do psiquismo passou a ser entre Eu/Ego, Isso/Id e Supereu/Superego. Apesar dessa nova conceituação, salientou que a "única oposição aceitável" seria "aquela entre consciente e inconsciente", não havendo, portanto, uma oposição exata entre o Eu e o Isso (Freud, 1926/2014a, p. 144). Desse modo, a única oposição continuava em conformidade com sua primeira e revolucionária tópica.

O Eu é uma parte do Isso modificada pela realidade, uma organização psíquica que tende à unificação, ao que entendemos como consciente, mas que é em si mesmo uma parte do Isso. Já o Isso é a sede das pulsões, um território onde não há conflitos, negações, contradições, onde vigora o inconsciente. Por fim, o Supereu pertence ao Eu, mas mantém uma íntima relação com o Isso, sendo a sede da consciência moral, um sucedâneo do complexo edípico oriundo dos investimentos pulsionais sobre os objetos de identificação primordiais e da introjeção das proibições morais. Além dessa dimensão topográfica, há também seu aspecto dinâmico, que diz das forças da energia pulsional que agem em cada instância e entre elas.

A satisfação da pulsão é sempre parcial, como observou nos *Três ensaios para uma teoria da sexualidade*, e condiz com o rebaixamento da tensão por meio de uma mediação do Eu ante as pressões exercidas pelo Isso e o Supereu (Freud, 1905/1996t). A esse domínio do "princípio de prazer" que o Eu realiza sobre os impulsos inconscientes o autor chamou de "princípio de realidade" e tem como objetivo uma conciliação com as exigências do mundo externo. Contudo, mantém-se o objetivo final de uma satisfação sempre parcial da pulsão. Graças aos conflitos presentes nessas instâncias intrapsíquicas, a repressão das pulsões traz seus "custos", já que "não é possível fugir de si mesmo" – o custo é a formação substitutiva dos sintomas e a neurose como manifestação exemplar do conflito entre as instâncias psíquicas (Freud, 1926/2014a, p. 151).

Com a segunda tópica, o autor reviu os objetivos da terapêutica analítica em termos de um restabelecimento do Eu, livrando-o de suas restrições e restituindo o "domínio sobre o Id, que perdeu em consequência de suas repressões passadas." (1926/2014a, p. 154). O tratamento, como vimos na conferência de Budapeste, foi reformulado na década de 1920 por meio da ideia de tornar consciente o inconsciente. Isso trouxe uma série de embates entre os(as) psicanalistas, ainda nos tempos de Freud e mesmo posteriormente, em termos das formas de condução clínica e das formulações quanto ao fim do tratamento. Esses embates são congruentes com as discussões de uma psicanálise pura, tida como "ouro analítico", e outra impura, como no "cobre da sugestão".

No entanto, a leitura que faço pondera essa distinção, ressaltando o que o autor desenvolveu em termos da resistência e da sugestão no âmbito do tratamento analítico. Indo direto ao ponto: apesar do que se pode ler nos trabalhos de Freud em termos da terapêutica analítica se assentar na conscientização dos processos do Isso e da ideia de que a análise se daria por meio da superação das resistências no sentido de uma pedagogia ortopédica, de mestria e síntese egoica (pelo Eu), há uma série de apontamentos do próprio autor que vão na contramão dessa leitura, ressaltando o caráter revolucionário da descoberta do inconsciente, presente na primeira tópica, mas nunca abandonada, como se constata na seguinte passagem de *O mal-estar na civilização*, dez anos depois:

> *Normalmente nada nos é mais seguro do que o sentimento de nós mesmos, de nosso Eu. Este Eu nos aparece como autônomo, unitário, bem demarcado de tudo o mais. Que esta aparência é enganosa, que o Eu na verdade se prolonga para dentro, sem fronteira nítida, numa entidade psíquica inconsciente a que denominamos Id [Isso], à qual ele serve como uma espécie de fachada. (Freud, 1930/2010f, p. 16)*

Conforme pudemos apreender dos desenvolvimentos trazidos neste capítulo, Freud apresentava um movimento de idas e vindas característico de seu estilo e que é importante para pensarmos o lugar do(a) psicanalista nas políticas públicas. Ora advogava a psicanálise como ouro, independentemente das circunstâncias nas quais se inserisse, de maneira rigorosa, não tendenciosa, livre do cerceamento das leis jurídicas e sem incorrer nos engodos oriundos do querer o bem aos seus pacientes (como Peste), ora pensava a psicanálise como cobre em instituições, nas políticas públicas, como direito público e dever do Estado, condescendendo à sugestão, adaptada e mesclada a uma visada educativa, de mestria e de auxílio assistencial (como Buda).[8]

São dois os aspectos que ressalto para abordar o ouro e o cobre na própria psicanálise. O primeiro é que Freud (1926/2014a) abordou a análise das resistências como uma "construção" (p. 144). O segundo chama atenção a respeito da "única oposição" se dar entre consciente e inconsciente (p. 144). Portanto, como pensar uma síntese pelo Eu se não há exatamente uma separação dessa instância com o Isso? Conforme observou, são certos "processos no Eu" que "*podem* se tornar conscientes" (p. 145, grifo no original). Um pouco mais à frente nesse mesmo texto, refere o que entendia por resistência: "todas as forças que se opõem ao trabalho da cura. O ganho obtido com a doença é a fonte de tal resistência" (p. 181).

Em 1937, no texto *Análise terminável e interminável*, escreve que o processo de tornar consciente o reprimido era feito por meio de "interpretações e construções, mas interpretamos apenas para nós mesmos, não para o paciente, enquanto o ego se apega a suas defesas primitivas e não abandona suas resistências." (Freud, 1937/1996b, p. 255). Já no texto das *Recomendações aos médicos que exercem a psicanálise*, distinguia construção de interpretação: "Acho que 'construção' é de longe a descrição mais apropriada. 'Interpretação' aplica-se a algo que se faz a algum elemento isolado do material, tal como uma associação ou uma parapraxia [ato falho]" (Freud, 1912/1996m, p. 280).

Tais passagens asseveram que o processo de análise das resistências se dá por meio de construções em análise que não condizem com um processo de esclarecimento consciente[9] a ser transmitido ao(à)

---

8 A partir de uma concepção ocidental de Buda, isto é, uma espécie santificada e benevolente em função de uma impregnação da moral cristã.

9 Isso não quer dizer que toda interpretação, em uma experiência de análise, deva expurgar as elucidações conscientes ou intelectuais. Lacan (1936/1998n), em um

paciente, mas a uma atividade do(a) analisante na experiência analítica. Em seguida, ressalta que "se o analista tenta explicar ao paciente uma das deformações por este efetuadas para fins de defesa, e corrigi-la, encontra-o incompreensivo e insensível a argumentos bem fundamentados. Assim, percebemos que *há* uma resistência contra a revelação das resistências" (Freud, 1937/1996b, p. 255). Há uma resistência do(a) paciente a processos de racionalização consciente sobre o que resiste inconscientemente.[10] Algo que Lacan (1953-1954/1986) posteriormente observou ao dizer que a resistência era do(a) analista frente à transferência do(a) analisante e, no texto sobre *A direção do tratamento e os princípios de seu poder*, ainda referiu: "A resistência do sujeito, quando se opõe à sugestão, é apenas desejo de manter seu desejo" (Lacan, 1958/1998d, p. 642).

Para Freud (1912/1996m), o(a) analista "deve ser opaco aos seus pacientes . . . não mostrar-lhes nada, exceto o que lhe é mostrado." (p. 131). Afinal, ressalta em *Análise terminável e interminável*: "O que um dia veio à vida, aferra-se tenazmente à existência. Fica-se às vezes

---

de seus primeiros textos, no *Para-além do "Princípio de Realidade"*, ressaltou esse caráter da interpretação em termos de uma refração da imagem que o(a) analisante traz, por meio de seu discurso, na relação com o(a) analista. No entanto, ponderou que essa forma de interpretação deve se dar em tempos que são definidos "em função das reações do sujeito; ajustar sua velocidade é uma questão de tato, pelo qual o analista é alertado sobre o ritmo dessas reações." (p. 88). Contudo, esse ritmo não é pautado numa espera de que a interpretação receba um assentimento pelo(a) analisante.

10 A resistência do lado do(a) analisante, especificamente neurótico(a), se dá pela força do recalque para que não emerja uma fala reveladora sobre a verdade do sujeito. Trata-se de uma força que atua contra o desrecalcamento em uma análise, contrariamente à associação livre que, como sabemos, não é exatamente "livre" em função da sobredeterminação inconsciente (Jorge, 2017). Daí que o processo envolva uma insistência inconsciente e que o(a) analista não "force" a fim de não aumentar a resistência do sujeito, na medida em que "a palavra autêntica tem outros modos, outros meios, que os do discurso corrente", ou seja, ela se apresenta no "sintoma, no sonho, no lapso, no *Witz*, obedece a outras leis" (Lacan, 1953-1954/1986, p. 304).

inclinado a duvidar se os dragões dos dias primevos estão realmente extintos." (Freud, 1937/1996b, p. 245). Então, mesmo se advogássemos a prevalência da instância do Eu sobre os impulsos do Isso, teríamos sempre uma parcialidade da conquista do consciente sobre o inconsciente em razão de uma divisão constituinte do próprio Eu. O autor foi, enfim, textual quanto aos limites dessa ambição terapêutica: "Aumentamos seu conhecimento, mas nada mais alteramos nele" (p. 250). É nesse mesmo sentido que Lacan (1953-1954/1986; 1955/1998p) lembra que o Eu se caracteriza por uma função de desconhecimento, com predomínio imaginário, cujo caráter sintomático (do Eu como um sintoma) necessariamente fundamenta a técnica analítica na direção da divisão subjetiva, sujeito a uma falta constitutiva e, desta feita, dando notícias da pulsação que caracteriza o desejo inconsciente.

A experiência clínica freudiana demonstrava uma dificuldade de garantir plenamente o êxito sobre um controle das pulsões pelo Eu. Sua experiência clínica contradizia certa ambição que se depreende dos desdobramentos da psicanálise a partir de sua segunda tópica. Não é fortuito que Freud (1937/1996b) tenha falado em termos de uma "alteração do ego", de uma síntese com "partes do seu id [Isso]", como sendo uma "ficção ideal" (p. 251). Afinal, o problema é quando se tratam as exigências pulsionais como perigos externos. De outra forma, caberia à experiência de uma análise avançar sobre o inconsciente, rumo ao desejo singular do sujeito em uma análise e das alternativas inventadas pelo sujeito para lidar com sua divisão fundamental, sua excentricidade.

O ouro da psicanálise pretensamente pura não se distingue facilmente do cobre da sugestão. Os desdobramentos da segunda tópica não caracterizam uma ruptura com a revolução da descoberta do inconsciente e da divisão subjetiva oriundas da primeira tópica. Mesmo a sugestão não se encontra distante do que foi descoberto como transferência, cabendo ao(à) analista um manejo em termos do lugar a ser ocupado, considerando uma abstinência fundamentalmente ética.

Desse modo, o ouro e o cobre se encontram como um impasse na própria psicanálise, localizado nos desenvolvimentos do autor tanto com relação à análise das resistências e dos fracassos de uma ambição terapêutica em termos de uma conscientização normalizadora, como também em relação à psicanálise nas políticas públicas.

Clínica, ética e política *versus* o "bem"

É essa vítima comovente, evadida de alhures, inocente, que rompe com o exílio que condena o homem moderno à mais assustadora galé social, que acolhemos quando ela vem a nós; é para esse ser de nada que nossa tarefa cotidiana consiste em reabrir o caminho de seu sentido, numa fraternidade discreta em relação à qual sempre somos por demais desiguais.

Lacan, 1948/1998a, p. 126

Conforme desenvolvi anteriormente, enquanto Freud tecia suas primeiras considerações sobre a psicanálise no campo das políticas públicas, também revia os objetivos da clínica analítica, enfatizando a conquista pelo Eu dos conteúdos e processos oriundos do inconsciente. Vimos que, apesar de considerar uma possível adaptação da psicanálise no contexto dessas políticas, a partir do cobre da sugestão e do emprego de estratégias educativas, de mestria e auxílio assistencial, alertava para os desvios do rigor analítico em tendências que desvirtuariam os fundamentos da própria psicanálise, mantendo a divisão do psiquismo entre consciente e inconsciente e ressaltando esta divisão no próprio Eu.

Especialmente nos primeiros anos de seu ensino, Lacan chamou atenção para os desdobramentos da segunda tópica na clínica psicanalítica entre os pós-freudianos, especialmente no que diz respeito ao acento dado ao Eu, à idealização e à identificação com o Eu do(a) analista, à análise intelectualista das resistências e aos desvirtuamentos em relação ao que Freud desenvolvera em relação à segunda tópica. Como observou, dentre as três instâncias psíquicas "a que ganhou primeira importância foi o ego [Eu] . . . é aí que é preciso situar a causa de todas as dificuldades que a elaboração teórica desse desenvolvimento prático coloca." (Lacan, 1953-1954/1986, p. 24).

Entre alguns pós-freudianos(as) – como encontramos em Anna Freud, K. Abraham, M. Balint e nas práticas que floresceram nos Estados Unidos, especialmente com H. Hartmann, K. Loewenstein e E. Kris[11] – tornou-se lugar comum uma tendência à prevalência do Eu em processos de conscientização, adaptação à realidade e maturação ou desenvolvimento do indivíduo, que coadunam com o que Freud abordou em termos de uma adaptação da psicanálise ao cobre da sugestão. Pudemos acompanhar, no entanto, como os termos empregados pelo autor não traziam uma palavra final sobre a psicanálise nas políticas públicas e como os desdobramentos em relação à sugestão, à superação das resistências e o acento ao Eu encontravam-se desalinhados com a descoberta do caráter revolucionário do inconsciente.

No seminário *O eu na teoria de Freud e na técnica da psicanálise*, Lacan (1954-1955/2010a) desenvolveu como Freud realizou uma revolução copernicana no estudo da subjetividade ao ressaltar uma operação de descentramento da instância psíquica do Eu e mostrar "justamente que o sujeito não se confunde com o indivíduo", isto é, o sujeito é "excêntrico . . . algo diferente de um organismo que se adapta" (pp. 18 e 19). Daí a noção de "ex-sistência" do sujeito do inconsciente, em função de seu descentramento subjetivo (Lacan, 1955/1998l, p. 13). Mas foi no *Compêndio de psicanálise* – obra incompleta e

11 Sobre a psicanálise que floresceu nos Estados Unidos, Lacan (1953/1998h) nos diz: "a concepção da psicanálise pendeu ali para a adaptação do indivíduo ao meio social, para a busca dos *patterns* de conduta e para toda a objetivação implicada na noção de *human relations*, e é realmente uma posição de exclusão privilegiada com respeito ao objeto humano que se indica na expressão, nascida lá mesmo, *human engineering*." (pp. 246-247).

publicada postumamente – que Freud (1940/2014b) acabou por recobrir sua primeira e segunda tópicas, tomando-as não mais como uma teoria, mas como uma "doutrina das três qualidades do psíquico", que estariam ainda sendo desenvolvidas pela psicanálise (p. 55). Depois do empenho teórico em sustentar os desdobramentos acerca da divisão do aparelho psíquico nas três instâncias do Eu, Isso e Supereu, já instauradas as querelas sobre manejo e direção do tratamento, Freud retomava o valor revolucionário de sua descoberta dada pela centralidade do inconsciente.

É nesse sentido que recupero a advertência freudiana em termos de uma ética da psicanálise que deveria se manter "rigorosa e não tendenciosa", atentando aos seus desvirtuamentos no que o autor chamou de analistas com o "coração solícito" ao agirem no sentido de um "bem" dos seus(suas) pacientes (Freud, 1919/2010c, pp. 292 e 287). Como observou Lacan (1955/1998p), a centralização da análise em processos de conscientização egoica não apenas desvirtua os fundamentos da análise, mas também se revela como uma "ideologia", "reacionária" e "falida", e ainda, como parte de uma espécie de "teologia da livre iniciativa" (p. 337).

A noção de "bem" – que se desdobra nos termos "bem-estar" e "bem comum" – será fundamental para pensarmos o lugar da psicanálise nas políticas públicas. Afinal, como um(a) psicanalista pode fazer frente ao empuxo técnico racional, ao que a ciência positiva congratula como verdade, cujos resultados medidos quantitativamente são muito, quando não os únicos, valorizados e que por vezes são travestidos na imagem de um bem? Para exemplificar, talvez um(a) psicanalista encontre dificuldades ao se candidatar a um emprego no setor de um serviço público ou mesmo privado se disser ingenuamente (por hipótese, já que, conforme um conhecido aforismo lacaniano: "os não-tolos erram") que não pretende com sua prática o "bem" de seus(suas) pacientes. Ou mesmo se revelar que o desejo inconsciente, cerne de sua aposta terapêutica, é "um não--conformista, excêntrico, transgressivo, indomável e mesmo radical", como observou Miller (2005, p. 113). Esse autor ressalta, no entanto, que a psicanálise se encontra diante desse "mercado":

> *Como terapêutica, você é aceitável. Se você quer o bem, se você pratica o bem, se você ajuda o infeliz a se recolocar sobre as patas, se você o remenda de modo que ele deixe rapidamente o seu consultório para retornar à produção, se você aceita responder à minha intimação para demonstrar a sua utilidade direta de uma maneira que seja por mim aceitável – então você terá um lugar ao lado, ou como apoio, dos nossos medicamentos, nossas ginásticas, nossas higienes de vida, nossos* week-ends *terapêuticos. (Miller, 2005, p. 113)*

Em outras palavras, existe um empuxo à produtividade eficiente também no setor da saúde pública no qual um(a) psicanalista pode, em função de sua posição ética, clínica e política, deparar-se com impasses, como esse relacionado ao empuxo do "querer o bem". Já pudemos antever a reserva freudiana em termos de se querer o bem ao outro. O bem é, portanto, um termo importante que atravessa nosso tema, em um sentido ético, clínico e político. Nesse ínterim, lembremos a conhecida passagem narrada por Lacan (1955/1998c) em que, na viagem para uma conferência na Clark University, em 1909, Freud teria dito a Jung: "Eles não sabem que estamos lhes trazendo a peste." (p. 404). Essa peste sinaliza como ética, clínica e política encontram--se entrelaçadas e esse enlaçamento engendra uma posição no qual o(a) analista encontra-se mais livre nas suas intervenções táticas do que em sua estratégia transferencial, isto é, ao se colocar como "morto" para que o saber provenha do(a) analisante na direção política calcada na falta-a-ser do(a) psicanalista (Lacan, 1958/1998d).

É sobre esses três elementos – clínica, ética e política –, tomados conjuntamente neste capítulo, que concebo este bem que se encontra nos impasses tanto nas políticas públicas quanto na psicanálise e possivelmente desta no contexto daquelas políticas. Afinal, como ressaltou Lacan (1954-1955/2010a) sobre os engodos imaginários produzidos por este querer o bem: "que eu não me dê conta de que, quando quero o bem a alguém, quero-lhe mal" (p. 413). Em outros termos, ainda segundo o autor: "Toda canalhice repousa nisto, em querer ser o Outro – refiro-me ao grande Outro – de alguém, ali onde se delineiam as figuras em que seu desejo será captado." (Lacan, 1969-1970/1992b, p. 63).

Aprofundaremos como este bem que traz o pior (aqui, como excesso de mal) não é um resto a excluir e que produz "segregação, miséria, desamparo, tédio, depressões e outras guerras", mas uma "causa a produzir e a reduzir" ao longo de uma experiência de análise (Fingermann & Dias, 2005, p. 16). É como avesso a certos discursos filosóficos, religiosos e científicos que invocam os bens ideais aos bens utilitários, formulando promessas de felicidade e plena satisfação, que um(a) analista encontra-se na posição de tratar o pior como causa – que remete ao real da castração. Afinal, muito do sofrimento do sujeito encontra-se no excesso de determinação promovido por suas alienações constituintes e que também constituem o mal-estar na civilização (conforme trarei no quarto capítulo deste livro). Para Lacan (1958/1998d), esse querer o bem se revela como um poder dotado de um "princípio maligno" que conduz a "um direcionamento cego. É o poder de fazer o bem – nenhum poder tem outro fim, e é por isso que o poder não tem fim", quando não se consegue sustentar devidamente uma práxis na qual um(a) analista "já renunciou ao poder" (p. 647).

Os próximos passos deste livro terão como objetivo abordar certos tópicos que circundam nosso problema sobre o lugar da psicanálise nessas políticas: Peste ou Buda? A partir da lógica do inconsciente, o "ou" da exclusão converte-se em um "e" de conjunção e encontramos articuladas à direita e à esquerda das margens do rio Danúbio, a posição marginal do(a) analista. Lacan mesmo trouxe, ao longo de sua obra, algumas referências ao *zen* budista para pensar a psicanálise (Roudinesco, 2008). No seu primeiro seminário, essa referência serviu para fundamentar seu retorno a Freud e ressaltar o descentramento do sujeito, apontando que o objetivo da análise não é o "domínio completo de si", o que coloca em xeque, portanto, o acento dado à conscientização e à integração imaginária do Eu (Lacan, 1953-1954/1986, p. 11).

Essa referência receberá outros contornos quando de sua viagem ao Japão, em 1963, e suas incursões sobre o Oriente. Em sua rápida viagem, Lacan (1962-1963/2005b) teve uma experiência com certas estátuas religiosas japonesas em que pôde extrair algo sobre a relação do sujeito humano com o desejo, a saber, a de que "o desejo é ilusão", o que quer "dizer que ele não tem sustentação, não tem escoadouro, sequer tem ambição em relação a nada" (p. 245). A verdade que essa ilusão traz é a de uma negação que não enseja a redução do desejo ao nada, mas ao "ter" que remete à falta de um objeto que possa lhe trazer uma correspondência biunívoca em termos de satisfação, apontando para o que o autor desenvolverá em relação ao objeto *a*, a não complementariedade entre os sexos e a lógica do não-todo, assuntos que trarei no sétimo capítulo.

Encontramos um movimento que vai da revolução oriunda da descoberta do inconsciente freudiano à concepção de uma subversão do sujeito (conforme trabalharemos também no sétimo capítulo) que coaduna com a direção ética, clínica e política da psicanálise e que são pontos de ancoragem para pensar o lugar da psicanálise nas políticas públicas.

A seguir, faremos um primeiro percurso conceitual e histórico sobre as políticas públicas, buscando extrair como essas políticas lidam com o impossível de governar e, mais propriamente, com o impossível de satisfazer plenamente o bem-estar para todos(as). Depois de desenvolver o tema da métrica da satisfação impossível nessa disciplina, abordarei o impossível em psicanálise. Essa confluência de impossíveis de governar e psicanalisar será retomada para refletirmos sobre como cada uma (as políticas públicas e a psicanálise) trata seus impossíveis, fazendo avançar nosso tema.

2. Estado e políticas públicas na visada do bem comum

Nesse momento, faremos um percurso mais específico em políticas públicas, ressaltando uma característica comum dessas políticas com a noção de Estado: ambas se referem à coisa pública permeada pela ideia de bem comum. Conforme abordou o cientista político, Theodore Lowi (1972), "as políticas públicas determinam a política", isto é, determinam a direção política de um Estado, sendo que essas determinações são condizentes com a noção de Estado como *res publica*, uma coisa voltada idealmente ao bem comum, tendo como norte o bem-estar da coletividade (p. 299).

Após uma breve apresentação conceitual e uma introdução do surgimento das políticas sociais, abordarei a concepção desse bem comum específico da pólis. Para tal abordagem, trarei o que alguns filósofos clássicos, como Platão e Aristóteles, pensaram sobre esse tema. Posteriormente, no interior de certa concepção sobre a democracia, será possível acompanhar como essa forma de governo se apresentou inicialmente sob uma face liberal e, posteriormente, mais próxima das questões sociais, ampliando o escopo das políticas sociais. Como veremos, no entanto, ambas pretendiam alcançar o bem comum. Enquanto no Estado Liberal esse bem seria um resultado não premeditado das iniciativas individuais, no Estado Social, o bem seria alcançado graças às intervenções do Estado.

A ideia de Estado remete a uma criação humana cujo objetivo é organizar o fenômeno do político no interior de uma comunidade, sendo um ente público. Essa coisa pública que o Estado representa pode se manifestar de diferentes formas e são essas diferenças que impactarão na sua forma de agir, o que quer dizer, na configuração de suas políticas públicas. No interior de certa concepção sobre a democracia, fundamentada nos princípios da liberdade e igualdade, depreende-se que a liberdade não significa a mera não interferência do Estado – dimensão que o filósofo político Isaiah Berlin (1981), na esteira de outros autores, chamou de "liberdade negativa".[1] A democracia implica, ao mesmo tempo, uma dimensão intervencionista do Estado ("liberdade positiva"), especialmente voltada às questões das desigualdades socioeconômicas, reconhecendo que a fronteira entre a vida privada e a pública é bastante tênue. Essa questão da abstenção ou intervenção do Estado se desdobra em diferentes formas de políticas públicas.

É comum a confusão no emprego dos adjetivos bom e mau e dos advérbios bem e mal – que são termos empregados para qualificar o tema deste estudo. No interior da tradição social-comunitarista e, em muitos casos, social-republicana, a concepção de bem comum (*bonum comune*) condiz com o bom governo, e o bem privado com o mau governo. Por outro lado, na tradição liberal e, geralmente,

---

1 O termo faz menção à distinção entre as concepções de liberdade dos antigos e a dos modernos, tomada a partir de Benjamin Constant (1985). A primeira faz referência à liberdade política exercida diretamente, ou seja, à custa da submissão individual em prol do todo social, condicionada à existência do escravismo no mundo antigo: "entre os antigos, o indivíduo, quase sempre soberano nas questões públicas, é escravo em todos seus assuntos privados." (p. 11). O segundo é marcado pela liberdade contida nos direitos individuais, no gozo das atividades privadas, na liberdade civil, marcado historicamente pelo advento do sistema comercial e dado pela representação política.

liberal-republicana, o bem próprio (*bonum propium*) é o que caracteriza o bom governo, e o bem comum representa o mau governo. É no esteio histórico do Estado Social, no qual se inseriu o *Welfare State*, que encontraremos um acento ao papel interventor do Estado, dado por meio de políticas sociais públicas fundamentadas no ideário do bem comum e dirigido idealmente ao bem-estar de todos.

A articulação entre bem comum e bem-estar remonta a uma tradição clássica em filosofia política. Presente desde a *República* platônica e na *Ética* aristotélica, o "bem" encontrava seu fundamento na virtude (*aretē*) de governantes e governados(as) voltados aos interesses coletivos. Trata-se de uma questão inaugural da filosofia que fala sobre a qualidade moral, o caráter humano que, no interior do organicismo grego, implicava um processo de burilamento da subjetividade para o que se considerava ser a boa vida na pólis. Desse modo, nossa atenção recai sobre o bem comum e o bem-estar, cuja articulação pode ser preciosa para abordarmos esses bens, posteriormente, em psicanálise.

Em meio aos impasses entre público e privado, Estado e mercado, figuram aqueles(as) que apontam para as desigualdades socioeconômicas como um resultado da própria estrutura do capitalismo, considerando que as políticas sociais contribuem para o crescimento econômico. E, do outro lado, aqueles(as) que advogam que essas políticas provocam crises, inibem o crescimento e o *laissez feire*, sendo custosas ao Estado e desestimulantes à inserção no mundo do trabalho. Veremos como o *Welfare State* se inscreveu como uma proposta de equilibrar esse antagonismo, situando-se nas abordagens integradas sobre o desenvolvimento socioeconômico por meio da formulação e implementação de políticas públicas.

Ao nos aproximarmos do final deste capítulo, apresento os impactos do neoliberalismo na reconfiguração dessas políticas e, mais precisamente, da colocação em xeque da garantia de direitos sociais historicamente conquistados. Nesse percurso, então, faremos um trajeto que perpassa o contexto do surgimento dessas políticas, seu acento no âmbito do advento do *Welfare State* até a sua crise, aproximando o leitor do chamado *new welfarism*, isto é, da inserção dessas políticas no interior da lógica neoliberal.

Será possível apreender um movimento de retorno ou, mais propriamente, de insistência dos ideais liberais, que retomarei a partir das contribuições da psicanálise. Conforme formulo no final do capítulo: o fenômeno dessa insistência liberal seria da ordem de uma repetição inconsciente? E, a partir dessa hipótese, o que esse fenômeno pode nos ensinar sobre o funcionamento de nosso próprio inconsciente?

Políticas sociais públicas

O objeto sobre o qual nos debruçamos está assentado em um tradicional campo de pesquisas da ciência política. As políticas sociais são uma vertente das políticas públicas e, portanto, é desse específico campo de conhecimentos que encontramos as vias da fundamentação teórica e metodológica para abordar a ação do governo ou do Estado em ação. As ações do governo – quando um Estado implementa projetos de governo[2] – envolvem relações de poder e conflitos entre instituições, ideologias e grupos de interesses, como partidos

---

2 Apesar do emprego dos termos como sinônimos, é possível distingui-los, como aponta Höfling (2001): "Para se adotar uma compreensão sintética . . . é possível considerar Estado como o conjunto de instituições permanentes – como órgãos legislativos, tribunais, exército e outras que não formam um bloco monolítico necessariamente – que possibilitam a ação do governo; e Governo, como o conjunto de programas e projetos que parte da sociedade (políticos, técnicos, organismos da sociedade civil e outros) propõe para a sociedade como um todo, configurando-se a orientação política de um determinado governo que assume e desempenha as funções de Estado por um determinado período." (p. 31). Souza (2007) ressalta ainda que o governo, enquanto uma das instituições do Estado, é o "produtor, por excelência, de políticas públicas"; é o governo, juntamente ou não com outras instituições parceiras, que decide e implementa políticas públicas que depois se converterão em "planos, programas, projetos, bases de dados ou sistema de informação e grupos de

políticos, servidores(as), sindicatos, acadêmicos(as), mídias e movimentos sociais. Essas relações e conflitos influenciam as decisões governamentais e estão condicionadas ao estabelecimento de etapas que vão desde o reconhecimento dos problemas a serem objeto de intervenção ou agenda até as estratégias de implantação e implementação. Essas estratégias são convertidas em programas, planos ou projetos que, por fim, serão acompanhadas e avaliadas.

No interior desses estudos, é necessário considerar que o resultado material concreto (uma política pública) depende da influência das estruturas políticas, dos processos de negociação política no interior da sociedade e de suas instituições. Como podemos notar, os programas, planos e projetos desenvolvidos e implementados pelos governos estão condicionados a disputas políticas e relações de poder. Conforme observa Wilson (2008): "a política pública no âmbito governamental é fundamentalmente da ordem do exercício do poder do Estado" (p. 154, tradução livre), e na síntese conceitual proposta por Souza (2007):

> *Pode-se, então, resumir política pública como o campo do conhecimento que busca, ao mesmo tempo, colocar o "governo em ação" e/ou analisar essa ação (variável independente) e, quando necessário, propor mudanças no rumo ou curso dessas ações (variável dependente). A formulação de políticas públicas constitui-se no estágio em que governos democráticos traduzem seus propósitos e plataformas eleitorais em programas e ações, que produzirão resultados ou mudanças no mundo real. (p. 69)*

As pesquisas em políticas públicas trazem consigo uma dimensão reconhecidamente pragmática, marcada pelo positivismo científico e,

---

pesquisa" (pp. 67 e 70). No escopo deste trabalho, compreendemos que as políticas públicas, governamentais, representam ações do Estado.

ainda hoje, geralmente permeada por análises quantitativas. São caracterizadas pelo predomínio de estudos empíricos, situacionais ou setoriais, pouco generalizáveis, bem como pesquisas que enfocam o seu campo de fundamentação epistêmica, da formalização e detalhamento de conceitos e métodos (Frey, 2000; Souza, 2003). O acento dado a estudos de caso, situacionais ou setoriais, juntamente às subáreas analisadas, é considerado uma essência dessa disciplina.

Apesar dessa tradição, a ciência política não é a única disciplina que se dedica à temática da ação dos governos. Isso porque seu objeto é essencialmente multi ou interdisciplinar, já que depende da articulação com outras tantas ciências para sua realização (Faria, 2013). Em razão do impacto que essas políticas têm sobre a dinâmica da sociedade, os estudos abordam as relações entre Estado, políticas públicas, economia e sociedade, demandando uma integração com outras áreas do conhecimento, como sociologia, geografia, antropologia, psicologia, entre outras (Souza, 2006).

Sob uma perspectiva histórica, esses estudos tiveram origem no estabelecimento dos governos democráticos no pós-Guerra, no contexto do advento de estudos sobre uma racionalidade nos processos de formulação e decisão de políticas governamentais. Inicialmente fundamentados no behaviorismo, tiveram como objetivo analisar cientificamente os governos de forma racional e utilitária – aspectos que retomarei mais à frente (Marques, 2013; Cortes, 2013). Como subárea da ciência política e disciplina acadêmica, ganhou destaque nos Estados Unidos a partir dos anos 1950. A princípio sem enfocar propriamente a dimensão do papel do Estado, dirigiu suas atenções diretamente para o tema das ações dos governos (Souza, 2007; Frey, 2000).

Na Europa, em contrapartida, até meados do século XX, predominaram estudos cujo acento era dado à análise do Estado e suas instituições, deixando de lado a especificidade das ações governamentais. Foi a partir de 1970, em particular na Alemanha, com o advento dos movimentos de trabalhadores e da social-democracia, que encontramos a extensão dos estudos sobre planejamento e implementação de políticas setoriais (Frey, 2000). O argumento em favor da consolidação da disciplina se assentou nas ações dos governos que, em democracias consolidadas, poderiam ser formalizadas e analisadas como um objeto propriamente científico.

No Brasil, os estudos ganharam vigor no final de 1970 e início de 1980 – no período conhecido como redemocratização –, quando cientistas sociais passaram a estudar principalmente as políticas sociais oriundas das ditaduras Vargas e militar. Conforme observaram Hochman et al. (2007), as análises dessa época se concentraram na:

> *natureza da ação social do Estado no Brasil e a concepção de cidadania a ela associada, bem como as bases societais de seu padrão de intervenção – o corporativismo, a formação e o papel das burocracias, os movimentos sociais, os grupos de interesses. (p. 14)*

No primeiro momento, os debates giraram em torno dos temas da descentralização e da participação social nas reformas institucionais necessárias à implementação das políticas sociais. Posteriormente, nos anos 1990, as discussões se concentraram nas relações institucionais para a produção dessas políticas no contexto da reforma do Estado brasileiro.

As políticas públicas, assim como a vertente das políticas sociais, são ambas multi ou interdisciplinares e se encontram interagindo no interior do cenário político, mas, vale dizer, distinguem-se quanto à natureza e seus objetivos. As análises de políticas públicas, como objeto propriamente científico, conforme vimos, desenvolveram-se inicialmente nos Estados Unidos, buscando "explicar a natureza da política analisada e seus processos", em que se visava "responder questões como 'por quê' e 'como' sem enfocar necessariamente o objeto da política pública" (Souza, 2007, p. 70). Já os estudos em políticas sociais tiveram como marco inicial as pesquisas desenvolvidas em torno do intervencionismo estatal e do *Welfare State*, especialmente quanto às suas origens e seus desdobramentos, os problemas que a política visa resolver, as questões da área e os resultados.

Essas políticas são como "braços" da ação estatal, gerando impactos direta ou indiretamente no todo social. É uma ampla gama de ações governamentais que envolvem: saúde, alimentação, educação, desenvolvimento rural, urbano e industrial, seguros sociais, complementação de renda, transporte, habitação, segurança pública e emprego que acabam por impactar a todos, mesmo quando não são universalmente estabelecidas.

O papel do Estado como res publica

Toda coletividade humana traz consigo uma dimensão política na medida em que o exercício do poder nem sempre esteve ou é condicionado a uma forma autônoma de organização. A ideia de Estado remete a uma forma de organização da vida política no interior de uma comunidade. Já o fenômeno da "política" antecede lógica e temporalmente a essa moderna forma de organização do poder político no Ocidente. Segundo o pensamento político clássico – aquele do modelo aristotélico sobre a prevalência do todo social e que concebe o humano como um "animal político" –, convencionou-se que a origem do Estado se assentava na ideia de homem como um ser naturalmente sociável, dependente do outro para sua sobrevivência e aperfeiçoamento (Aristóteles, 1998).[3]

> *Evidentemente o Estado está na ordem da natureza antes do indivíduo; porque, se cada indivíduo isolado não se basta a si mesmo, assim também se dará com as partes*

3 Em função da edição adotada neste livro, não usarei a numeração de Bekker para as citações de Aristóteles.

> *em relação ao todo. Ora, aquele que não pode viver em sociedade, ou que de nada precisa por bastar-se a si próprio, não faz parte do Estado; é um bruto ou um deus. A natureza compele assim todos os homens a se associarem. . . . As armas que a natureza dá ao homem são a prudência e a virtude. Sem virtude, ele é o mais ímpio e o mais feroz de todos os seres vivos; mas não sabe, por sua vergonha, que amar é comer. (Aristóteles, Livro I, §11, 1998)*

No interior dessa concepção, o surgimento da sociedade política teria se dado pela integração de famílias em hordas ou burgos, dando origem a um todo social representado pelo Estado ou "cidade", cuja finalidade passou a ser o bem comum dessa sociedade. A expressão latina *res publica* veio traduzir o termo grego *politeia* e tem, como observa Cardoso (2002), "na sua significação mais imediata – a coisa pública, de todo o povo, a esfera dos interesses comuns, do bem comum" (p. 32). Conforme as primeiras concepções filosóficas sobre esse conceito, como a que encontramos na *República* platônica[4] e na *Ética* aristotélica, a palavra "bem" é polissêmica. Apesar disso, esses filósofos concordavam que esse bem comum ou público encontrava seu fundamento na virtude (*areté*) de governantes e governados voltada aos interesses coletivos (Aristóteles, Livro I, 1973; Platão, Livro IV, 2011).

Em Platão, temos uma ideia de cidade ou Estado em que se valorizam as virtudes da prudência, temperança, coragem e justiça. Estas conduziriam necessária e naturalmente ao "bem-estar da alma", assim como ao bem maior da cidade, que era a sua unidade (Platão, Livros IV e IX, 2011). A cidade ideal seria um reflexo dessa harmonia onde não haveria distinção entre interesses públicos e privados, já que tudo seria comum a todos. O justo condizia a "uma cidade interior cujo modelo é a lei de sua vida", tal era o "meio termo" platônico, isto é,

---

4 Em razão da edição de *A República* adotada, não seguirei a paginação de Stephanus.

aquele que saberia "escolher sempre uma vida média entre os extremos e evitar tanto quanto possível os excessos em um ou outro sentido . . . pois é esse o caminho da felicidade" (Platão, Livro X, 2011). Aliás, o sentido de virtude dado por Aristóteles, desde sua *Ética a Nicômaco*, também era de um "meio termo", ou seja, um termo médio "entre dois vícios, um dos quais envolve o excesso e o outro deficiência, e isso porque a sua natureza é visar à mediania nas paixões e nos atos" (Aristóteles, Livro II, 1973).

Desde essa influência, a concepção de Estado remete a uma forma de organização de uma sociedade, tendo por objetivo promover e garantir o bem comum (*bonum comune*), ou seja, o bem público em seu território de abrangência, sendo diferente do bem pessoal ou individual (*bonum proprium*), que caracterizaria o mau governo. O Estado passou a ser um ente social artificial ou mesmo uma forma de sociedade organizada politicamente que, com o tempo e o aumento da complexidade da vida social, passou a organizar e a exercer o poder político.

Muitos sofistas e filósofos versaram sobre qual seria a melhor forma de governo. Mas foi Platão quem primeiro refletiu sistematicamente sobre o assunto e propôs inicialmente uma sofocracia: uma forma de governo utópica, livre de conflitos e aristocrática, em que o poder seria reservado aos poucos mais sábios, por serem aqueles que, após um criterioso sistema de seleção e educação, poderiam melhor conhecer e bem aplicar a justiça em uma pólis "bela" e "ideal", a chamada Calípolis. Tratava-se da concepção de um Estado calcada nos ideais de harmonia, no perfeito equilíbrio de cada classe social, na cooperação do todo e onde o desejo de poder seria suprimido, pois "os que governam não devem ser amantes do poder, porque se o forem encontrarão amantes rivais e lutarão com eles" (Platão, Livro VII, 2011).

No livro VIII de *A República*, esse filósofo trouxe uma primeira classificação das formas de governo, salientando todas como piores em comparação com a sua sábia, justa e boa aristocracia. Em razão de todas estarem sujeitas às corrupções, não seriam eternas e acabariam por conduzir a outras formas de organização política. As diferentes formas de governo seriam oriundas da natureza humana, considerando que não havia nessa época uma separação entre as dimensões pública e privada. Daí a passagem de um tipo de governo a outro estar condicionada a questões morais, dando origem aos chamados "ciclos" dos governos.

Consideremos a tipologia que se tornou clássica, estabelecida inicialmente na *Política* aristotélica – diga-se de passagem, um discípulo não muito fiel de Platão – e conforme encontramos ainda, apesar de algumas modificações, em Políbios (1985), além de outros filósofos. Nessa tradição temos a classificação dada pelas três formas puras ou simples de governo: monarquia, aristocracia e democracia; e suas três formas derivadas e corrompidas: autocracia/tirania, oligarquia e oclocracia/demagogia. As formas puras de governo se assentariam em uma fragilidade que as conduziria à sua deterioração, configurando o que os autores chamaram de "teoria da anaciclose" – sobre os ciclos em que incorreriam as formas puras de governo.[5]

Para os filósofos dessa tradição, a degeneração das formas puras acontece quando os interesses privados se sobrepõem aos interesses públicos, do bem comum. Conforme a teoria dos ciclos, o acento dado em um governo monárquico é aquele de um único soberano pensando no bem de todos – daí que o governo dominado pelos interesses do próprio monarca seja a sua corrupção: a autocracia/tirania. Com o advento da aristocracia, temos o governo de alguns dirigido ao bem de todos. Sua corrupção seria o governo interessado nesses poucos governantes, em detrimento do bem de todos: a oligarquia.

5 Esses ciclos contribuem para pensarmos um fenômeno que extraio dos estudos em políticas públicas. Como adiantei na introdução deste capítulo, trata-se do fenômeno de retorno ou insistência dos ideais liberais no escopo das políticas públicas, como no chamado *new welfarism* que trarei mais à frente.

Posteriormente, com a corrupção da oligarquia, encontramos o advento da democracia, cujo governo dá valor à palavra de todos os cidadãos. No entanto, as novas gerações acostumadas com a igualdade passam a não reconhecer o valor da democracia e a querer mais direitos e privilégios do que os demais. Adviria então uma sociedade bárbara, dos que detêm a força e agem de forma violenta. No dizer de Políbios (1985), eis o "império da violência", a oclocracia, que aguarda uma nova figura para restabelecer o início da anaciclose (p. 331).

Tendo em vista que a democracia é uma forma de governo que concebe a liberdade e a igualdade de todos os cidadãos, vamos agora nos distanciar dessa tradição em filosofia e atentar especificamente para essa forma de governo. De qualquer forma, como pudemos apreender, para analisarmos as diferentes formas de governo, não basta uma simples diferença quantitativa, já que importa a forma como tal governo é empreendido, isto é, uma diferença axiológica. Assim, mesmo no interior da democracia, há diferenças importantes que tangem nosso estudo, na medida em que essa forma de governo pode se aproximar de uma concepção liberal ou, sob um enfoque diferente, de uma concepção social.

A democracia foi originalmente uma experiência grega, iniciada pelos atenienses, tendo sido retomada ao final do século XVIII em razão das oposições frente às monarquias absolutistas vigentes. Seu objetivo foi e ainda é o de fazer coincidir o governo com a vontade do povo (*demos*), tendo por fundamentos a igualdade e a liberdade. Trata-se de um tipo de exercício do poder em que o governo deve exprimir a vontade da maioria, o que pode ser feito de maneira direta/participativa ou indireta/representativa. Na experiência original grega, encontramos o modelo da democracia direta: o povo passou a se reunir na *ágora*, a fim de discutir e deliberar sobre as questões de interesses comuns (Bobbio, 2003; Rossi & Amadeo, 2004; Vernant, 1992).

Essa organização política democrática deu espaço a uma nova figura, a do cidadão que, por meio do uso da palavra e do emprego da razão, passou a ensejar as decisões sobre os rumos da cidade. Era o advento da ideia aristotélica do homem como animal político. Inicialmente, como se sabe, nem todos eram considerados cidadãos, pois mulheres,[6] crianças, escravizados(as) e estrangeiros(as) não podiam participar da vida política. Apesar disso, como observa Vernant (1992), "todos os homens que participam do Estado vão definir-se como *Hómoioi*, semelhantes, depois, de maneira mais abstrata, como os *Isoi*, iguais" (p. 42). Isso porque "o Estado é precisamente o que se despojou de todo caráter privado, particular, o que, escapando da alçada dos *gene* já aparece como a questão de todos." (p. 32).

Na passagem para o Renascimento (séculos XV ao XVI), tivemos uma intensa retomada do pensamento greco-romano, o desmantelamento progressivo do feudalismo medieval e a emergência de uma nova forma de pensar a política com Maquiavel, considerada mais realista. Esse solo preparou, ao longo dos séculos XVII e XVIII, o crescente movimento de dessacralização das formas de pensar pela influência do espírito iluminista e da expansão das monarquias nacionais – momento em que se viu constituir a moderna forma dos Estados nacionais (Bobbio, 2003; Cassirer, 2003). Com as revoltas oriundas da indústria e da rápida urbanização, expressivamente entre os séculos XVI ao XIX, vimos delinear as primeiras democracias no interior da moderna organização política dos Estados nacionais.

Germinal *e a formação dos Estados democráticos*

A formação dos modernos Estados se inseriu em um contexto marcado pelos anseios iluministas e as revoluções libertárias. Para ilustrar como se deu a formação desses Estados em sua conjunção com o ideário liberal, isto é, da salvaguarda dos direitos individuais, faremos

6 Por isso decidi, neste capítulo, não adequar a escrita à inclusão do gênero feminino, por considerar anacrônico. O mesmo vale para os momentos em que emprego a palavra "todos", tendo em vista a filiação histórica dessa expressão.

uma escansão em nossas investigações, aprofundando o prenúncio de sua emergência, o que nos permitirá situar, historicamente, o surgimento das políticas sociais. A partir da adaptação de um clássico da literatura do romancista francês Émile Zola (1840-1902), o filme *Germinal* (dirigido por Claude Berri, em 1993) retrata as condições de trabalhadores(as) e as formas de vida no século XVIII, que serviram de empuxo às revoltas que culminaram na Revolução Francesa.

Nos primórdios da industrialização, o personagem Étienne (Renaud Séchan) chega a uma mina de carvão onde trabalhadores(as) vivem em situação de extrema vulnerabilidade, com jornadas desgastantes, aplicação de multas arbitrárias, redução de salários, revisão de pensões, pesados encargos por moradia e a constante vigia e intimidação por parte das autoridades. A família de Toussaint Maheu (Gérard Depardieu) acorda cedo para o trabalho. Tomam água quente, comem pão duro e as crianças trabalham como adultos para compor a renda. A esposa do operário, Maheude (Miou-Miou), pede doações na casa de uma família burguesa da época, onde encontramos o gesto da caridade oriunda do medievo católico – quando afortunados, cediam esmolas aos pobres e desvalidos como prática necessária à ascensão espiritual.

Não havia políticas públicas de assistência social e as condições de pobreza, fome ou doenças eram consideradas um problema individual, porém dignas de reconhecimento dos céus. Desse modo, a moral religiosa tinha um papel importante na prestação dos serviços de caridade. A pessoa pobre, objeto da caridade, servia como meio para uma solução de compromisso dos afortunados com Deus. No entanto, diferentemente da concepção santificada da pobreza no medievo, o século XVI trouxe o entendimento de que a pobreza era uma inadequação ao sistema produtivo (Alvez, 2015). Em meio a essas duas concepções sobre a pobreza, entre piedade e humilhação, Maheude depara-se humildemente com uma família burguesa e um diálogo se segue com um senhor aprumado que diz ser *preciso economizar um pouco*, pois *não se pode bebê-lo todo*. Essa ideia de que operários bebem o que ganham remete aos primórdios da atividade fabril, quando patrões ofereciam ração e bebida alcóolica para que a produção se tornasse "palatável".

Noutra cena, um sujeito de meia idade, Victor Deneulin (Bernard Fresson), sentado em uma mesa de bar, diz que é preciso destruir tudo, pois o *socialismo* não vingará, já que os únicos direitos permitidos aos operários são *comer pão duro* e *ter filhos*. Em outro momento do filme, esse anarquista reaparece como aquele que diz verdades inauditas: *Nunca sereis dignos de ser felizes, a não ser que tenhais alguma coisa que vos pertença. Gritais contra os ricos, mas continuais pobres, contudo, o ódio contra os burgueses vem somente da inveja de não ser burgueses como eles*. A crítica que tece é que continuam sendo egoístas em suas aspirações por aumento de salários e por direitos sociais.

Após tentativas de conciliação com os patrões sobre a questão do rebaixamento dos salários, os operários decidem pela greve. Destroem e põem fogo na mina e marcham em direção à vila operária. No entanto, a partir dos levantes por direitos sociais, a burguesia emerge como a classe que fará consistir um Estado Liberal – aquele dos direitos individuais inerentes às preocupações com o bem privado. Segundo uma leitura marxista apoiada em Nobre (2008), o personagem Victor seria aquele que dizia verdades que não receberam escuta: o ódio contido nos tempos revolucionários germinava da inveja dos que não pertenciam à burguesia.

O moderno Estado democrático apareceu inicialmente sob uma face liberal. Tratou-se de um período marcado pelos interesses da nascente burguesia, tendo como anseio que as autoridades também se submetessem às leis. Configurou-se, desse modo, no interior da primeira forma dos modernos Estados democráticos, um ideário liberal, contra conservadorismos, pois era necessário garantir a não intervenção do Estado naquilo que se considerava "natural" aos indivíduos: todas as pessoas nasceriam iguais, livres e possuiriam os direitos a vida, liberdade e propriedade, que são concepções assentadas nos preceitos do direito natural[7] (Heloani, 2003).

A base dessa racionalidade se encontrava na necessidade de os indivíduos cederem parte de suas liberdades naturais, transferindo o poder de forma consentida para que o Estado assegurasse o bem comum, o que garantiria a liberdade civil por meio das leis civis. É nesse contexto que encontramos o "pacto" ou "contrato social"[8] no sentido do consentimento dos cidadãos, que passou a legitimar o poder no prenúncio da concepção liberal de Estado. O Estado Liberal trouxe a instituição do voto individualizado, a representação política, a limitação do poder central e a garantia dos direitos individuais. Era o fim do ideal organicismo grego, da união das dimensões pública e privada.

Sob os preceitos do liberalismo, acreditava-se que o bem-estar coletivo seria uma decorrência do livre exercício das liberdades individuais. O conjunto dos anseios individuais conduziria naturalmente, por consequências não premeditáveis, ao bem comum. Encontramos, nesse ínterim, a recém-criada área da política econômica, tendo como expoente o economista escocês Adam Smith. Para esse autor, considerado o "pai" do liberalismo econômico, seriam os interesses

---

7 O "jusnaturalismo" teve como expoentes os filósofos Thomas Hobbes (com seu *Leviatã*, 1651/2014) e John Locke (especialmente no *Segundo tratado sobre o governo civil*, 1689/2014). Hobbes concebeu o Estado como único meio, essencialmente artificial, mas racional, de findar o caótico estado de natureza egoísta de "guerra de todos contra todos", pois entendia que o homem era um ser naturalmente antissocial. O Estado instauraria a paz e a ordem a partir do acordo/pacto social entre todos a partir daquele a quem se concedeu o poder (1651/2014, pp. 21 e 108). Locke (1689/2014) também partiu de um hipotético estado de natureza pré-social, em que o Estado civil seria uma condição da liberdade e igualdade naturais.

8 Trata-se da concepção de Estado como *locus* para a realização da liberdade como autogoverno, ou seja, dada pelo consentimento. Esse é o fundamento de uma linha de pensamento filosófico-político chamada de "contratualismo" (Cassirer, 2003; Grüner, 2004; Singer, 2004).

econômicos individuais e as aspirações egoístas dos homens que conduziriam, sob uma "mão invisível", ao bem coletivo.

> *Preferindo apoiar a indústria doméstica, e não a estrangeira, ele procura apenas sua segurança; e dirigindo aquela indústria de tal maneira que sua produção seja do maior valor, procura apenas seu próprio ganho, e neste, como em muitos outros casos, é só levado por uma mão invisível a promover um fim que não era parte de sua intenção. E tampouco é sempre pior para a sociedade que não tivesse esse fim. Seguindo seu próprio interesse, ele frequentemente promove o da sociedade mais efetivamente do que quando realmente pretende promovê-la. Nunca soube de grande bem feito por aqueles que aparentavam comerciar para o bem público. É uma afetação, realmente, não muito comum entre comerciantes, e muito poucas palavras precisam ser empregadas para dissuadi-los disso. (Smith, 1776/2011, p. 220)*

O Estado Liberal é limitado, abstêm-se do ponto de vista religioso e moral e tem como objetivo a liberdade individual e o fomento às iniciativas privadas. Sua interferência restringe-se ao campo da defesa do território, da garantia da propriedade privada, a administração da justiça, a defesa da livre concorrência e a criação e manutenção de certas atividades essenciais ao bem-estar coletivo por meio de impostos. Para Smith, as políticas públicas serviriam para promover a infraestrutura necessária para as atividades mercantis, para a defesa da sociedade e da administração da justiça, além do financiamento de uma parte do ensino e da regulamentação da moeda e do crédito. O restante competiria aos próprios indivíduos.

A primeira experiência da democracia na modernidade foi, como pudemos acompanhar, marcada pelo liberalismo, fazendo conviver tanto humilhação quanto piedade no modo como se concebia a desigualdade e a pobreza. Apesar do pressuposto de que tal liberdade ensejaria um progresso universal, o livre jogo das forças econômicas não logrou atingir, enfim, o bem-estar de todos. Em outras palavras, a livre iniciativa não suprimiu a necessidade da presença do Estado.

Então, surgiram outras alternativas ao Estado Liberal. Historicamente, isso se deu a partir do advento de problemas referentes à justiça social – por exemplo, em função dos direitos de propriedade e herança –, da intensificação das disparidades entre capital e trabalho vislumbradas desde a Revolução Industrial, como vimos com *Germinal*, do afastamento dos ideais democráticos após a Revolução Francesa – como no terror àqueles contrários à revolução –, das investidas imperialistas de Napoleão e da segunda onda colonialista no século XIX – e, posteriormente, o agravamento dos problemas dessa concepção de Estado após a Primeira Guerra. A contrapartida ao Estado Liberal foi dada por diferentes teorias anarquistas, socialistas e comunistas (reformistas ou revolucionárias) desenvolvidas desde o XIX.

No século XX, a primeira alternativa foi a do socialismo e do marxismo, como no caso da Revolução Russa em 1917, que acabou por não lograr, na prática, uma sociedade sob os preceitos teóricos do marxismo. Isso porque a experiência soviética não foi exatamente condizente com a filosofia marxiana: não redundou na transição do socialismo pela ditadura do proletariado, nem culminou no modo de vida social e politicamente organizado por aqueles oprimidos pelo aparato estatal,[9]

9 Nos termos de Bobbio (2003): "Para Marx, o Estado não é o reino da razão, mas sim da força; não é o reino do bem comum, mas sim do interesse parcial; não tem como finalidade o bem-estar de todos, mas sim dos que detêm o poder; não representa o abandono do estado de natureza, mas sua continuação sob outra forma. Ao contrário, o abandono do estado de natureza coincidirá com o fim do Estado. Daí a tendência a caracterizar qualquer Estado como uma ditadura e considerar relevante apenas o problema de quem governa (burguesia ou proletariado) e não de como governa." (p. 79).

além de sua realização ter revelado contradições, sobretudo, o terror totalitário (Bobbio, 2003; Castoriadis, 1979; Lefort, 1981). A segunda experiência foi a da democracia social, implantada originalmente na Alemanha, em 1919, por meio da Constituição de Weimar. Nas palavras de Bobbio (2003), afora algumas menções aos direitos sociais em fins do século XVIII e meados do XIX, "os direitos sociais ingressaram na história do constitucionalismo moderno com a Constituição de Weimar" (p. 206).[10]

Após as experiências dos séculos XVIII e XIX com as democracias liberais, adveio a moderna democracia social que fomentou a criação e a ampliação de políticas públicas. O Estado Social leva em conta a garantia de direitos sociais e fundamentais dos homens, pretendendo sua harmonização com a dimensão econômica (Gargarella, 2004). Trata-se de fazer valer os princípios da participação política, da desconcentração do poder e da igualdade, visando equilibrar direitos individuais e promover interferências em setores sociais e econômicos em prol do bem comum.[11] O advento desse modelo de Estado se deveu às lutas sociais ocorridas desde o final do XIX até as crises

---

10 Momento em que, como acompanhamos no primeiro capítulo, a ideia de um centro de tratamento psicanalítico público retornou à pauta.

11 Nos termos desse autor: "Isso não significa sustentar que a economia deva ser plenamente planificada, nem que o 'mercado' não mereça ter lugar importante na hora de pensar a organização econômica da sociedade. O que o socialista pretende é que a comunidade intervenha nas decisões sobre quais iniciativas econômicas alentar ou desalentar, antes de deixar as mesmas, exclusivamente, nas mãos 'cegas' do mercado ou, de modo mais realista, nas mãos 'poderosas' e interessadas de uma elite de empresários ou 'empreendedores' . . . O que interessa é que os problemas distributivos não se resolvam a partir da força ou astúcia de cada um para puxar para seu lado, mas a partir de uma discussão coletiva em que não haja outro vencedor do que as boas razões. O que interessa é possibilitar que a economia sirva para atender, fundamentalmente, os interesses mais básicos de todos os membros da comunidade." (Gargarella, 2004, pp. 113-114).

do século XX, que acabaram por gerar desemprego e recessão (Rego, 2004; Piketty, 2014).

Da inclusão dos primeiros direitos sociais referentes ao mundo do trabalho, garantindo as possibilidades de associação e de greve, seguiram-se os direitos referentes a saúde, habitação, educação, alimentação, entre outros, ancorados em uma ideia de justiça sob os preceitos da superação das desigualdades e do reconhecimento das diferenças, tendo em vista uma harmonia social (Bobbio, 2003). Para esse autor, com os direitos sociais encontramos novos valores, "como os do bem-estar e da igualdade não apenas formal, e que poderíamos chamar de liberdade *através* ou *por meio* do Estado" (Bobbio, 2004, p. 32). Conforme ressalta, o problema passou a ser conciliar direitos/liberdades individuais (não intervenção do Estado) e direitos/liberdades sociais (intervenção do Estado).

Em diante, no interior do sistema globalizado capitalista, que se forma na primeira metade do século XX, os Estados têm de lidar com conflitos de interesses oriundos das complexas relações político-econômicas. São responsáveis por manejar e tomar uma posição frente aos anseios condizentes à liberdade dos mercados, os interesses particularistas e aqueles inerentes à vida citadina permeada por interesses e necessidades coletivos. De um lado, encontram-se argumentos em favor de uma ampliação da proteção social por meio de políticas públicas, implicando redistribuição de recursos e mecanismos de proteção social; de outro, advoga-se o enxugamento do Estado, cujos argumentos concentram-se em termos da ineficiência dessas políticas de Estado. Corriqueiramente, o conflito se reduz ao binarismo Estado versus mercado, as conhecidas dicotomias entre "dar o peixe" e "ensinar a pescar", cuja redução está longe de esgotar o problema. Então, vejamos melhor a complexidade desse assunto por meio das chamadas "abordagens integradas" do desenvolvimento social e econômico.

Instituições capitalistas e modernas de proteção social

Pesquisas contemporâneas sobre desenvolvimento econômico e social, como enfatiza o economista indiano Amartya Sen (2010), afirmam que o componente social, por meio das políticas públicas, é fundamental para o crescimento econômico. Isso quer dizer que, atualmente, sob essa perspectiva, concebe-se que ambos demandam uma articulação, de modo que a intervenção estatal possa contribuir para o desenvolvimento socioeconômico. Essas concepções integradas levam em conta os impasses inerentes à globalização e a própria estrutura das diferentes formas de democracia contemporâneas.

As análises integradas diferem no que tange às formas como os Estados constroem sua tomada de posição. Por esse motivo, observa Draibe (1997), existem concepções que vão desde as que "pensam a política social como subordinada à política econômica" às abordagens "comprometidas com o desenvolvimento efetivo e centrado nas pessoas" (p. 30). Além das vertentes de valorização das "políticas macroeconômicas promotoras do emprego e da renda" e as que visam programas sociais que promovam a integração econômica e, ao mesmo tempo, gerem bons índices na economia (p. 30). A tese geral dessas abordagens é que as políticas sociais são uma condição para o desenvolvimento econômico. Mas, para melhor compreender as abordagens integradas, é preciso retroceder aos preceitos do Estado de Bem-estar Social (*Welfare State*).

O termo *Welfare* foi cunhado por *Sir* Alfred Zimmern nos anos 1930, aproximando-se da concepção de Estado Democrático de Direito. Posteriormente, sobretudo a partir das contribuições de Richard Titmuss, Beatrice Webb, William Beveridge, Theodore Marshall e Amartya Sen, passou a designar um conjunto de políticas públicas voltadas a dirimir as desigualdades oriundas do capitalismo, envolvendo redistribuição e promoção do bem-estar social (Kerstenetzky,

2012). A concepção de bem-estar social trazida por esses(as) autores(as) leva em conta a necessidade de uma provisão de serviços sociais universais de modo a combater o estigma social, a prevenção e a intervenção em situações causadoras de desigualdade e o estímulo à integração social. Ao lado de um sistema de políticas públicas universais, preconizam também políticas seletivas, focalizadas para populações e territórios específicos. É importante observar, nesse ínterim, que o *Welfare* é um fenômeno histórico moderno, caracterizado pela introdução de instituições e mecanismos da política estatal, que tem o objetivo de proteger e fazer a sociedade acompanhar "o processo de desenvolvimento e modernização capitalistas" (Draibe, 1997, p. 44).

Tal concepção parte do reconhecimento de que a pobreza é um problema social. Isso porque, antes do moderno *Welfare State*, o que existia eram instituições filantrópicas, caritativas e fundos locais voltados à assistência de incapacitados e aos chamados "pobres meritórios", isto é, aqueles considerados merecedores de provisões públicas. Eram intervenções de transição situadas entre a esmola do medievo e as políticas sociais públicas modernas. O modelo anterior condizia com a ideia de que a pobreza era um problema individual e as intervenções sociais tinham um caráter coercitivo, como na repressão à mendicância e a obrigatoriedade do trabalho aos fisicamente capazes, além das internações em asilos.

Foi na virada do século XIX para o XX, no contexto da construção do Estado nacional alemão por Bismarck, que se vislumbrou uma primeira experiência de proteção social estatal. Voltada aos trabalhadores assalariados, o modelo alemão foi o primeiro a instituir um seguro nacional compulsório, dado por categorias profissionais. A segunda experiência, ocorrida na Inglaterra, adveio com o Relatório da Minoria sobre as Leis dos Pobres da Inglaterra (*Minority Report on the Poor*

Laws and Relief of Distress) de 1905-1909, de Beatrice Webb,[12] quando encontramos uma mudança de paradigma sobre o assunto:

> *o relatório da minoria julgou que as causas da pobreza na Inglaterra não seriam exclusivamente individuais, mas também, e, sobretudo, "sociais". O diagnóstico identificou como causas econômicas e sociais, entre outras, as frequentes flutuações na demanda por trabalho e a tendência das economias de mercado de gerar desemprego duradouro e baixos salários, em combinação com fatores ligados aos ciclos de vida, à falta de nutrição e à educação insuficiente na infância. Essas circunstâncias, individualmente inevitáveis e certamente indesejadas, não apenas inviabilizavam a almejada independência econômica dos trabalhadores pobres, como prejudicavam sua inserção em longo prazo no mercado de trabalho . . . a pobreza era agravada pela própria política social que contribuía para a estigmatização dos pobres, afetando sua capacidade de iniciativa e realização, ao insistir na responsabilidade individual e não incidir sobre as causas reais. (Kerstenetzky, 2012, p. 8)*

É importante enfatizar que esse modelo de intervenção estatal é situado em uma especificidade histórica, tendo como uma de suas variáveis explicativas os problemas oriundos da migração da população rural às cidades. Nos campos, as pessoas conheciam formas de proteção social que se viram esgarçadas quando da passagem para os centros urbanos. Assim, a vida nas cidades precisou ser acompanhada

---

12 O "Relatório sobre Seguro Social e Serviços Aliados" de William Beveridge (*Report on Social Security and Allied Services*, de 1942) foi posterior e endossou o *Minority Report*.

de processos de equilibração, com a introdução de novas instituições que pudessem evitar ou reduzir os desequilíbrios sociais (Draibe, 1997, p. 44; Draibe & Riesco, 2011).

Em 1936, John M. Keynes, economista e filósofo inglês, advogou em favor de um Estado interventor, garantista de emprego, investimentos e ações redistributivas, inclusive por meio de altos impostos (Höfling, 2001). A escola keynesiana encontrou adeptos especialmente com a crise de 1929, aliás, uma crise oriunda da aplicação desenfreada do ideário liberal. Vale ressaltar, foi a época em que o presidente americano F. Roosevelt criou o chamado *New Deal*, que visava contornar a Grande Depressão a partir da utilização da "capacidade de manobra do Estado para permitir a criação de uma demanda de produtos que mantivesse o emprego." (Heloani, 2003, p. 67). Para isso, o governo criou uma política de concessão de créditos para empresas, intervindo na agricultura, na assistência aos trabalhadores e no financiamento de obras públicas para criar empregos. Apesar das críticas de que essas políticas eram semelhantes às políticas socialistas, o objetivo era fortalecer o capitalismo e evitar o avanço do comunismo.

Os anos de ouro do *Welfare State* (de 1945 a 1970) não só contribuíram para a reconstrução dos países aliados no pós-Guerra, como promoveu altas taxas de crescimento, empregabilidade e baixa inflação. Muitos países adotaram políticas keynesianas de modo a assegurar o pleno emprego, o crescimento econômico, incrementando benefícios e ampliando a classe média. Ao longo desse período de universalização das políticas públicas, houve quedas significativas da desigualdade social e pobreza nos países centrais.

O *Welfare State*, também chamado de "Estado-previdência" ou "Estado-providência", tem o Estado como responsável por garantir serviços públicos para proteger os(as) cidadãos(ãs), o que serve também ao desenvolvimento da economia. Curiosamente, conforme observam Kerstenetzky (2012) e Sen (2010), os primeiros países a implementar esse modelo não eram desenvolvidos. Ao contrário, usaram instituições, programas e políticas do *Welfare State* para promover o desenvolvimento socioeconômico. Mas o ideário original, presente ainda hoje nos países nórdicos, não foi adotado em todos os países onde se desenvolveu. Muitas vezes, como se observa ainda nos Estados Unidos, o modelo persiste no antigo paradigma pauperista individual, permeado por estigmatização e condições de reprodução da desigualdade. Segundo os(as) autores(as), para um regime de bem-estar efetivo, é necessário equacionar políticas seletivas/focalizadas dentro de um sistema de políticas universalmente estabelecidas e de alta qualidade.

Foi com os trabalhos de Esping-Andersen (1991) que encontramos os estudos mais elaborados sobre esses "regimes de bem-estar". Em 1999, o autor propôs uma análise sobre as formas de provisão de bem-estar em países desenvolvidos, levando em consideração a história e a cultura desses países, as mudanças e os novos riscos sociais, dados principalmente pelo declínio das taxas de fecundidade e pelas modificações no mundo do trabalho. Esse autor traz uma classificação[13] por meio

13 Essas tipologias possuem limitações quanto a sua aplicabilidade, em razão das dificuldades de enquadramento, como na presença de casos considerados "mistos" e diferenças importantes entre países dentro de um mesmo grupo; generalizações, ou seu oposto: "a particularização ou redução indevida"; questões de particularidades histórico-culturais; graus de desenvolvimento socioeconômico e institucional, além da possível estratificação dos tipos, que podem ser tomados como tipos "ideais" – daí o recurso comum a "subtipos" e outras protodefinições. Apesar disso, as classificações são úteis para a reflexão sobre os regimes de bem-estar adotados em diferentes países e regiões (Draibe, 1997, p. 38). Nas palavras de Esping-Andersen (1991), a proposta dos regimes de *Welfare State* "É uma abordagem que força os pesquisadores a saírem da caixa-preta dos gastos para o conteúdo dos *welfare states*: programas direcionados versus programas universalistas, as condições de elegibilidade, o tipo de benefícios e serviços e, talvez o mais importante, em que medida o nível de emprego e a vida profissional fazem parte da ampliação dos direitos do cidadão." (p. 100).

da articulação de três pilares na provisão de bem-estar: Estado, família e mercado. Os tipos ideais são: regimes liberal/residual, conservador-corporativo/meritocrático e social-democrata/redistributista.

O primeiro tipo se caracteriza pelo predomínio do mercado na provisão de bem-estar, feito por empregadores ou deduções tributárias pela contratação de sistemas privados. Os riscos sociais são individualizados, com serviços de alta qualidade e preço elevado aos mais ricos e os de baixa qualidade e preço reduzido aos mais pobres, predominando políticas e transferências focalizadas mínimas (com teste de meios, limitadas e temporárias). Há baixos níveis de redistribuição de renda, carga tributária e direitos sociais, por isso são comuns polarizações e altos índices de desigualdade, como encontramos nos seguintes países: Estados Unidos,[14] Canadá, Austrália, Nova Zelândia, Suíça e Reino Unido (Draibe, 1997; Esping-Andersen, 1991; Kerstenetzky, 2012; Vianna, 1991).

No regime conservador-corporativo, a família é a fonte principal de provisão. Predomina a contribuição compulsória de empregados e empregadores para organizações sociais coletivas, a meritocracia, uma seguridade social estratificada por categorias, status ocupacional e tempo de contribuição. Os impostos são menos progressivos, mas há uma melhor redistribuição de renda e menores índices de desigualdade do que o regime liberal. São exemplos: Alemanha, Itália, França, Bélgica e Áustria.

O regime social-democrata se caracteriza pela provisão pública de serviços sociais universais e de alta qualidade. Há uma cultura de solidariedade sob o predomínio de uma grande classe média: "os trabalhadores braçais chegam a desfrutar de direitos idênticos ao dos

14 Para uma reflexão sobre o sistema de bem-estar norte-americano, especificamente sobre sua política de saúde, recomenda-se o documentário: *SICKO – SOS Saúde* de Michael Moore (2007). O documentário apresenta os impasses oriundos da ausência de uma política de saúde pública em comparação com as políticas mais atuais de países como Cuba, Canadá, França e Reino Unido.

empregados *white-collar* assalariados ou dos funcionários públicos" (Esping-Andersen, 1991, p. 110). Existe uma alta carga de impostos que são menos progressivos, incidindo especialmente sobre o trabalho e o consumo. Também há uma alta carga de contribuições sociais, além de altos índices de redistribuição de renda e igualdade social, intergeracional e educacional, com estímulos à empregabilidade de mulheres e idosos, com transferência de benefícios generosos para famílias, aposentadorias, pensões e diversas licenças. Há o apoio à inserção, qualificação e mobilidade ocupacional, assim como baixos índices e custos com a pobreza e alto grau de descentralização do poder. Os países nórdicos (Dinamarca, Finlândia, Islândia, Suécia e Noruega) são representantes de uma efetiva articulação do desenvolvimento social, em termos de equidade, junto com crescimento econômico, isto é, de eficiência. Nos termos do autor, o modelo acaba sendo "uma fusão peculiar de liberalismo e socialismo" (p. 110).

No entanto, esse sucesso do *Welfare*, conforme aprofundarei no subcapítulo a seguir, não foi suficiente para conter uma série de crises subsequentes, que envolveram o aumento do desemprego, reações operárias, sindicais e quedas de salários. No final dos anos 1960 e começo dos anos 1970, o modelo começou a sofrer com a concorrência dos mercados já reconstruídos da Guerra, além do advento da crise situada pelo fortalecimento e a autonomia do sistema financeiro, em contraposição ao sistema produtivo. Sem contar os gastos com intervenções militares e questões oriundas de fatores como globalização, desindustrialização, mudanças demográficas e modificações nas configurações familiares. Tais crises conduziram a um processo de retraimento das políticas sociais, minando empregos, salários e o consumo, além de fomentar a eclosão de movimentos sociais, como de estudantes e da contracultura.

Para combater a crise, os setores públicos e privados lançaram mão da desindexação dos salários, a flexibilização do mundo do trabalho e uma forte restrição aos programas sociais do *Welfare*[15] (Sennett, 2012). Encontramos assim, como observaram Heloani (2003) e Boron (2004), o início da aplicação do neoliberalismo. Vejamos como se deu essa crise do *Welfare* e suas consequências no campo das políticas sociais. Para abordarmos essa crise e o retraimento dessas políticas, faremos uma incursão sobre um fenômeno que depreendo ser característico dos anos de ouro do *Welfare State*: a *Tupperware*.

Da geração Tupperware *à crise do* Welfare

Os anos de ouro do *Welfare* trazem à tona algumas imagens sobre o cenário de políticas sociais que teriam dado certo no interior do sistema capitalista: a felicidade de um casal de alguma potência da Europa ocidental já reconstruída da Segunda Guerra ou uma família norte-americana que compra um carro a cada três anos, pega suas bagagens e viaja de férias. Muitos ganham dinheiro e pagam altos impostos usados para a construção de viadutos, rodovias, escolas e naves espaciais. Tudo parece ir bem, com crises muito pontuais. Temos segurança no emprego, a classe média pode cursar uma faculdade sem pedir muitos empréstimos, férias são remuneradas, a caderneta de poupança gera lucro, há benefícios de saúde aos(às) empregados(as) e as famílias têm poucas dívidas. O capitalismo parecia ser um bom negócio nesse período, cujo documentário do norte-americano Michael Moore (2009), *Capitalismo: uma história de amor*, bem retratou.

De um lado, os planos com o *New Deal* dão certo após a Crise de 1929, com grandes obras de infraestrutura, criação de empregos, benefícios sociais e uma classe média que se expande em meio

15 A exceção encontra-se no regime social-democrata dos países nórdicos que optaram, inclusive na crise financeira de 2008, em expandir gastos sociais, consolidando seu Estado de Bem-estar Social "em termos da universalidade das políticas, da efetividade da redistribuição e da sustentabilidade econômica e política das políticas sociais" (Kerstenetzky, 2012, p. 60).

às promessas capitalistas. Do outro, boa parte da Europa ocidental, graças ao Plano Marshall, conhece o *Welfare* em meados do século XX, com os benefícios do Estado na promoção do bem-estar social e a vida agraciada pelo consumo. São tempos que traduzem o desenvolvimento próspero da economia e do progresso social. O avanço do consumo e o desenvolvimento de tecnologias no período criam formas de vida regadas a imagens de satisfação, em que donas de casa preparam o jantar à espera de maridos e guardam sobras da janta para o almoço seguinte. A vida se mostra equilibrada e a classe média enche a cozinha com potes plásticos. Era, como chamou informalmente o romancista brasileiro Alexandre Rabelo, a "geração *Tupperware*", que se acreditava plena em termos de bem-estar.

Mas o que *Welfare* e *Tupperware* podem ter em comum e qual relação apresentam com o tema deste livro? A palavra *fare* em inglês é polissêmica. Apresenta-se como substantivo ao referir "taxa", "contribuição" ou "comida" e pode compor com outros substantivos para designar diferentes termos, como *welfare* que se traduz por "bem-estar" e "felicidade", indicando geralmente o estado de uma pessoa ou um grupo em termos de uma qualidade percebida como positiva ou simplesmente "conforto". O termo enseja poucas variações, como: "bem-estar social", "proteção", "previdência social" ou "prosperidade" (Oxford Learner's Dictionary, 2005). Sen (2011) observa que os termos *welfare* e *well-being*, apesar de sinônimos no senso comum, são diferentes na tradição em filosofia política e ciências sociais. Enquanto o primeiro diz respeito aos direitos humanos de segunda geração – que versam sobre providências sociais e econômicas estatais, como já acompanhamos –, o segundo aborda a concepção de felicidade ou direitos de bem-estar presentes na concepção utilitarista, que desenvolverei posteriormente. De qualquer modo, é de atributos envoltos de positividade que o *Welfare* se apresentou historicamente como uma forma de se engendrar políticas públicas e fazer avançar o capitalismo com uma face supostamente mais humana.

Já a *Tupperware* é conhecida por ser uma fábrica de potes plásticos sofisticados que surgiu no final dos anos 1940 nos Estados Unidos como salvaguarda da organização das cozinhas domésticas. Sua história apresenta-se no interior do cenário dos programas do *Welfare*, na medida em que ambos prometiam bem-estar e felicidade como compensação aos problemas sociais oriundos do desenvolvimento econômico. A ideia condizia com a existência de um bem que pudesse servir para tamponar aquilo que se interpretava como falta ou insuficiência de organização ou harmonia doméstica. Algo que pudesse ser armazenado a fim de que não houvesse perda ou que, com o tempo, não estragasse. Dessa forma, a promessa surgia impregnada de um conteúdo latente contido na oferta de um bem-estar por meio de bens de consumo.

A geração *Tupperware* encontrava-se na esteira das promessas políticas do *Welfare State*. Os anos dourados do *Welfare* correspondem justamente à era de ouro do plástico no capitalismo. Quando tudo parecia progredir, desenvolvimento econômico e progresso social caminhavam juntos rumo à felicidade das nações centrais e centralizadoras dessa lógica (às custas da conhecida exploração de países tomados como periféricos). Ambos traziam a ideia de que era possível obter a felicidade por meio de bens imateriais e materiais, preferencialmente conjugados e consumíveis: políticas públicas que permitiam o consumo e produtos oriundos do avanço tecnológico consumidos. Para melhor apreender essa relação, vale ressaltar como bem-estar e felicidade se apresentaram conjugados desde o *Welfare* e pela geração *Tupperware*.

Mesmo contemporaneamente, indicadores socioeconômicos são usados como critério para se avaliar o bem-estar de uma população. Geralmente os dados são interpretados como "índices de felicidade", não sendo fortuito que os países nórdicos sejam os maiores representantes no quesito, de acordo com o Relatório de Felicidade Global da ONU (*Sustainable Development Solutions Network*, 2013). Conforme observa um dos pesquisadores, Jeffery Sachs, atualmente há um entendimento mundial de que as demandas por políticas públicas se alinham ao que as pessoas percebem como "bem-estar" e "felicidade":

> *Existe agora uma demanda crescente no mundo todo de que a política seja mais alinhada ao que realmente importa para as pessoas conforme o modo como elas mesmas caracterizam seu bem-estar . . . Mais e mais, líderes mundiais estão falando sobre a importância do bem-estar como um guia para suas nações e para o mundo. O Relatório de Felicidade Global 2013 oferece uma rica evidência de que a mensuração sistemática e a análise de felicidade podem ensinar-nos muito sobre as formas de melhorar o bem-estar no mundo e promover o desenvolvimento sustentável. (Sustainable Development Solutions Network, 2013, tradução livre)*

Bem-estar e felicidade ao longo da vida apresentam-se alinhados na pesquisa em que Dinamarca, Noruega, Suíça, Holanda, Suécia, Canadá e Finlândia apresentam-se no topo da lista. Os seis pontos analisados na pesquisa incluem: Produto Interno Bruto (PIB) *per capita*; expectativa de vida; apoio social (ter com quem contar); percepção de liberdade para realizar escolhas; percepção em relação à corrupção e generosidade. Conforme a pesquisa, para agentes ou formuladores(as) de políticas públicas, o mais importante é analisar o que envolve o critério de felicidade. O relatório traz, como derradeiro, uma associação entre bem-estar ou felicidade como aspectos que permitem que as pessoas vivam mais, sejam mais produtivas, melhores cidadãos(ãs) e aprendam mais.

Os países no topo do ranking apresentam elevados índices de desen--volvimento socioeconômico, com alta qualidade em termos de educação, saúde e renda, o que implica que o Índice de Desenvolvimento

Humano (IDH) nesses países seja igualmente alto. No entanto, o critério mais expressivo da análise foi a percepção de confiança no cotidiano das pessoas. Assim, enquanto 70% dos(as) dinamarqueses(as) dizem confiar em desconhecidos(as), apenas 7% dos(as) brasileiros(as) referem essa confiança. Segundo uma pesquisa sobre mobilidade social publicada por Landersø e Heckman (2016), o que faz a Dinamarca ser um país mais igualitário não se reduz às políticas educacionais, mas ao equilíbrio encontrado entre as políticas de Estado e a economia de mercado, especialmente por meio da transferência de renda e impostos de redistribuição, incidindo sobre os(as) mais ricos(as) e destinados aos(às) mais pobres, além da intervenção em políticas salariais.

Ainda nos dias de hoje, pesquisas que versam sobre bem-estar ou felicidade atrelam o que o *Welfare* e a *Tupperware* visavam promover. Nesse sentido, existe um forte imaginário social assentado na ideia de que os países nórdicos representariam o que há de melhor em termos de políticas públicas. Esses países teriam um Estado de Bem-estar Social pujante, onde as pessoas seriam mais felizes, com os melhores índices em termos de educação e saúde do mundo. No entanto, pesquisas que trazem esses indicadores não permitem compreender por que esses países, apesar dos elevados índices de bem-estar, incluindo altos níveis de igualdade de gênero, paradoxalmente, apresentam altos índices de violência contra mulheres.

Apesar de mais igualitários, conforme o *Global Gender Gap* publicado pelo Fórum Econômico Mundial (2016), os nórdicos apresentam os maiores índices de violência de gênero da União Europeia. Uma das variáveis explicativas seria a maior disposição das mulheres desses países em reconhecer e denunciar essa forma de abuso. Contudo, o estudo conclui que essa e outras variáveis não reduzem a questão, cabendo a futuras pesquisas aprofundar esse paradoxo nórdico (Gracia & Merlo, 2016).

A fim de continuarmos nosso percurso, é importante observar que a crise dos anos 1970 colocou em xeque as políticas sociais do *Welfare*, preparando o solo para o neoliberalismo. As famílias do antigo sonho americano se viram às voltas com poucas sobras para guardar em potes plásticos e os direitos sociais deixaram de representar um bem idealmente destinado a todos. Apenas alguns privilegiados puderam gozar de férias remuneradas, lucros com investimentos e, muitas vezes, bagagens foram usadas na mudança daqueles(as) que perdiam suas casas em transações financeiras que não deram certo.

A década de 1990 fez teóricos políticos e economistas visualizarem, em escala global, um fenômeno caracterizado pela dominação das forças econômicas sobre o político: uma perda do controle político dos Estados frente aos poderes do mercado. A emergência do empobrecimento da classe média, o aumento do desemprego e a vida mais cara foram impactos do novo mercado desregulado global, no qual enriquecem apenas alguns poucos executivos, investidores rentistas e celebridades (Napoleoni, 2011). Como consequência, temos o cenário examinado por Piketty (2014) de produção e incremento da desigualdade.

Conforme sua tese, a desigualdade de renda e riqueza se assenta em uma lógica bastante simples e repetida ao longo da história. Ela ocorre quando o rendimento do capital privado supera significativamente a taxa de crescimento econômico, resultante do crescimento da produção e da população. Em conformidade com essa tese, uma pesquisa realizada no Brasil entre os anos 2008 e 2014 – com dados das declarações do imposto de renda de pessoas físicas divulgadas pela Receita Federal – permite constatar que a distribuição de renda e riqueza revela o mesmo efeito concentrador. Conforme Gobetti e Orair (2015) do Instituto de Pesquisa Econômica Aplicada (Ipea), a sociedade brasileira é uma das mais desiguais do mundo, sendo que os super-ricos do país concentram a maior parte da riqueza na medida em que pagam menos tributos que os estratos intermediários, em razão do modelo de tributação adotado desde 1995.[16]

O mito de Oroboro, sobre a serpente que se alimenta do próprio corpo, a começar por comer a própria cauda, pode servir de paradigma para pensarmos o domínio do capitalismo e seus desdobramentos nas políticas públicas. O que as revoluções culturais, produtivas modernas e seu progresso inveterado escondem é um processo de autodestruição que se revela por meio da degradação ambiental e da exploração das periferias mundiais e regionais. O mundo financeiro, ao solapar o político, depende da exploração do subdesenvolvido pelo desenvolvido, tendendo à sua própria destruição.

Com a crise do *Welfare State*, as formas de intervenção estatal no âmbito das políticas sociais foram revistas, dando origem a novos modelos de *Welfare*, mais bem adaptados ao neoliberalismo. Como exemplo, temos o chamado *new welfarism*, também conhecido como "bem-estar positivo" ou "bem-estar social ativo", que condiz com o princípio da inserção produtiva, ou seja, determinado pelo trabalho. Localizado nos anos 1990, trata-se do modelo adotado pela chamada "terceira via", que é baseado na "redução dos riscos sociais mediante a educação e a capacitação, com o objetivo de transformar os cidadãos de meros receptores passivos de benefícios sociais em pessoas independentes, ativas, co-produtoras da sua própria proteção social" (Draibe, 1997, p. 31).

16 Em nosso modelo tributário, comparado somente à Estônia nesse quesito, a tributação de empresas (pessoa jurídica) não recai quando o lucro passa para a renda pessoal (pessoa física). Os dividendos são isentos, tributando pouco os mais ricos e deixando a maior parte da tributação sobre a produção e o consumo. Assim, em nossa pirâmide social, os super-ricos detêm uma renda superior a 160 salários mínimos (o equivalente a R$ 1,3 milhão por ano), o que corresponde a 0,3% dos declarantes ou 0,05% da população economicamente ativa – apesar da alta carga tributária do Brasil, que é comparável a outros países desenvolvidos e em desenvolvimento (em torno de 35% do PIB).

O *new welfarism* influenciou e remodelou a política social de muitos países, inclusive na América Latina. Entretanto, o modelo recebeu críticas ao "reduzir o bem-estar a pouco mais que algumas regras morais e normas de conduta, com forte desprezo das questões de justiça social, universalidade e igualdade, com o que, em última instância, encobriria sob roupagens da pós-modernidade um real ataque ao Estado de bem-estar"[17] (p. 31). O *new welfarism* coaduna com o "novo gerencialismo público" (*new public management*) e com o ajuste fiscal, centrado na temática da eficiência, isto é, no engendramento considerado racional de políticas públicas com contenção de gastos (Avelino et al., 2007).

Não é fortuito que o termo "eficiência" seja empregado no âmbito da gestão de empresas. A incorporação desse discurso pelas políticas públicas implica uma transposição e a hegemonia da lógica empresarial condizente a ações que devem ser medidas quantitativamente, tendo por base relações de custo-benefício. Interessa quantos são ou serão atendidos por uma determinada política pública ou qual é ou será o índice numérico de sucesso do empreendimento e não tanto, ou nem sempre, como essa política atinge ou será recebida pelo seu público-alvo. Importa não apenas alcançar os resultados pretendidos (eficácia), mas também realizar políticas interessantes do ponto de vista dos recursos econômico-financeiros e dos meios empregados (eficiência) e verificar se elas atingem o objetivo esperado, gerando impacto ou transformação (efetividade). Nessa lógica, as políticas públicas passam a ser instrumentos a serviço da mostração de uma gestão eficiente, visto que ela deve ser colocada à prova por meio de um cálculo que indique seu sucesso, sendo este pautado no serviço da

17 Juntamente a essa crítica, o modelo recebeu também importantes contribuições de Amartya Sen (2010; 2011). Para esse autor, o mercado deve caminhar lado a lado das oportunidades sociais para que haja liberdade de escolhas (o que ele chama de "capacidades"), considerando fundamental que as pessoas sejam ativas e livres para o agenciamento de suas vidas.

prestação de contas e na transparência por meio dos índices de uma produtividade considerada eficiente.

O *new welfarism* é uma das consequências do advento da supremacia do mercado globalizado sobre a política. No dizer de Bobbitt (2003), o epicentro do novo sistema global acaba sendo a emergência do "Estado-mercado". Dito de outro modo, da "apropriação da coisa pública por uma sólida aliança entre a oligarquia estatal e a econômica", como referiu Rancière (2014, p. 93). Ainda, no dizer de Napoleoni (2011), de "um Estado desencarnado da política" (p. 234). Encontramos, portanto, um retorno do liberalismo na política, mas agora sob as vestes neoliberais, que acabam por colocar em xeque direitos sociais historicamente conquistados.

Ao levar em conta a derrocada desses direitos sociais ou a sua constante ameaça, chamo atenção para esse fenômeno de retorno do liberalismo na política e seu impacto no âmbito das políticas públicas. Nos meandros dessas políticas que são referidas como "serviços prestados" – e não mais exatamente como "direitos" ou "liberdades sociais" –, cidadãos(ãs) são tratados(as) como "beneficiários(as)" cujos "benefícios" são destinados àqueles(as) considerados(as) fracassados(as), como se estivéssemos voltando à concepção de que a pobreza e demais situações de sofrimento social fossem exclusivamente um problema individual. Fenômeno que reflete o que vimos com a teoria da anaciclose. Nesse processo de retorno, será possível extrairmos algo da ordem de uma repetição, conforme nos ensina a psicanálise? Soma-se a essa hipótese uma questão sobre o que esse processo histórico, pelo qual as políticas sociais se delinearam, pode revelar à leitura de um(a) psicanalista com relação ao funcionamento do próprio inconsciente.

Trabalharemos essa hipótese e esse questionamento no quarto capítulo deste livro, pois, para prepararmos os argumentos dessa decifração, faremos uma prévia incursão em um ponto de confluência que extraímos tanto das políticas públicas quanto em psicanálise, a saber, o reconhecimento de um impossível em termos da plena satisfação. A constatação desse impasse será importante para que, posteriormente, possamos retomar a hipótese e a questão levantadas, a fim de avançar nosso estudo sobre o lugar da psicanálise nas políticas públicas. Afinal, será preciso delinear como cada uma dessas áreas trata seus impossíveis para que possamos articular como um(a) psicanalista pode se encontrar como psicanalista nessas políticas.

3. Os impossíveis nas políticas públicas e em psicanálise

Neste capítulo, trarei duas versões sobre o impossível. De um lado, um recorte efetuado no âmbito das métricas de satisfação com relação às políticas públicas, a partir dos desenvolvimentos teóricos de Amartya Sen. Do outro, a forma com que a psicanálise freudo-lacaniana aborda a noção de impossível no que tange as (in)satisfações públicas e privadas. A partir da apreensão de que encontramos em ambos um impasse quanto à possibilidade de satisfação em termos do bem-estar para todos, entendo que seja um ponto de articulação para uma abordagem entre políticas públicas e psicanálise de modo a contribuir para pensarmos o lugar da psicanálise nessas políticas.

Em *Desenvolvimento como liberdade*, de 2010, e *A ideia de justiça*, de 2011, Sen desenvolveu uma relação entre fatores socioculturais, políticos, econômicos e individuais complexos, no âmbito de suas reflexões sobre formulação, implementação e avaliação de políticas públicas. Sen possui um vasto conhecimento sobre as dinâmicas político-econômicas internacionais, é um erudito em pesquisas empíricas na área, cunhou termos e desenvolveu teorias *sui generis* no amplo espectro de seus estudos. Suas investigações examinam genéricos rankings mundiais e as retóricas presentes em conexões causais comumente encontradas nesse campo.

Conforme desenvolve, existe uma querela sobre as avaliações na área das políticas públicas. Isso se dá especialmente quanto às métricas de satisfação em termos de bem-estar presentes no utilitarismo, cuja fragilidade metodológica se revela nos próprios elementos considerados e mesmo nas comparações interpessoais e sociais realizadas. As tradicionais avaliações dessas políticas envolvem sempre uma seleção de informações que produzem uma parcialidade à compreensão do fenômeno estudado. Veremos como o autor concebe uma forma de avaliação que visa um consenso sobre pesos e conjunto de pesos a ser admitido numa avaliação, o que envolve uma ampla gama de informações, sem perder de vista o caráter parcial quanto aos critérios de satisfação pública e privada. Conforme apresenta, a concepção de uma justa métrica na análise de políticas públicas é permeada pela "incompletude" – termo empregado pelo autor e que permitirá aproximar esta concepção ao campo psicanalítico (Sen, 2011, p. 134).

Ao reconhecer que são duas epistemologias distintas, com linguagens próprias, penso ser necessário um recorte muito preciso e cuidadoso para que este trabalho não culmine em terrenos de difícil alcance. Por esse motivo, e especialmente no âmbito das análises de políticas públicas, o recorte que adotei se centra nas elaborações sobre algumas métricas de satisfação e a solução que o autor propõe para dar conta dos impasses que podem ser depreendidos. Como ressalta, diante do impossível da plena satisfação, a política pública deve visar uma "arte do possível" (Sen, 2010, p. 175).

Na sequência, trarei alguns desenvolvimentos sobre o tema da satisfação/insatisfação e dos impossíveis em psicanálise, ressaltando o conceito de castração estendido ao campo sociocultural e político. Por meio do conhecido aforismo freudiano sobre o "rochedo da castração", nos debruçaremos sobre o impossível da plena satisfação pública e privada, tomando-o no cerne do que o autor desenvolveu sobre o mal-estar na civilização. Diante da impossibilidade de uma plena satisfação matematicamente verificável, como trarei com Sen, encontra-se uma aporia que a psicanálise permite apreender por meio do conceito de pulsão. Veremos como, em função do rochedo da castração, a pulsão que compõe o desejo do sujeito humano está condenada a uma satisfação sempre parcial – um fenômeno que Sen, em seus trabalhos, também pôde constatar e reconhecer a seu modo.

Para abordar os impossíveis em psicanálise, trarei o que Lacan (1969-1970/1992b) desenvolveu sobre os laços de discurso, como formas de aparelhamento do gozo pela linguagem. Sua teoria dos discursos faz referência às promessas impossíveis descritas anteriormente por Freud (1937/1996b), sobre governar, educar e psicanalisar, ao qual Lacan acrescentou o impossível de fazer desejar no discurso histérico. No contexto de uma confluência dos impossíveis em políticas públicas e em psicanálise, destaco os impasses de governar e psicanalisar que permitem uma articulação possível à abordagem deste livro. Caberá aos momentos finais deste capítulo refletir sobre como cada uma dessas áreas trata seus impossíveis e, assim, pensar sobre o impossível da psicanálise no impossível das políticas públicas.

A métrica da satisfação impossível

O poder de fazer o bem quase sempre anda junto com a possibilidade de fazer o oposto.

Sen, 2010, p. 11

Amartya Sen (2010) parte de uma concepção sobre desenvolvimento socioeconômico que integra indivíduo, sociedade, economia e política por meio de uma ideia de liberdade que envolve escolhas pessoais e oportunidades sociais. Essa noção pondera o que tradicionalmente se adota em termos de critérios de análise, como a hierarquia das necessidades, as comparações de bem-estar e o acento dado à renda, para uma acepção mais larga de liberdade. Para ele, liberdade é tanto um meio ou instrumento que integra uma série de direitos, oportunidades e entitulamentos que, em termos gerais, designam os bens de uma pessoa em um dado contexto cultural e político, quanto um fim em si mesmo.

Para Sen, o desenvolvimento promove a liberdade, mas é principalmente a expansão das liberdades das pessoas que promove o desenvolvimento de uma sociedade. É no interior dessa concepção que o autor pensa a política pública como potencializadora dos diferentes tipos de liberdade que fomentam "capacidades", isto é, que permitem às pessoas viver uma forma de vida que elas tenham motivos para e, ao mesmo tempo, queiram valorizar.

A fome constrange a liberdade de sobrevivência, a desigualdade de gênero restringe a liberdade das mulheres, a tirania impede a liberdade de participação nas decisões que afetam a coletividade, a desassistência à saúde implica na impossibilidade de livrar-se de uma doença ou morte prematura. Existe uma interdependência entre diferentes formas de liberdade que precisam ser consideradas na formulação e avaliação de políticas públicas. Cada setor é dependente e complementar, de modo que:

> *Liberdades políticas (na forma de liberdade de expressão e eleições livres) ajudam a promover a segurança econômica. Oportunidades sociais (na forma de serviços de educação e saúde) facilitam a participação econômica. Facilidades econômicas (na forma de oportunidades de participação no comércio e na produção) podem ajudar a gerar a abundância individual, além de recursos públicos para os serviços sociais. Liberdades de diferentes tipos podem fortalecer umas às outras. (Sen, 2010, p. 26)*

Ao acentuar as liberdades individuais como um "produto social", isto é, oriundo de disposições sociais que vão desde ações públicas a iniciativas privadas, o autor parte para uma reflexão sobre o "êxito" ou "fracasso" de uma sociedade. Isso quer dizer que avaliar o desenvolvimento de uma sociedade implica considerar as "liberdades substantivas que os membros dessa sociedade desfrutam", o que, nos termos do autor, depende da "remoção das privações de liberdade que podem afligir os membros" dessa mesma sociedade (pp. 48 e 52).

Para abordar as dificuldades no âmbito das métricas de avaliação das políticas públicas – que englobam princípios éticos e permeiam concepções de justiça –, o autor traz um exemplo que tangencia enfoques argumentativos tradicionais por meio de uma parábola sobre a contratação de um jardineiro. Na parábola, três jardineiros candidatam-se a uma vaga. Todos são pobres, desempregados, querem ser contratados e estão plenamente aptos ao trabalho. O primeiro deles é o mais pobre, o segundo é o mais infeliz por ter perdido o emprego recentemente e o terceiro tem uma doença crônica que seria resolvida ao empregar o salário no tratamento. O contratante está diante dessas informações e caberá a ele decidir qual jardineiro contratar. Se ele se restringir a uma única informação, como aquela em que o jardineiro é o mais pobre dentre os demais, ele mais facilmente poderá decidir por contratá-lo. No entanto, ele está diante de todas as informações elencadas. Qual argumento seria suficientemente imparcial?

Se o contratante priorizar o argumento da renda igualitária, da equidade econômica, a decisão penderá para o mais pobre dentre os três jardineiros. Se ele se basear no argumento utilitário tradicional, a medida adotada será da felicidade e do prazer, contratando o jardineiro infeliz. Por fim, se privilegiar a qualidade de vida, a decisão será pelo terceiro, de modo a alcançar uma forma de vida diferente das condições impostas pela doença. Cada argumento seleciona algumas informações e desconsidera as demais. No entanto, nenhum argumento mencionado leva em consideração o amplo espectro informacional. As teorias que são empregadas privilegiam certas informações em detrimento de outras e é desse escopo seletivo de informações que geralmente se decide e avalia uma política pública.

Antes de apresentar a solução desenvolvida por Sen, vejamos suscintamente algumas teorias consideradas tradicionais nessa área. No argumento do utilitarismo,[1] conforme a teoria benthamiana tradicional, a utilidade é definida como prazer, felicidade ou satisfação individual, ou seja, uma medida subjetiva que se traduz na percepção de bem-estar. Em uma acepção contemporânea, a utilidade é tomada como realização de desejo. Não se trata, aqui, de considerar a distribuição das utilidades ou diferenças interpessoais, mas a soma das utilidades realizadas ou não por cada indivíduo que, depois, são computadas conjuntamente na avaliação do bem-estar social. Contudo, o autor considera problemático realizar comparações precisas sobre bem-estar interpessoal subjetivo com métodos científicos tradicionais. Além disso, um componente importante dessas avaliações é o acento dado às consequências (como no chamado "welfarismo"), que desconsideram os meios empregados e, muitas vezes, os direitos e as liberdades que não coadunem com o preceito das utilidades. Soma-se a isso o problema de o critério perceptivo depender de contingências, demandas e valores muito diferentes entre indivíduos e mesmo socialmente.

Nas teorias liberais, encontra-se o acento na liberdade formal, isto é, dos direitos individuais políticos e civis, que devem ser obedecidos independentemente das consequências e valores, como os de utilidade, bem-estar pessoal e em detrimento de demandas e necessidades sociais mais amplas. A versão moderada da teoria da justiça de John Rawls, um autor do espectro liberal, reconhece o peso das necessidades econômicas, admitindo o argumento por meio da distribuição de renda e considerando a importância de outros bens primários, como direitos, liberdades e oportunidades básicos, em uma teoria da justiça centrada na equidade. Já na versão mais radical,

1 Sen observa que o utilitarismo foi a teoria predominante do ponto de vista das concepções de ética e justiça na economia do bem-estar, assim como das políticas públicas, influenciando autores como John Stuart Mill e Alfred Marshall.

como a teoria libertária de Robert Nozick, não se concedem exceções às liberdades individuais, inclusive aos direitos de propriedade, livre-comércio, herança, entre outros, a não ser em condições extremas. Sen (2010; 2011) ressalta a problemática na qual o grau dessas liberdades redunda em vantagens individuais, considerando as bases informacionais dessas teorias, portanto, muito limitadas.

Teorias tradicionais sobre economia do bem-estar, filosofia política, ética e justiça social, como o utilitarismo, a teoria da justiça rawlsiana e o libertarismo, são insuficientes quando tomadas isoladamente. Por isso, nos termos do autor: "não está claro se existe alguma estrada régia para a avaliação de políticas econômicas ou sociais" (Sen, 2010, p. 117). O autor propõe, então, uma abordagem alternativa que enfoca de maneira pluralística as liberdades substantivas, entendidas como as capacidades de as pessoas viverem diferentes formas de vida a partir de "várias coisas que uma pessoa pode considerar valioso fazer ou ter" (p. 103). Nos termos do autor, essa abordagem avaliativa envolve julgamentos de forma explícita, sem pretender "uma fórmula específica para as decisões sobre políticas" (Sen, 2011, p. 266).

É com base nas disparidades existentes nas bases informacionais das tradicionais teorias sobre a métrica das avaliações de políticas, como as que foram trazidas, que encontramos o que estou chamando de uma "métrica da satisfação impossível" em políticas públicas. Isso porque cada teoria seleciona quais informações/aspectos irá privilegiar em detrimento de outras, sendo especialmente problemático estipular as variáveis que podem influenciar o bem-estar das pessoas, como quer o utilitarismo.

A avaliação proposta pelo autor permite analisar tanto o que uma pessoa faz quanto o que pode fazer, de maneira a ampliar ao máximo o escopo das informações. Ao retomar o caso da parábola dos jardineiros, trata-se de integrar os dados informacionais: grau de pobreza, situação de desemprego, aptidão ao trabalho, tristeza circunstanciada e condição de doença, de modo que se obtenha um leque de informações o mais completo possível para a tomada de decisão.

Para tratar essas informações, cujas valorações são a princípio incomensuráveis, é preciso buscar uma concordância ou um consenso interpessoal em termos de "ordenações parciais e acordos limitados" a serem admitidos, de modo que as posições contrárias possam resistir sem serem submetidas a um processo artificial de síntese (Sen, 2011, p. 278). Em suas palavras: "estou defendendo a possibilidade de permanência de posições contrárias que sobrevivem simultaneamente e que não podem ser submetidas a uma cirurgia radical que as force para dentro de uma caixa arrumada de exigências completas e apropriadas" (p. 76).

O autor propõe pensar as políticas públicas, assim como a própria política, como uma "arte do possível". Então, retomando o que percorremos, pode-se dizer que ele sustenta essa proposição por uma série de motivos: primeiro, para não incorrer nos problemas inerentes às avaliações sobre satisfação de bem-estar, que redundam em interesses pessoais subjetivos incomensuráveis. Também importa não incidir em argumentos que privilegiam a renda, pois possuir e desfrutar de uma renda não é, necessariamente, equivalente. Outro motivo é o de evitar comprometer as políticas públicas em um pensamento pautado apenas em termos de eficiência, já que esse argumento nem sempre caminha ao lado da equidade e vice-versa. Por último, não se restringe a argumentos que se centram na ampliação dos mercados e da iniciativa privada, que desconsideram, muitas vezes, o papel potencialmente pernicioso dos interesses privados sobre bens públicos de interesse comum.

Para que seja uma arte do possível, levando em conta os impasses nessa área, o autor propõe uma abordagem integrada que leva em consideração, o mais amplamente possível, um leque de informações que possam ser ponderadas e analisadas, desde o bem-estar à condição de agente das pessoas, passando por valores socialmente compartilhados, relações inter-humanas, diversidades culturais e qualidade de vida.

A regra da maioria não resolve a dificuldade das métricas de avaliação quando se parte de rankings de preferências pessoais ou de bases informacionais muito limitadas, pois, quando isso acontece, a regra conduz a inconsistências matematicamente verificáveis. Para o autor, quando se tem em vista uma racionalidade coletiva,[2] não é possível reduzir-se à soma das racionalidades individuais em função da restrição da base informacional. Então, o autor se apoia no "teorema da impossibilidade" de Kenneth Arrow, que serviu de base para diversas linhas de pensamento em políticas públicas, a fim de ponderar as possibilidades e impossibilidades condicionais nas chamadas "escolhas sociais":

> *se a pessoa 1 prefere a opção* x *à opção* y *e prefere* y *a* z, *enquanto a pessoa 2 prefere* y *a* z *e prefere* z *a* x, *e a pessoa 3 prefere* z *a* x *e prefere* x *a* y, *sabemos, evidentemente, que a regra da maioria levará a inconsistências. Em particular,* x *tem maioria sobre* y, *que por sua vez tem maioria sobre* z, *o qual tem maioria sobre* x. *O teorema de Arrow demonstra, entre outros* insights *que oferece, que não só a regra da maioria, mas* todos *os mecanismos de tomada de decisão que dependem da mesma base informacional (ou seja, apenas ordenações individuais das alternativas relevantes) acarretarão alguma inconsistência ou inadequação, a menos que adotemos a solução ditatorial de fazer preponderar o* ranking *de preferências de uma [única] pessoa. (Sen, 2010, p. 320)*

2 Na esteira da chamada "teoria da escolha social", desenvolvida inicialmente no final do XVIII, pelos matemáticos: Jean-Charles de Borda e Marquês de Condorcet.

Decisões coletivas pautadas em preferências individuais são matematicamente sujeitas a inconsistências. Esses resultados só podem ser parcialmente resolvidos se houver uma ampliação da base de informações no âmbito da escolha social. Desse modo, somente "mediante uma *ampliação* informacional" é "possível chegar-se a critérios coerentes e consistentes" para avaliações sociais (Sen, 2010, p. 322). Daí a importância da participação e discussão na elaboração de valores e comprometimentos parcialmente comuns, desde a elaboração até a avaliação de uma política pública.

Soma-se a essa ampliação informacional um cuidado em termos avaliativos entre os chamados "resultados de culminação" e "resultados abrangentes". Esse cuidado é um modo da avaliação não se restringir às consequências de uma determinada escolha, mas que também abarque as formas com que se atinge uma finalidade, incluindo os processos e as oportunidades reais de escolha das pessoas, além da influência das relações sociais sobre o pensamento, escolhas e realizações. Para ilustrar essa questão, o autor traz o "teorema da impossibilidade do liberal paretiano", formulado a partir do "teorema da eficiência" de Vilfredo Pareto, por meio da seguinte alegoria: Puritano odeia um livro e não quer lê-lo, mas sofreria mais se o livro fosse lido por Luxurioso, que adora o livro. Luxurioso quer ler o livro, mas prefere "mais" que Puritano o leia.

A teoria da eficiência ou do "ótimo paretiano" versa sobre o necessário desequilíbrio oriundo de escolhas realizadas, de tal forma que, para que haja um ganho de uma pessoa, outra necessariamente terá de perder. A impossibilidade aqui é a de que todos se satisfaçam. Se o ótimo de Pareto já revela uma desvantagem comparativa, entendo que o teorema da impossibilidade do liberal paretiano apresenta uma espécie de ineficiência da eficiência paretiana. Isto é, uma impossibilidade no âmago do ótimo matemático de Pareto.

No exemplo trazido, temos que Puritano não deseja ler, mas deseja mais que Luxurioso não leia. Luxurioso deseja ler, mas deseja mais que Puritano leia. A escolha pende para que Luxurioso leia simplesmente o livro. Mas, se levarmos em consideração as preferências (o que cada um deseja "mais"), teremos uma dificuldade na solução do problema, pois, se nos restringirmos às preferências de ambos, a escolha poderá, no mesmo cenário, redundar no disparate de que Puritano leia o livro. Essa alternativa contradiz o teorema de Pareto porque cada alternativa é simplesmente pior que a outra. Não é possível satisfazer o princípio de liberdade para ler ou não ler o livro e as preferências de cada um para que o outro leia ou não. É possível resolver a questão de diferentes formas, como por meio do respeito mútuo para que cada um leia ou não leia o livro até soluções mais curiosas como aquela em que Puritano finalmente lê o livro para que Luxurioso não o leia – aqui, caberia inventariar como efetivar esse curioso processo.

A reflexão leva à constatação de que não é preciso resignar-se frente ao impossível de uma satisfação universal em termos dessas políticas, na medida em que há possíveis que podem ser consensualmente reconhecidos. Dessa forma, há uma aposta centrada nos debates democráticos: "Sem dúvida, os debates e as discussões não são sempre eficazes. Mas podem ser." (Sen, 2011, p. 119). E, mais a frente afirma: "não é derrotista permitir a incompletude dos juízos e também aceitar a ausência de uma finalidade definitiva" (p. 120).

O bem-estar individual não se encontra distante do bem-estar social e, nesse sentido, o autor observa que não é preciso ser Gandhi, Martin Luther King ou Mandela para atentar à lógica contida nessa asserção, já que "não é particularmente inteligente para um grupo de pessoas agir de uma maneira que arruinará todas elas" (Sen, 2011, p. 62). Trata-se, aqui, da prudência contida na chamada "teoria da escolha racional" que versa fundamentalmente sobre o autointeresse, como revela o mito de Oroboro, da cobra que se suicida ao comer o próprio corpo. Mas o autor vai além do limitado autointeresse racional em sua abordagem da justiça e da avaliação, para pensar a questão de uma justa métrica. Muitas vezes, o autointeresse ou bem-estar privado mescla-se com interesses sociais mais amplos, noutras o bem-estar pessoal não é sequer implicitamente considerado. Em outras situações também é possível considerar que deixar as pessoas fazerem o que querem para seu bem-estar não seja algo ruim em si mesmo.

Ao retomar a parábola dos jardineiros, os três argumentos podem ser suficientemente imparciais para que nenhum dos três seja prontamente rejeitado sem incorrer em arbitrariedades. A justa métrica na formulação e avaliação de políticas públicas se insere nesse contexto argumentativo racional. Por isso, é priorizando o debate crítico que o autor encontra um fundamento para escolhas devidamente analisadas. A ideia é que, apesar de não haver um consenso absoluto sobre o que seja a justiça ou o estritamente justo, é possível um consenso sobre injustiças que as pessoas queiram eliminar. A justa métrica é permeada, precisamente, pela "incompletude" – termo empregado pelo próprio autor e que permitirá aproximarmos tal concepção ao campo psicanalítico:

> *Na verdade, a sobrevivência da incompletude às vezes é vista como um defeito de uma teoria da justiça . . . Com efeito, uma teoria da justiça que abre espaço sistemático para a incompletude pode nos permitir chegar a juízos bastante firmes e fortemente relevantes (por exemplo, sobre a injustiça da continuidade das fomes coletivas em um mundo de prosperidade, ou da persistente e grotesca subjugação das mulheres, e assim por diante). (Sen, 2011, p. 134)*

Cabe aos(às) formuladores(as) e avaliadores(as) sobreviver à impossibilidade de totalização no âmbito das satisfações pública e privadas. No ponto de interseção – daquilo que é possível ser compartilhado – chega-se à satisfação de um ordenamento parcial, enquanto os pontos de disjunção devem ser inseridos em debates e argumentações públicos. A parcialidade da satisfação nesses pontos de interseção e disjunção são termos igualmente caros à psicanálise e que servirão para pensar uma articulação possível entre políticas públicas e psicanálise ao final deste capítulo.

Sen avançou sobre problemas diagnosticados nas abordagens tradicionais de avaliação em políticas públicas, aprofundando questões éticas, deontológicas e pragmáticas em sua abordagem das capacidades humanas, tendo-as como a efetiva liberdade que as pessoas podem ter e fazer o que querem e valorizam. Esse ponto de chegada indica impasses das políticas públicas, cuja reconhecida complexidade vai desde a formulação até a avaliação de políticas, e que colocam em questão as inconsistências dadas pela seleção ingênua de informações para a tomada de decisões. Os impasses encontrados na área – como retratados na parábola do jardineiro e nos teoremas que versam sobre suas impossibilidades matemáticas –, não impedem a busca por soluções que visem à parcialidade contida em decisões plausíveis em oposição a propostas que podem ser rejeitadas. A impossibilidade de se chegar a plenos consensos universais não inibe consensos parciais dados por argumentações racionais suficientemente imparciais por meio de debates públicos.

> *Se a resolução incompleta pode fazer parte da disciplina de avaliação valorativa de um indivíduo, ela desempenha um papel ainda mais destacado no que se espera como fruto da argumentação racional pública. Quando lidamos com um grupo, é preciso acomodar não só os respectivos rankings parciais de diferentes indivíduos, mas também a extensão de incompletude que pode existir num ranking parcial compartilhado por diversos indivíduos, sobre o qual eles podem concordar razoavelmente. (Sen, 2011, p. 431)*

O "rochedo da castração" nas políticas públicas

Não esperem portanto de meu discurso nada de mais subversivo do que não pretender a solução.

Lacan, 1969-1970/1992b, p. 73

O impossível da plena satisfação harmônica das dimensões pública e privada se encontra presente desde a formulação até a avaliação das políticas públicas, refletindo dilemas morais cujas soluções seguem não totalmente satisfatórias. A partir do reconhecimento de que essas políticas se encontram seriamente envolvidas com métricas que revelam impasses, encontramos um eixo de interesse comum com a psicanálise, especialmente quanto ao que Freud (1930/2010f) desenvolveu sobre o conceito de pulsão no âmbito do mal-estar na civilização.

A civilização convoca renúncias pulsionais, especialmente com relação à sexualidade e à agressividade, das quais se extrai uma parcela de prazer em prol de uma parcela de segurança que, entretanto, resta sempre insuficiente à plena satisfação do sujeito. Para Freud, nenhum método de "busca de felicidade" traz toda a garantia de satisfação ou toda a segurança contra o sofrimento (p. 43). Cita então três fontes para esse sofrimento: a "prepotência da natureza", "a fragilidade de nosso corpo" e, por fim, "a insuficiência das normas que regulam os vínculos humanos na família, no Estado e na sociedade" (p. 43). As duas primeiras são entendidas como inevitáveis, às quais os humanos devem se submeter por serem inerentes às experiências de transitoriedade (1915-1916/1996q). A terceira, no entanto, é fonte de infindáveis conflitos, pois remete à relação entre o complexo paterno, o desamparo e a necessidade de proteção humana. Unir as reivindicações públicas e privadas, por meio das regras que visam ajustar os relacionamentos na família, no Estado e na sociedade, encontra-se como impossível no cerne da civilização.

Como boa parte dos filósofos políticos na esteira contratualista, Freud considera que seria somente por meio de um "pacto" que se poderia dar conta do mal-estar na civilização ou cultura (tratadas indistintamente por Freud).[3] Se o programa do princípio do prazer, cuja satisfação pulsional condiz com a felicidade, é impossível, resta como "possível" o "sentido moderado" da "economia libidinal" (Freud, 1930/2010f, p. 40). Daí que os homens devem ceder parte do prazer, da pulsão, de uma suposta liberdade natural sem limites, em prol da convivência social e da proteção, mas à custa de uma dose de desprazer e de realidade – articulação que lembra o *Leviatã* de Hobbes (1651/2014). O mal-estar na civilização situa-se sob um contrato que revela sua manutenção de forma precária, aos trancos e barrancos dos constantes conflitos públicos e privados, inter e intrassubjetivos. Segundo Freud (1930/2010f), não há alternativas fora das coordenadas simbólicas apresentadas como condição para a inserção dos indivíduos na civilização. Fora disso, restaria a barbárie hobbesiana da guerra de todos contra todos.

Nessa leitura pouco otimista, nada poderia fazer frente ao universo simbólico ao qual estamos submetidos desde nossa inscrição na cultura. Restaria uma submissão à castração simbólica, à Lei que constitui o sujeito humano na civilização, instaurando proibições que permitem a convivência social, mesmo que de maneira precária e permeada por conflitos.[4] Para Freud (1921/2011b), vale notar, não existe separação entre uma psicologia social e outra individual,

---

3 Conforme observa Dunker (2015), a concepção freudiana de cultura inclui "a filosofia, a religião e a moral, a ciência, a técnica, a antropologia, a história, a civilização, a educação, a sociologia e a política. Seu sucedâneo último no texto é a ética." (p. 207).

4 Sobre as formas de lidar com a infelicidade, o autor elenca os divertimentos, a arte, o trabalho e a investigação científica (como formas de sublimação), as religiões, o uso de drogas, o trabalho coletivo "para a felicidade de todos" (p. 32), o isolamento eremita, a tentativa de supressão da pulsão por meio de práticas

pois somos constituídos na relação com o outro e dependemos dos outros para nossa sobrevivência e adaptação à realidade. A partir das contribuições de Lacan (1955-1956/2010b), a constituição subjetiva está atrelada aos laços sociais, nas relações ambivalentes estabelecidas com o outro e o Outro na cultura. Isso quer dizer que o sujeito humano se constitui na relação com a alteridade, quer dizer, com os outros semelhantes e também com o Outro simbólico, e se encontra, desde sempre, submetido às leis de estrutura da linguagem que constituem o inconsciente, de modo que "a linguagem é condição do inconsciente" (Lacan, 1969-1970/1992b, p. 42).

O sujeito constituído nesse caldo cultural simbólico é o sujeito do inconsciente, do desejo, marcado pelo real da falta (derivada da castração), situando-o como falante. Isso é o que constitui a realidade do sujeito como desejante na civilização. O sujeito não possui um verso e reverso, um dentro e fora. Sua divisão subjetiva (*Spaltung*) encontra-se em um ponto de torção que engendra uma única superfície, como uma banda de Moebius, situando o sujeito como dentro e, ao mesmo tempo, fora de lugar. Não há separação entre uma psicologia individual e outra social na medida em que o inconsciente não reconhece contradições, negações e o tempo cronológico – como marcado pelo relógio ou calendário. Da mesma forma, o sujeito do inconsciente não distingue o público do privado.

Conforme o mito originário da civilização/cultura apresentado por Freud (1912-1913/1996s) em *Totem e tabu*, em um tempo primitivo existira um macho que possuía todas as fêmeas e que expulsava os filhos à medida que cresciam. Certo dia, os irmãos revoltados resolveram assassiná-lo e, após este ato, comeram a carne do macho-chefe, dando origem ao totem. Depois do banquete, veio a culpa e o remorso, pois o pai odiado também era amado, fonte de ambivalência,

meditativas e iogues, as fantasias, a fuga para a doença e, finalmente, o amor (Freud, 1930/2010f, pp. 32 e 38).

dando origem às proibições: os interditos do incesto e do assassinato fraterno. Essas proibições seriam transmitidas de geração a geração, ligando o totem paterno aos tabus. Com as restrições-tabus advindas dessa ficção freudiana, encontramos uma origem mítica da organização social, da consciência moral (Supereu) e da religião.

Até aqui, portanto, não encontramos saídas para aquilo que Freud (1937/1996b) chamou de "rochedo da castração":[5] um impasse situado sob uma aparente negatividade pessimista, conformista e impotente frente à Lei simbólica a qual estamos submetidos(as). A princípio, não haveria alternativas fora das coordenadas simbólicas que engendram a organização da sociedade, a consciência moral e as religiões. Em 1923, Freud ampliava essas considerações: "O significado do complexo de Édipo começou a tomar proporções gigantescas; chegou-se à ideia de que a organização do Estado, a moralidade, o direito e a religião teriam surgido conjuntamente, na pré-história da humanidade, como formação reativa ao complexo de Édipo" (Freud, 1923/2011a, pp. 300-301). Assim, a castração, como operação resultante da dinâmica do complexo edípico, seria condição para a introjeção de elementos simbólicos socialmente compartilhados no interior da civilização, manifestando-se, contudo, como reação contrária aos impulsos inconscientes.

Dessa forma, a Lei simbólica passa a ser a lei do desejo, marcado pelo impossível de sua plena realização. Em outros termos, a castração representa uma articulação do desejo com a Lei no processo de

5 O rochedo ou a "rocha" da castração foi um termo empregado por Freud (1937/1996b) em *Análise terminável e interminável* para abordar dois impasses na direção da cura em psicanálise, tratados no âmbito da diferença anatômica entre os sexos, a saber, a do recalque da passividade na posição masculina (impasse do homem em suportar a angústia de castração) e o recalque da atividade na posição feminina (impasse situado em termos da inveja do pênis na mulher, *Penisneid*). Nesse momento, o rochedo da castração encontra-se em sua acepção mais larga, compreendendo as consequências da castração no âmbito do funcionamento psíquico inconsciente e suas implicações socioculturais.

constituição da subjetividade humana. Antígona, uma personagem da mitologia grega, seria um exemplo das consequências trágicas da contravenção dessa Lei. Ao fazer frente às pretensões de se governar o desejo, a heroína foi contra os ditames do Estado ao enterrar seu irmão, Polinice. Filha do incesto de Édipo com Jocasta, acompanhou o pai até o momento de sua morte e, em seu retorno à Tebas, fez frente ao seu próprio destino, arriscando sua vida ao contrariar as leis de Creonte, que proibira o enterro de seu irmão, tido como traidor da pátria.

O ato transgressor de Antígona revela, em uma primeira leitura possível, a sua captura nas coordenadas simbólicas ditadas pelas leis do Estado sob a figura de Creonte. Afinal, como ressaltou Lacan (1959-1960/1997a): "quem não é capaz de evocar Antígona em todo conflito que nos dilacera em nossa relação com uma lei que se apresenta em nome da comunidade como uma lei justa?", uma lei que está condicionada ao "bem de todos", aquela que deve bem conduzir a "comunidade" (pp. 295 e 313). Ao contrariar as normas simbólicas do bem comum do Estado, Antígona fez realizar seu desejo, mesmo que à custa de sua própria vida. Conforme esse autor observou no seminário *A ética da psicanálise*, a ruptura com a Lei simbólica trouxe como derradeiro a morte da heroína.

Encontramos nessa primeira leitura de Antígona um impossível situado no próprio princípio do prazer: o desejo é sempre equivalente à falta, pois a castração atesta um furo real em toda aspiração à plena satisfação do sujeito, isto é, o impossível de uma plenitude de gozo. O campo do gozo, abordado com mais profundidade por Lacan na década de 1970, é o que não se deixa apreender totalmente, aquilo que escapa, mas que insiste na forma de uma repetição significante que constitui o saber inconsciente.

O gozo é aquilo que foi descoberto no princípio da psicanálise a partir da associação livre das histéricas, isto é, com o que se lida na exploração do inconsciente, como se evidencia na articulação significante: S_1 - S_2 - S_n. O significante é a dimensão contida nos sons das palavras, por meio do qual se edifica o saber inconsciente, sendo o gozo aquilo que insiste sempre aquém de uma suposta plenitude ou fechamento, atestando um limite em relação ao simbólico.

Tal conceito faz menção ao que Freud formulou em *Além do princípio do prazer* de 1920, a partir de suas elaborações sobre a compulsão à repetição, as neuroses traumáticas e de guerra, como manifestações da pulsão de morte. A repetição indica uma espécie de retorno ao inanimado e que se mostra no desprazer, pela preponderância do prazer no desprazer,[6] e no imperativo do Supereu (Freud, 1920/2010b). Esse retorno ao inanimado, o caminho para a morte, como Freud formulou e foi posteriormente revisto por Lacan (1969-1970/1992b), indica que toda pulsão seja pulsão de morte. É no cerne de uma concepção contratualista da psicanálise e da prevalência da pulsão de morte, como aquilo que constitui o mal-estar inerente à civilização, que encontramos um impasse sobre o objeto que nos interessa neste livro. Afinal, como pretender o bem comum, aquilo que condicionaria o bem-estar para todos por meio das políticas públicas, se nos deparamos com o mal-estar na civilização, a pulsão de morte, a dimensão trágica da castração?

É o princípio da ambivalência, tomado a partir da prevalência da pulsão de morte, que caracteriza a subjetividade humana, e não o princípio da integração, harmonia ou "complementariedade entre os sexos" – conforme um aforismo lacaniano que desenvolverei no último capítulo. O rochedo da castração, tido como uma hipótese para

---

6 Como referiu Lacan (1957-1958/1999) tempos antes de aprofundar esse conceito, e apesar de atento ao que se extrai do masoquismo inerente à subjetividade humana: na medida em que "o sujeito apreende-se como aquele que sofre, capta sua existência de ser vivo como aquele que sofre, isto é, como sendo sujeito do desejo", revelando que "o sujeito não satisfaz simplesmente um desejo, mas goza por desejar, e essa é uma dimensão essencial de seu gozo." (p. 325).

todos(as) aqueles(as) que se servem da castração em sua constituição subjetiva, implica a plena satisfação do desejo como impossível e, diante desse real impossível que atravessa o campo do simbólico, seria somente pelo viés frágil da crença, de uma ilusão, que se pretenderia dar cabo ao mal-estar na civilização:

> *Quando o indivíduo em crescimento descobre que está destinado a permanecer uma criança para sempre, que nunca poderá passar sem proteção contra estranhos poderes superiores, empresta a esses poderes as características pertencentes à figura do pai . . . Assim, seu anseio por um pai constitui um motivo idêntico à sua necessidade de proteção contra as consequências de sua debilidade humana. É a defesa contra o desamparo infantil. (Freud, 1927/1998, p. 33)*

Os ideais de liberdade, igualdade e fraternidade foram concebidos para fazer valer esse voto de proteção frente ao desamparo infantil, constituinte da subjetividade humana. Entretanto, conforme ressalta Lacan (1969-1970/1992b) ao revisitar a obra freudiana, a origem causal da reunião dos irmãos na fraternidade é justamente a segregação: "Nenhuma outra fraternidade é concebível . . . se não é por estarmos isolados juntos, isolados do resto" (p. 121). Essa inerente e constitutiva alienação revela o assujeitamento de todo sujeito imerso no ordenamento simbólico, além de sinalizar que a fraternidade produz segregação. Dessa forma, a partir dessa herança simbólica, a ilusão se constitui por meio da crença na existência de um Outro (A ciência, Deus, O Estado, O pai e demais figuras simbólicas dotadas da pretensão de completude, harmonia ou bem-estar) capaz de dar conta do mal-estar, de responder e atender ao que o sujeito deseja e demanda, já que, ante à função paterna, agente da castração, o que o sujeito encontra é a sua divisão, ou seja, o impossível da plena satisfação.

Ao abordar a questão da satisfação em psicanálise, é importante levar em conta a distinção entre necessidade, desejo e demanda. Afinal, muito se discute acerca daquilo que deve ser objeto de intervenção do Estado e, especialmente, no que se refere ao aspecto prioritário de políticas destinadas às necessidades básicas dos cidadãos, como na conhecida pirâmide de Maslow.[7] A partir do referencial psicanalítico, essa distinção recebe um acento diferente, embora próximo do que Amartya Sen desenvolveu com relação às "capacidades": a satisfação do sujeito não se restringe às necessidades elementares e, inclusive, muitas vezes pode caminhar na contramão do que seria esperado no âmbito da sobrevivência da espécie humana, como nas greves de fome e nos casos de anorexia e bulimia que podem levar à morte. Nem sempre a satisfação consiste em prazer e nem sempre o desprazer condiz com a insatisfação; é possível haver satisfação com o desprazer e prazer com a insatisfação, o que remete aos conceitos de desejo e gozo em psicanálise.

Em *A direção do tratamento e os princípios de seu poder*, Lacan (1958/1998d) retomou a referida distinção, enfatizando que é a partir daquilo que não se satura pela satisfação das necessidades que o sujeito dirige suas demandas ao Outro, fazendo emergir uma hiância chamada de "desejo". Nesse sentido, a psicanálise ressalta o aspecto do desejo inconsciente como o que insiste em não se satisfazer plenamente, situando-se para além e aquém das pretensões de se atender a demanda, como fundamentalmente demandas de bem-estar, felicidade ou completude imaginárias, sempre dirigidas como demanda de amor ao Outro simbólico.

A demanda sempre é demanda de outra coisa. Ela é articulada pelos significantes da linguagem, já na forma de pulsão, que acaba por

7 A escala das necessidades desenvolvidas por Abraham Maslow vai das necessidades fisiológicas, na base da pirâmide, à realização pessoal, no seu topo.

atravessar o plano das necessidades e, com isso, determina aquilo que circunscreverá o que era simples manifestação de necessidade como da ordem do desejo inconsciente, portanto, para além do querer e da vontade conscientes: "O desejo não é, portanto, nem o apetite de satisfação, nem a demanda de amor, mas a diferença que resulta da subtração do primeiro à segunda, o próprio fenômeno de sua fenda (*Spaltung*)" (Lacan, 1958/1998f, p. 698). Daí a relevância, no contexto de uma análise, de não se visar corresponder à demanda do sujeito: "Quer se pretenda frustradora ou gratificante, toda resposta à demanda na análise conduz a transferência à sugestão" (p. 641) – aspecto que trabalhei no primeiro capítulo. Em 1960, esse autor ainda fez notar:

> *O desejo se esboça na margem em que a demanda se rasga da necessidade: essa margem é a que a demanda, cujo apelo não pode ser incondicional senão em relação ao Outro, abre sob a forma da possível falha que a necessidade pode aí introduzir,* por não haver satisfação universal. *(Lacan, 1960/1998o, p. 828, grifo nosso)*

Como vimos com Sen, as políticas públicas não alcançam a plena satisfação pública e privada. Trata-se sempre de uma parcialidade implícita a ser reconhecida desde a formulação à avaliação dessas políticas. No cerne da impossibilidade dessa plena satisfação – matematicamente verificável – encontra-se uma aporia que a psicanálise permite apreender por meio do conceito de pulsão. Como observou Freud (1905/1996t), a pulsão é uma energia entre o somático e o psíquico que se distingue do instinto animal por não apresentar um objeto adequado e determinado à satisfação da espécie. Em função da castração, a pulsão que compõe o desejo do sujeito humano está condenada a uma satisfação sempre parcial – uma característica que Sen, em seus trabalhos, também pôde reconhecer. Podemos sintetizar o problema com Lacan (1957-1958/1999):

> *É só o que se vê: pedintes a quem se concedem coisas. Ou lhes é concedido o que eles não pedem, ou, havendo obtido o que demandam, eles fazem outro uso disso, ou ainda comportam-se perante quem lhes satisfez a demanda com uma insolência toda especial, reproduzindo, na relação do pedinte com o solicitado, a bendita dimensão da ingratidão sem a qual seria realmente insuportável assentir em qualquer demanda . . . o mecanismo normal da demanda na qual assentimos é provocar demandas sempre renovadas. (p. 98)*

Para que possa ficar mais claro, aproximo o exemplo trazido por Sen, do Puritano e Luxurioso, sobre o teorema da impossibilidade do liberal paretiano, a um famoso caso clínico em psicanálise: o da Bela Açougueira. Conforme essa narrativa, a Bela Açougueira tem um sonho que diz contestar a teoria freudiana de que todo sonho é uma realização de desejo. No sonho, ela deseja dar um jantar, mas só tem um salmão defumado que seria insuficiente e, por isso, acaba não oferecendo o jantar. A paciente teceu associações em que uma amiga magra, sempre elogiada pelo marido, aparece querendo jantar na sua casa. Freud pôde constatar que não apenas a paciente havia realizado o desejo de que a amiga continuasse magra – posto que esta gostava de salmão, mas abstinha-se de comê-lo, e também tendo em vista o interesse de seu marido por mulheres mais gordas, como ela própria –, mas também considerou o desejo da Bela Açougueira por caviar – dinâmica que participava de uma brincadeira do casal que consistia na oferta pelo marido e na pronta recusa da mulher. Assim, o desejo por salmão é como o desejo por caviar nessas duas histéricas: um desejo de um desejo insatisfeito (Lacan, 1958/1998d).

Na história de Puritano e Luxurioso, temos que Puritano odeia um livro e não quer lê-lo, mas sofreria mais se o livro fosse lido por Luxurioso, que adora o livro. Luxurioso quer ler o livro, mas prefere ainda mais que Puritano o leia. Vimos que o teorema da impossibilidade do liberal paretiano apresentava uma espécie de ineficiência da eficiência paretiana, isto é, uma impossibilidade no cerne do ótimo matemático de Pareto. Assim, conseguimos fundamentar que, tanto para Puritano quanto para Luxurioso, o desejo de que o outro leia o livro ou não redunda em um desejo de ter um desejo insatisfeito. Que o outro leia ou não, bem como qualquer variação possível em termos de articulação significante, o desejo tem um mesmo sentido: o da falta. Esse desejo inconsciente equivale, metaforicamente, como nos lembra Soler (1998), ao próprio sujeito do inconsciente. Temos, desse modo, uma encruzilhada em termos de uma impossibilidade da plena satisfação que se revela na própria subjetividade desvelada pela psicanálise assim como nas avaliações em políticas públicas.

Em função do campo pulsional inerente à subjetividade humana, é possível depreender ainda que, quanto mais se pretende a satisfação de demandas, mais haverá desejo. Nessa lógica, quanto mais um bem qualquer for oferecido pelo Estado, visando atender plenamente às demandas da população por meio dos bens na sociedade, mais desejo poderá ser engendrado, pois os bens materiais, na forma de objetos positivados, e os bens imateriais, na forma de saberes positivados, produzem apenas engodos de satisfação. Esses engodos podem produzir deslocamentos para a dimensão do desejo inconsciente, uma vez que, para funcionar em sua dimensão metonímica, o desejo depende da negatividade do objeto que supostamente traria a plena satisfação – aqui, os bens materiais e imateriais.

Por esse motivo, Lacan (1959-1960/1997a) enfatiza, retomando uma frase icônica de Saint-Just, que a felicidade se tornou "um fator de política" (p. 350). Isso quer dizer, em referência ao utilitarismo benthamniano, que as demandas de felicidade se situam em um campo onde se crê na possibilidade de haver satisfação ou plenitude. Então, aquilo que se faz para alcançar a felicidade, "por mais piedosa que seja a intensão, não deixa de ser uma escroqueria." (Lacan, 1958/1998f,

p. 699). E como resultado dessa injunção impossível, encontramos a ideia de que "*Não poderia haver satisfação de ninguém fora da satisfação de todos*" (Lacan, 1959-1960/1997a, p. 350, grifos do original). Isso porque o bem comum, tido como aquilo que traria a felicidade, o bem-estar ou a plenitude, engendra demandas impossíveis de serem plenamente satisfeitas, na medida em que são demandas que redundam na "satisfação das necessidades para todos os homens", sem levar em conta as idiossincrasias do sujeito de desejo (p. 350).

Ao considerar a concepção de mal-estar social e o conceito de castração trabalhados pela psicanálise, encontramos um ponto de articulação com os desenvolvimentos teóricos de Amartya Sen, especialmente em relação às métricas da satisfação impossível no campo das políticas públicas. Trata-se de uma confluência que atesta um impossível de harmonização das aspirações do bem comum ou bem-estar público no cerne das (in)satisfações públicas e privadas. Essas políticas, até o presente momento deste livro, encontram-se alinhadas em termos de uma impossibilidade, servindo a uma espécie de ilusão de bem comum ou bem-estar para todos, uma suplência ao dramático rochedo da castração no interior do mal-estar na civilização.

Uma confluência de impossíveis

> *O ponto de partida dessa dialética sendo minha alienação no outro, há um momento em que posso ser colocado em situação de ser eu mesmo anulado porque o outro não está de acordo. A dialética do inconsciente implica sempre, como uma de suas possibilidades, a luta, impossibilidade da coexistência com o outro. A dialética do senhor e do escravo reaparece aqui.*
>
> Lacan, 1955-1956/2010b, p. 52

Ao abordar a dialética do senhor e do escravo, Lacan atentava, já em meados de 1950, aos impasses em se buscar a unanimidade, em querer se fazer Um com o outro. Isso porque, a partir da castração constitutiva do sujeito, só é possível haver dois sujeitos separados. Temos uma impossibilidade de coexistência harmônica, uma dinâmica que se evidencia em conflitos públicos e privados e que remetem à constituição da subjetividade. Para abordar esse impossível, Lacan (1969-1970/1992b) propôs falar dos laços sociais a partir de certas estruturas discursivas, em uma alusão às promessas impossíveis descritas por Freud (1937/1996b) em termos de fazer governar, educar e psicanalisar, ao qual Lacan incluiu o impossível de fazer desejar da histeria.

Na teoria dos quatro discursos, encontram-se estruturas de laços sociais que trazem diferentes relações de poder, gozo e desejo inconsciente. A estrutura desses discursos tem a propriedade de pertencer ao campo do gozo, isto é, aquilo que excede, mas que se inscreve no simbólico da linguagem. Trata-se de um aparelhamento do real do gozo pelo simbólico da linguagem, enquanto condição de um semidizer do qual partem nossas palavras e atos (Quinet, 2006). Por isso que, mesmo sendo sem palavras, é pelo dispositivo linguageiro dos discursos que os ditos e os atos humanos adquirem a dimensão de um dizer essencial.

A teoria dos discursos é comumente empregada para abordar fenômenos sociais e políticos a partir da psicanálise. Evocá-la pode ser repetitivo para o(a) leitor(a) que já tenha trilhado esse percurso teórico. No entanto, extraio alguns elementos importantes para abordar a confluência de impossíveis que atravessam o tema, a saber, governar e psicanalisar, não sendo possível prescindir de sua apresentação e extrair desses discursos algumas consequências que permitirão pensar sobre o lugar do(a) psicanalista nas políticas públicas.

Os quatro discursos são formados pelo que o autor chamou de "quarto de giro". Desses giros, partem quatro estruturas que são definidas pelo ponto de partida, o agente. É deste primeiro termo que os demais são organizados, formando uma constante de relações.[8]

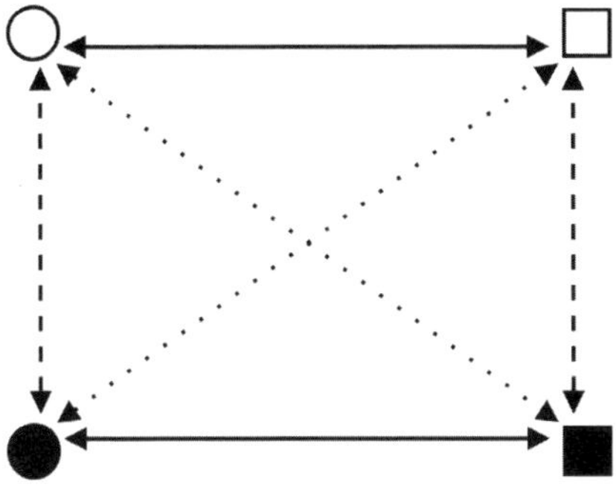

Figura 3.1 Grupos de Klein.

Assim, a partir do agente, os elementos de escritura (letras) que compõem os discursos, S_1, S_2, \$ e *a*, são definidos e passam a ter uma função segundo a sua disposição, como mostra a figura a seguir:

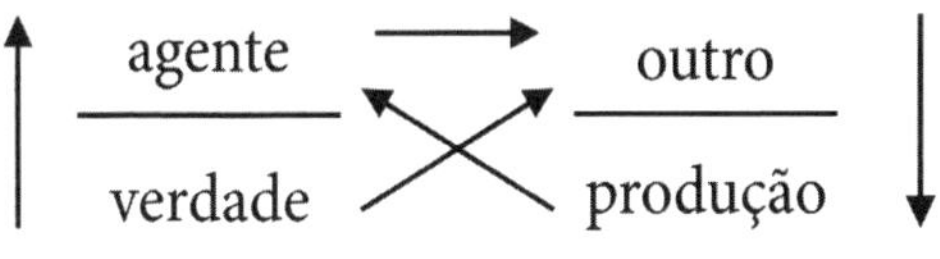

Figura 3.2 Montagem dos discursos.

No discurso do mestre ou senhor, encontramos aquilo que "experimentamos diretamente, no plano da política", especialmente por meio da figura do Estado (Lacan, 1969-1970/1992b, p. 91). Aqui, o

8 A estrutura quaternária dos discursos faz referência ao chamado "Grupos de Klein", do matemático Felix Klein. Nos Grupos de Klein original, os elementos sofrem transformações de cor e forma, sendo organizados conforme certas operações: permuta, inversão ou transformação. Em Lacan, entretanto, as operações não são como no grupo original, pois não são reversíveis (Darmon, 1994) (Figura 3.1).

agente do discurso é o significante mestre (S_1) que representa a Lei simbólica e que caracteriza a ação de governar. No outro lado, temos o dominado, onde se situa o escravo (S_2, que representa o saber). Na produção, temos os objetos de gozo (*a*) e, no lugar da verdade, o que está escondido e, ao mesmo tempo, sustentando esse discurso, encontra-se o sujeito ($) com sua divisão subjetiva.

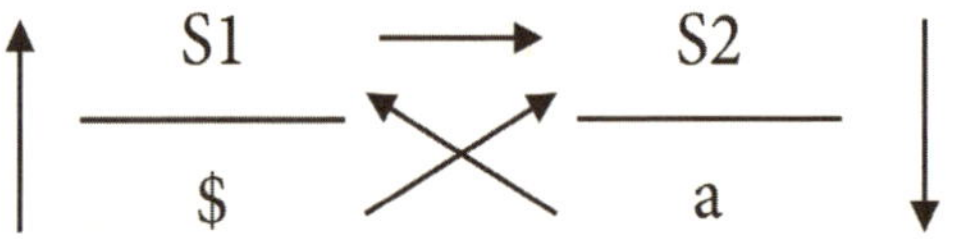

Figura 3.3 Discurso do mestre.

Para apresentar o funcionamento desse laço social, Lacan empreendeu uma leitura da dialética hegeliana do senhor e do escravo, a partir da compreensão de Kojève. Nessa leitura, indica que o significante do senhor (S_1), no lugar de agente ou semblante, dirige-se ao saber do escravo (S_2) para fazer uso do seu saber-fazer. A dialética hegeliana traz um saber que pretende ser absoluto, fazendo com que surja um resto, o objeto *a*, que se evidencia no fracasso daquele que se propõe a governar. Mas esse discurso tem uma função reguladora e organizadora da sociedade, na medida em que promove a renúncia pulsional. O problema que esta estrutura discursiva apresenta é que, ao governar, produzem-se os restos da civilização ou, como salienta Quinet (2006), são produzidos "os dejetos da civilização – o que escapa à simbolização" (p. 37).

Esse resto configura tanto para o senhor quanto para o escravo um meio de gozo, ou seja, uma perda que se apresenta numa dialética com o gozo. Essa dialética indica que ambos buscam restituir a plenitude do gozo perdida. Então, o saber-fazer do escravo comporta um meio de gozo que tem como produção um resto decorrente de seu mais-de-trabalho, assim como no conceito da mais-valia de Marx. No caso do mestre, o gozo está situado na apropriação do saber que era originalmente do escravo. A este mais-de-trabalho que o senhor toma para si, Lacan efetuou uma equivalência estrutural com o mais-de-gozar.

Anos depois, Lacan (1971/2009), ao afirmar que Marx teria sido o "responsável pela ideia de sintoma" (p. 153), apreendeu que a mais-valia seria a verdade recalcada do sistema capitalista. Afinal, o sintoma diz do retorno de uma verdade inconsciente, como uma metáfora. Assim, encontramos uma solução de compromisso do senhor em buscar recuperar parte de seu gozo perdido por meio da espoliação do trabalhador escravizado. No entanto, vale a ressalva de que Marx descobriu o sintoma no social, isto é, a mais-valia seria a forma do mais-de-gozar encontrada historicamente no capitalismo, enquanto o mais-de-gozar do sujeito seria decorrente da sua inevitável perda de gozo, oriunda de sua inscrição na cultura (Checchia, 2015). No entanto, ambos os meios de gozo se cruzam e estão presentes na luta de classes, pois o senhor busca recuperar o gozo por meio do saber-fazer do proletário e este também anseia recuperar aquilo que acredita ter perdido, a sua fatia burguesa de gozo – como referiu o anarquista de *Germinal* ao enfatizar a inveja operária, conforme trouxe no segundo capítulo.

Como desenvolvi, a ilusão de completude se apoia em uma economia psíquica na qual se devota à ciência, à religião ou à justiça, um desejo de um governo benevolente, providencial, mundialmente ordenado e justo que se assenta no infantil desamparo, mas que não encontra respaldo na realidade subjetiva e civilizatória – mesmo porque, a realidade, em psicanálise, é sempre uma realidade psíquica, isto é, atravessada pelo inconsciente. Tal é a impossibilidade na execução do princípio do prazer: a partir da castração, temos a preponderância da pulsão de morte, que se reflete na própria impossibilidade de haver um completo bem-estar. É nesse sentido que sinalizei que o pleno bem-estar público e privado pode se encontrar solapado, a princípio, por razões de um mal-estar constitutivo, e não apenas empírico ou contingente.

Diante das coordenadas simbólicas que engendram a vida, segundo os desenvolvimentos teóricos trazidos até este momento, estamos condenados ao fracasso das aspirações em torno do bem comum e, portanto, do critério da plena satisfação em termos de um bem-estar para todos. Isso porque não existe o que possa ser universal no âmbito do inconsciente. O que ponho em relevo é que existe uma dimensão original e irredutível que concerne ao sujeito do inconsciente, em que qualquer forma de universalização não conseguirá dar conta daquilo que fica, por razões de estrutura, de fora dessa pretensão de universalidade. Sob tal prisma, qualquer aspiração de universalização sempre acarretará processos de segregação. Nas palavras de Lacan (1967/2003a):

> *Eis o que assinala a entrada de um mundo inteiro no caminho da segregação. Não é por ser preciso responder a isso que agora entrevemos porque, provavelmente, Freud sentiu que era seu dever reintroduzir nossa medida na ética através do gozo? (p. 367)*

E para abordar essa medida na ética, será preciso recorrer, mesmo que brevemente, ao conceito de fantasia em psicanálise.

A fantasia fundamental inconsciente ($◊a) é uma resposta do sujeito à falta/desejo transmitido pelo Outro _ S(Ⱥ). Essa falta designa a ausência de um significante que possa dizer definitivamente o que o sujeito "é" e também indica a falta de um objeto (*a*) que o satisfaça plenamente, como um objeto empírico que pudesse ser encontrado na realidade material. A fantasia, então, caracteriza certa forma do sujeito se relacionar com esse objeto que é causa de desejo e também condensador de gozo (objeto *a*), condicionando a forma do sujeito se relacionar com os outros e com o mundo.

Trata-se da edificação da realidade psíquica do sujeito, tomada a partir de uma construção imaginária que se articula com o significante, na medida em que o sujeito ($) é aquilo que um significante representa para outro significante (S_1 - S_2), e com o objeto *a* que dá sustentação ao desejo. Na medida em que o objeto perdido (*a*) da constituição psíquica se caracteriza por ser irrepresentável e irredutível aos objetos empíricos encontrados na realidade, ele é relançado enquanto falta na cadeia metonímica significante, constitutiva e condicionante do desejo. A fantasia funciona como a tela de um quadro em que o neurótico usa como janela para ver a realidade – sempre da mesma forma, daí o caráter axiomático do fantasma. Nos termos de Lacan (1957-1958/1999): "é uma obra literária. Estamos nos referindo a cenas, ou melhor, a roteiros – o que está, portanto, profundamente articulado ao significante... não apenas o sujeito articula num roteiro, como no qual ele próprio se coloca em cena." (p. 421).

Para aproximar esse conceito ao tema deste livro, as políticas públicas podem ser comparadas a um objeto que imaginariamente traria a completude e que tornaria possível a realização do bem comum, isto é, aquilo que se considera como faltante à plena realização do bem-estar para todos. Nessa ficção fantasmática social, encontramos um roteiro fantasioso para o sem fim de demandas por mais e mais políticas públicas e as tentativas de gerir o gozo como elemento que manifesta o impossível de se governar e harmonizar as (in)satisfações públicas e privadas.

Ao aproximar esse objeto fantasmático do discurso do mestre, temos a figura de um Estado que traz a promessa de supostamente atender a satisfação de todos em suas demandas de felicidade, bem-estar ou harmonia. Um Estado que, como coisa pública, enseja uma universalização potencialmente totalitária (S_1). Afinal, é o poder do Estado (S_1) que, dirigindo-se à massa (S_2), faz emergir como produto o gozo (*a*) manifesto no impossível de se governar o desejo daqueles que, na condição de sujeito, manifestam insistentemente o que lhes falta, justamente, a liberdade do escravo ($) contida no desejo de desejar. Em outros termos, como vimos no primeiro capítulo sobre a resistência do indivíduo em não se sujeitar à sugestão, trata-se de manifestar o desejo de não se assujeitar aos comandos inerentes à mestria.

Na medida em que os cidadãos se tornam objetos da ação do Estado, objetos de sua política pública, encontra-se uma inversão como proposta no esquema L de Lacan (1954-1955/2010a), sobre o estádio do espelho. Assim, conforme se engendra no discurso do mestre, ao dizer: "Você é meu mestre" para o Estado, o que encontramos é sua mensagem invertida para o cidadão: "Sou seu súdito". Desse modo, diante das demandas dirigidas ao Estado, por meio de suas ações em políticas públicas, os cidadãos tornam-se potencialmente objetos "beneficiários" dessas políticas. Isso quer dizer que, ao demandar, o sujeito também se entrega.

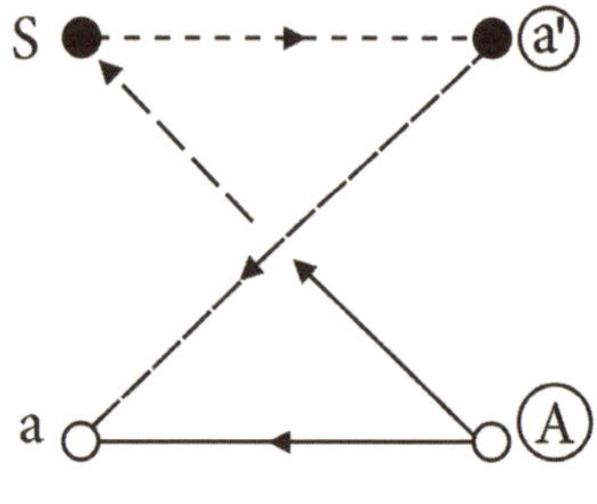

Figura 3.4 Esquema L.

Ao tomar os cidadãos como objetos da proteção do Estado e de suas ações em políticas públicas, encontramos a figura idealizada do Estado como um Outro supostamente absoluto (A), não barrado.

Nos termos do autor:

> *a ideia de que o saber possa constituir uma totalidade é, por assim dizer, imanente ao político como tal . . . A ideia imaginária do todo tal como é dada pelo corpo – como baseada na boa forma da satisfação, naquilo que, indo aos extremos faz esfera –, foi sempre utilizada na política, pelo partido da pregação política. O que há de mais belo, mas também de menos aberto? E o que se parece mais com o fechamento da satisfação? (Lacan, 1969-1970/1992b, p. 31)*

Conforme a Figura 3.4 do esquema L, o sujeito envia sua mensagem a um outro, no eixo do semelhante (a-a'), mas suas palavras visam um Outro (A), que o sujeito supõe e anseia reconhecê-lo. Nisso extrai-se o equívoco que caracteriza o inconsciente como discurso do Outro e que chega ao sujeito ($) por meio do eixo imaginário (a-a'), atravessado pelo eixo simbólico (S-A). Conforme desenvolvi, a aspiração por um governo benevolente, providencial, mundialmente ordenado e justo se revela como uma idealização que condiciona impasses públicos e privados. Isso porque esse discurso conduz a um fechamento problemático e que se encontra na contramão da castração, daí seu caráter impossível.

No interior dessa aspiração pelo reconhecimento do Outro, enveda-se pela via de uma objetificação da cidadania, pois a origem da palavra "reconhecimento"[9] vai em "direção àquele que ele pega em toda

9 Lacan tece críticas à teoria do reconhecimento desde seu primeiro seminário, de 1953-1954. No entanto, é importante observar que sua crítica diz respeito, fundamentalmente, ao reconhecimento que toma o outro como um objeto. Em psicanálise, coloca-se a dimensão simbólica por sobre a dualidade da relação especular, isto é, um terceiro elemento na estrutura, o que permite um espaço para o reconhecimento do desejo, como aquilo que não se deixa capturar pela objetivação ou objetividade. Assim, o acento é dado ao reconhecimento do outro

exploração, com os toques de militância e de nostalgia com os quais podemos provê-la" (Lacan, 1959-1960/1997a, p. 240). Nesse sentido é que podemos apreender, igualmente, a crítica de Lacan (1974/2003e) à justiça distributiva e aos direitos de igualdade, na medida em que a radical alteridade contida na mensagem é o que permite escapar à ânsia pelo reconhecimento do Outro – que não existe como todo, ou seja, por ser também castrado, por ser uma alteridade radical e igualmente sujeito ao rochedo da castração. Nos termos do autor:

> *Aqui, igualmente, o poderio uniformizador de uma certa lei de igualdade, a que se formula na noção de vontade geral [em referência a Rousseau]. Denominador comum certamente de um respeito de certos direitos chamados, não sei por quê, de elementares, mas que pode igualmente tomar a forma de excluir de seus limites, e também de sua proteção, tudo o que não pode integrar-se em seus registros. (Lacan, 1959-1960/1997a, p. 239)*

Nessa importante passagem, temos os engodos oriundos do consenso estabelecido por aqueles(as) que já se encontram em uma situação de poder de igualdade, isto é, entre iguais. Humanos têm seus direitos humanos garantidos, o que invariavelmente não ocorre com os(as) que estão de fora da pretensa universalidade igualitária. Então, na medida em que a cidadania se torna objeto dos mecanismos do poder estatal, ou seja, de seus aparatos de controle administrativo e

---

como sujeito de desejo. Para o autor, é nesse sentido que o reconhecimento tem uma função civilizatória, a de reconhecer o desejo: "É por isso que seu desejo [do sujeito] é suscetível da mediação do reconhecimento. Sem o que toda função humana só poderia esgotar-se na aspiração indefinida da destruição do outro como tal." (1953-1954/1986, p. 198). Em suma, pode-se dizer, com Dunker (2016), que um verdadeiro ato de reconhecimento é aquele que implica a mediação simbólica, o reconhecimento do desejo como desejo do Outro, enquanto o falso reconhecimento é aquele que redunda no narcisismo, em que o outro é tomado a partir de si mesmo.

disciplinador como uma máquina pretensamente dessubjetivada, encontramos a manifestação de outro tipo de laço social. Na esteira do advento da pós-modernidade, como enfatizou Lacan no contexto dos anseios do movimento estudantil de maio de 1968, encontramos em funcionamento o discurso do universitário.

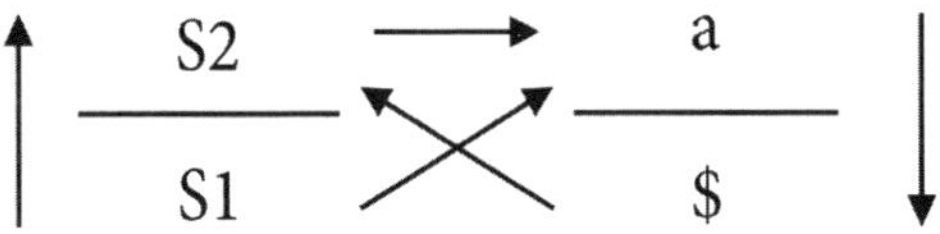

Figura 3.5 Discurso universitário.

Nesse discurso, faz-se prevalecer um diferente tipo de domínio, marcado pelo saber dos(as) especialistas e pela burocracia do Estado, onde o outro cidadão(ã) está sempre em uma posição de minoridade. Aqui, temos o saber (S_2) de especialistas em políticas públicas que se dirige ao outro (*a*) por seu ato de educar o desejo, o que pode ser ilustrado pelo dito iluminista de Rousseau (1762/2011): "Como uma multidão cega, que frequentemente não sabe o que quer, porque raramente sabe o que é bom para ela . . . O povo sempre quer por si mesmo o bem, mas nem sempre por si mesmo o vê." (pp. 90-91). Caberia então ao(à) gestor(a) saber o que é bom para o bem-estar de todos. Nessa lógica e conforme o princípio de Rousseau, aqueles(as) que não aderem à vontade geral do bem comum público seriam recalcitrantes ao bem de sua própria satisfação privada. Uma lógica que também pudemos acompanhar com a teoria da escolha racional do subcapítulo anterior.

O que fica escondido no lugar da verdade, mas sustentando este discurso, é o significante mestre (S_1), que é representado pelo autor dotado de um imperativo de tudo saber. No que concerne ao tema deste livro, esse imperativo pode se materializar nos critérios de eficácia e eficiência do(a) gestor(a) em políticas públicas (S_2). Assim, como produto da objetificação da cidadania cientificamente administrada (*a*), isto é, tomando os(as) cidadãos(ãs) como objetos das políticas públicas, temos o sujeito ($) que se revolta ou mesmo produz sintomas ao ser tratado como objeto. O educar, como orientado pela ciência moderna, é baseado na articulação em que o S_2 (todo ou tudo-saber) dirige-se ao outro (*a*) na condição de não estar pronto ou, em outros termos, na posição de *infans* – aquele que ainda não fala, não está formado, educado ou adaptado (Ariès, 1981). Com o S_2 no lugar do agente, encontramos a burocracia que impregna aqueles(as) que servem à máquina pública como sujeitos pretensamente dessubjetivados. Desse modo, como sintoma e revolta inerente ao lugar de *infans*, a quem se dirigem políticas super-racionais e técnicas do Estado, encontramos o sem-fim de demandas dirigidas ao Estado, de queixas imbuídas em uma posição de impotência da cidadania frente à ineficácia e ineficiência das políticas públicas em atingir a plena satisfação.

A fim de avançarmos, cabe questionar se é o caso de insistir no engajamento em ilusões que visam garantir sempre e a cada vez que as infindáveis demandas sejam atendidas pelo Estado, mesmo que elas comportem os engodos do bem comum ou bem-estar para todos. O real insistente atesta o impossível do fechamento de nossas coordenadas simbólico-imaginárias, o que condiz, justamente, com a incompletude do sujeito. Essa inscrição simbólico-imaginária consiste em um corte que atravessa o caldo de nossa cultura, sendo as próprias coordenadas para a edificação da realidade. O mal-estar insiste como se fosse impossível escaparmos dele, a não ser correndo o risco histérico de Antígona.

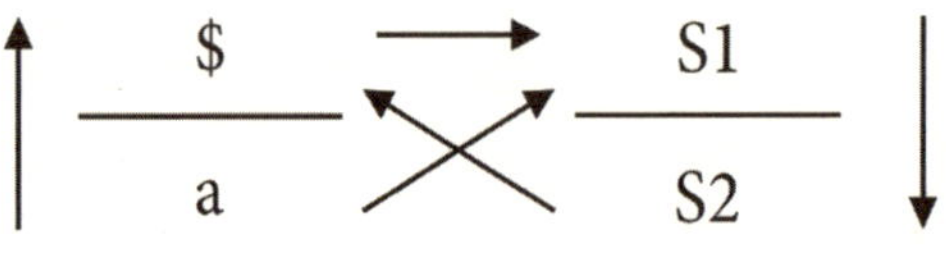

Figura 3.6 Discurso histérico.

Nesse laço social, o que está escondido no lugar da verdade, sustentando o discurso do sujeito ($), é o objeto *a*. Do outro lado, temos o significante mestre (S_1) e, na produção, o saber (S_2) fabricado pelo mestre. O laço social histérico é o que busca um mestre para desmascará-lo e, ao marcar a falta do/no mestre, coloca-se como falo (o significante do desejo) para estimular o desejo do mestre e, logo depois, furtar-se como objeto. Daí a marca da insatisfação de seu desejo, revelando sua divisão subjetiva ($). Para ilustrar o alcance dessa elaboração, conforme observou Lacan (1963-1964/1997b): "Deus é inconsciente" (p. 32). Com isso, podemos apreender que não só existe uma tendência de crer inerente à subjetividade humana, que anseia um mestre, como a própria instância do Outro é resultado da articulação significante inerente ao pensamento (S_1 - S_2 - S_n), outra forma de dizer que a histeria é o inconsciente em exercício para todo sujeito falante.

O modo de funcionar da crença se assenta na cisão (*Spaltung*) e no desmentido (*Verleugnung*), típicos do fetiche, algo como: "Sei que não há Outro, mas ainda assim, secretamente, acredito Nele", inerente à fantasia perversa do(a) neurótico(a) (Žižek, 2012a). Isso porque a fantasia encontra-se como suplência à falta oriunda da castração, buscando tamponá-la. Dessa forma, por meio de demandas impossíveis de serem realizadas plenamente, demandas dirigidas a um Outro supostamente pleno e poderoso, o que se evidencia é um desejo de que nada efetivamente mude, para que se mantenha o gozo de uma satisfação com a insatisfação. Em outros termos e conforme a dinâmica do discurso histérico, para que se mude nada.

> *Quando hoje a esquerda bombardeia o sistema do capital com exigências que este evidentemente não consegue atender (Pleno Emprego! Manter o Estado assistencialista! Todos os direitos aos imigrantes!), ela está fazendo um jogo de provocação histérica, de dirigir ao Mestre uma*

> *exigência que lhe será impossível satisfazer, expondo assim a sua impotência.* (*Žižek, 2003, pp. 78-79*)

Nesse discurso, mesmo que se apresente como um dos avessos da civilização por levar em conta o objeto *a*, ainda estamos sob o rochedo da castração. Eis um impasse situado sob uma negatividade frente à Lei simbólica a qual o sujeito está submetido, restando a imaginarização fantasmática trazida pela ilusão de completude ou bem-estar. No entanto, vale ressaltar que o discurso histérico, a histerização, é provocado na entrada em análise e, portanto, tem uma função no contexto de uma experiência de análise. Além disso, podemos refletir no papel desse discurso em apontar as falhas ou furos nas gestões governamentais, nos dispositivos de poder que provocam, por vezes, a convulsão social ante o governo, fazendo a greve. Trata-se de reconhecer, desse modo, a importância desse discurso não como saída, mas como provocação à causa do mal-estar na civilização e, ainda, da importância da histerização como manejo em direção à mobilização do desejo de saber, no sentido da divisão do sujeito, do sintoma.

Em um passo a mais, no cerne dos impossíveis que mais diretamente se apresentam neste livro e que subsidiam minha questão sobre o lugar da psicanálise nas políticas públicas, encontramos o psicanalisar. Afinal, o discurso psicanalítico está às voltas com o impossível de curar, pois não há cura do inconsciente. A via política da psicanálise se assenta no sintoma, como aquilo que se opõe à adaptação de qualquer realidade, que é sempre discursiva (Lacan, 1972-1973/1985). Ao ressaltar o sintoma, temos aquilo que o sujeito faz para tentar dar conta de sua falta fundamental, pois, como conceituou Freud (1919/2010d), os sintomas são sempre satisfações substitutivas ao impossível de satisfazer plenamente, apesar de provocarem sofrimento.

A aposta política contida no discurso psicanalítico centra-se em uma subversão do sujeito, para que se possa passar da impotência do rochedo da castração à impossibilidade lógica em uma assunção à castração. Trata-se de bem-dizer o sintoma em sua singularidade, rumo a alternativas diferentes daquelas coordenadas simbólico-imaginárias fixadas na fantasia – coordenadas que fazem da neurose um lugar relativamente acomodado para se viver (Lacan, 1971-1972/2012). Nesse discurso, temos o(a) psicanalista que faz semblante de objeto causa de desejo (*a*) do sujeito em uma análise:

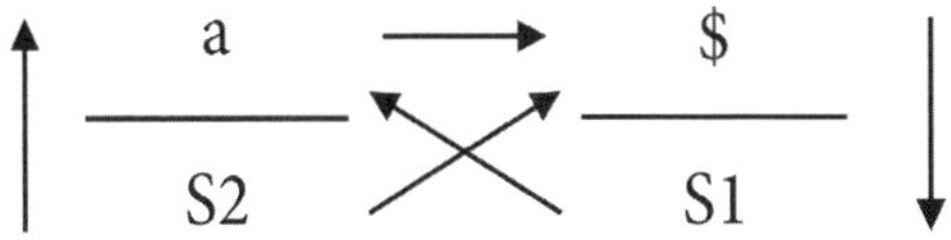

Figura 3.7 Discurso do analista.

O saber (S_2), situado no lugar da verdade, é o da construção da fantasia fundamental em uma análise e se refere a um saber sobre a castração. Do outro lado, encontramos o sujeito do inconsciente que está causado pelo desejo de saber sobre a sua divisão subjetiva, o seu sintoma (sua fixação de gozo). O significante mestre no lugar da produção é um S_1, mas trata-se de um significante que não é mais dotado de consistência. Ao contrário, é um traço de desidentificação aos ideais do Outro: quando o sujeito pode enfim desalienar-se das coordenadas de seus significantes-mestre primordiais. O que se desponta nesse discurso é a ética psicanalítica, que leva em conta a divisão subjetiva, o desejo, a fantasia e, portanto, o sujeito do inconsciente. Tal formulação aponta para uma lógica específica que é a do não-todo, conforme as fórmulas da sexuação de Lacan e que serão trazidas no sétimo capítulo.

Encontramos dois destinos diferentes às formas como a política pública e a psicanálise tratam seus impossíveis. A política pública – conforme trouxe com Amartya Sen e seus desenvolvimentos sobre o impossível de uma justa métrica – visa consensos parciais, em que ao sujeito e à civilização restam uma sobrevivência à parcialidade das (in)satisfações públicas e privadas. E a psicanálise que leva em conta a parcialidade da satisfação pulsional e seus efeitos de mal-estar no pacto civilizatório. No entanto, diferentemente da política pública como "arte do possível" calcada na aposta da razão pública sobre valores ponderados em termos de um bem comum ou bem-estar para todos, a psicanálise não advoga a resignação do sujeito e da civilização diante da impotência a satisfazer.

A psicanálise, como observaram Fingermann e Dias (2005), entende que certo modo de apreensão do "bem" leva ao pior. A fim de cingir o pior da barbárie na civilização, é preciso considerar a causa desse pior em um cálculo que conduza ao fim da série que faz o sujeito insistir em dar consistência ao Outro. Assim, enquanto a matemática traz o "limite da série", a psicanálise propõe-se a "calcular essa razão e dar um fim à série" (p. 40). De forma análoga, Freud, com sua segunda tópica e a noção de rochedo da castração, engendrou uma leitura de insistência ao Pai como aquilo que permite dar sentido (sem fim) às coisas, enquanto Lacan, em seu acento à primeira tópica, dedicou-se a formalizar uma experiência que trata a parte "mal-dita" do sujeito, aquilo que "constitui o âmago do ser", denominando-o de objeto *a* (p. 46).

Quando não emprega a força de forma direta pelo uso tido como legítimo, o discurso da política insiste no consenso e, muitas vezes, manipula e inibe o debate, forçando o possível sob a retórica do bem comum. Enquanto isso, a psicanálise não só aponta o logro contido nesse discurso – indicando que o consenso pode ser entendido como efeito de sugestão –, como também aponta para um lugar de resistência, e não de sobrevivência nem de subserviência aos dispositivos de poder. Assim, podemos conjeturar inicialmente que não ceder aos discursos de poder – mesmo que um(a) psicanalista se encontre no interior dos dispositivos de poder do Estado, nas políticas públicas – é condição para que um(a) psicanalista se situe como psicanalista na pólis.

> *É exatamente esta a dificuldade daquele que tento aproximar tanto quanto posso do discurso do analista – ele deve se encontrar no pólo oposto a toda vontade, pelo menos confessada, de dominar. Disse* pelo menos confessada *não porque tenha que dissimulá-la mas porque, afinal, é sempre fácil voltar a escorregar para o discurso da dominação, da mestria. (Lacan, 1969-1970/1992b, p. 72)*

No entanto, como ressalta o autor, é fácil escorregar na mestria ou dominação, especialmente por meio do *véu* da boa intenção, de se querer o bem ao outro. Mas o que a peste da psicanálise trouxe à civilização foi que a política do sintoma vai na contramão da dominação a que o mestre, com seu governo, esforça-se por gerir. Como sinaliza Soler (1998), o mestre esforça-se por gerir os modos de gozo "para todos" ao preço da "exclusão do impossível de universalizar" (p. 258). A política do sintoma, conforme elucida a psicanálise, revela que o desejo e o gozo insistem articuladamente, contrariando o comando e os empuxos de consentimento que chegam até a provocar convulsão social às pretensões de bem gerir o desejo e conter as diferentes modalidades de gozo dos sujeitos. O sintoma ressalta a singularidade, "cria a diferença", é "rebelde à universalização, ele é princípio de dissidência" (p. 395).

Desse modo, entendo que o sintoma é revolucionário, na medida em que se insurge à revelia do sofrimento, como uma solução de compromisso não totalmente satisfatória, mas que aponta para o sentido da falta. Quanto ao que se pode esperar em termos de fim de uma análise, o sintoma traz também uma potência subversiva, na medida em que é uma nova forma de o sujeito relacionar-se com ele. Enfim, o sintoma nos diz de uma divisão na subjetividade e se faz presente na civilização, mesmo que esse sintoma se revele como excesso de adaptação à realidade, como a de um sujeito bem adaptado a um discurso. O sintoma perturba esse ajustamento à boa ordem, que é o objetivo do discurso do mestre, ou seja, bem gerir o sintoma, pretendendo universalizar as formas de gozo, excluindo a singularidade subjetiva.

> *Para governar o gozo, orientá-lo e contê-lo, o discurso do qual se engendra nossa realidade fabrica semblantes a gozar para todos. Isso nunca é inteiramente alcançado, já se sabe, e é bem por essa razão que esta não poderia abster-se de uma política (em sentido lato) que ponha os recalcitrantes à sombra, se não em cemitérios, ao menos nas masmorras, e também de um corpo de terapeutas chamados a retificar, a reduzir o sintoma. Tal como Freud observou com os neuróticos de guerra, do ponto de vista político, o insubmisso e o doente são o mesmo: contraditores de gozo. (Soler, 1998, p. 259)*

4. Uma verdade recalcada

Este bem não evita o retorno do pior, o retorno
do real excluído pela política do bem-estar.

Fingermann e Dias, 2005, p. 52

Neste capítulo, vamos nos debruçar sobre o bem a partir da psicanálise freudiana e lacaniana, buscando ampliar a reflexão sobre o tema deste livro. Afinal, a psicanálise "se ocupa muito especialmente do que não funciona", a saber, "do real" (Lacan, 1974/2005c, p. 63). Para iniciar as reflexões sobre isso que não funciona – levando em conta, por exemplo, a pesquisa apresentada no prólogo sobre os índices de insatisfação acerca do bem-estar público (Ibope, 2014) –, avançarei as discussões sobre a posição de impotência do sujeito diante da impossibilidade da plena satisfação.

Como desenvolverei a partir da teoria psicanalítica, o bem é justamente aquilo que o sujeito interpreta como o que lhe falta, acredita poder completá-lo, mas que, paradoxalmente, encaminha-o na contramão de seu desejo. Veremos que é nesse sentido que a psicanálise apresenta-se orientada por uma "política da falta" (Quinet, 2009, p. 46), já que um(a) psicanalista é aquele(a) que estaria advertido(a) dos engodos oriundos do "serviço dos bens", conforme trouxe Lacan

(1959-1960/1997a, p. 381), antes das formulações sobre o objeto *a*. É por essa razão que o autor referiu que todas as promessas de se atender às demandas por bens se encontram em uma posição de "trapaça", tendo em vista o desejo inconsciente (p. 364). No entanto, será importante discutir como o discurso do capitalismo denega a castração, a falta constitutiva do desejo, fazendo crer que seria possível satisfazer, por meio desses bens, uma promessa de plenitude de gozo.

Como abordei anteriormente, as políticas públicas apresentam-se insuficientes à plena satisfação, inserindo-se imaginariamente como suposto remédio para saldar o mal-estar na civilização. Como sintoma disso, emergem não apenas infindáveis demandas por mais políticas impossíveis de satisfazer, mas também, um possível gozo contido em políticas que são feitas para que nada funcione, de modo que se mantenha a insatisfação. Tendo isso em vista, é possível pensar em políticas concebidas para satisfazer a insatisfação? Para investigar esse possível paradoxo, tomarei como hipótese uma verdade recalcada no interior da política, de modo que políticas públicas possam se oferecer à impotência de satisfazer. Essa suposta verdade, entendida em referência a uma insistência liberal na política, é oriunda do fenômeno que pude extrair no segundo capítulo, ao abordar as políticas sociais sob um eixo histórico, especialmente com a derradeira emergência do *new welfarism*, do neoliberalismo nessas políticas.

Vale ressaltar que não se trata de uma novidade apreender certos fenômenos histórico-culturais e políticos por meio dos fenômenos inconscientes. Freud mesmo, ao longo de sua obra, especialmente nos textos considerados sociológicos, teceu elaborações nesse sentido. Em *Moisés e o monoteísmo*, por exemplo, fez uma longa investigação, sintetizando o que apreendera desde *Totem e tabu*, ao ressaltar o fenômeno do retorno do recalcado na emergência das religiões judaica e cristã e, no que me interessa mais diretamente neste livro, a constatação do progresso estar aliado à barbárie, como um efeito de retorno do recalque do assassinato do pai da horda primitiva – fenômeno que vimos também no segundo capítulo com a teoria da anaciclose.

Ao retomar a figura do herói nesse trabalho, Freud (1939/1996g) enfatizou esse "rebelde contra o pai" que, após assassiná-lo, engendrou o retorno do recalcado, mesmo que na forma da "'culpa trágica' do herói do teatro" (p. 101). Com isso, acentuou o que desenvolveu no sentido de uma não separação entre uma psicologia individual e outra social, entre as dimensões privada e pública. Desse modo, o impulso contido no conteúdo reprimido é transmitido através das gerações por meio do simbólico da linguagem, como uma herança arcaica transmitida pelas tradições, ou ainda como na experiência do inquietante (*Unheimlich*), isto é, sobre aquilo que deveria ter ficado esquecido, mas que retornou como insistência em termos de uma necessidade de elaboração.

> *Aprendemos das psicanálises de indivíduos que suas impressões mais primitivas, recebidas numa época em que a criança mal era capaz de falar, produzem, numa ou noutra ocasião efeitos de um caráter compulsivo, sem serem, elas próprias, conscientemente recordadas. Acreditamos que temos o direito de fazer a mesma presunção sobre as experiências mais primitivas da totalidade da humanidade. (Freud, 1939/1996g, p. 144)*

Desse expediente freudiano, depreende-se um projeto ambicioso, porém incoercível, da psicanálise em extrair fenômenos do inconsciente de certos fenômenos sociais, históricos e políticos, especialmente por meio do conceito de recalque. Nessa mesma passagem de *Moisés e o monoteísmo*, o autor ainda asseverou que uma ideia que "traz um retorno do passado" "deve ser chamada de verdade" (p. 144). Pôde, enfim, formular que as verdades históricas são atravessadas pelo inconsciente, o que nos faz pensar sobre o fenômeno da reprodução daquilo que se pretende combater, que aprofundarei neste e nos próximos capítulos.

A fim de avançarmos, para além das razões matemáticas que revelam a métrica da satisfação impossível em políticas públicas, investigarei as causas e os possíveis desdobramentos desse impossível, buscando saídas, se possíveis, para o rochedo da castração nas políticas públicas – ao menos se pretendemos situar um(a) psicanalista nessas políticas. Para abordar essa questão, retomarei partes do caminho que nos levou ao tema da métrica da satisfação pública e privada como impossível. Em seguida, trarei algumas considerações sobre o liberalismo, desde a filosofia do direito natural, o contratualismo, passando pelo Iluminismo e a Revolução Francesa, a partir de um eixo de crítica sobre as pretensões abstratas da liberdade liberal e do fenômeno da emergência de um conservadorismo aparentemente paradoxal no interior do liberalismo.

A partir dessa reflexão, será possível melhor apreender a hipótese que chamarei de um "liberal-conservadorismo" na política, tendo-o como manifestação de um recalque que faz emergir sintomaticamente fenômenos não libertários no próprio liberalismo. Indicarei que isso possivelmente justifica políticas que são feitas para efetivamente não funcionar, de modo a conservar o *status quo*. Trarei o conceito de repetição em psicanálise para abordar esse fenômeno, de modo que possamos, talvez, apreender a insistência do liberalismo na política e seus efeitos entrópicos.

Tendo em vista o que apresento como uma verdade recalcada, de um liberalismo na política, lançarei uma questão que servirá para os desdobramentos seguintes deste livro: se haveria entranhado em nossa subjetividade um liberal-conservadorismo que pudesse justificar esse fenômeno. E, diante disso, questiono se restaria ao sujeito resignar-se ao rochedo da castração e fazer sucumbir, enfim, sua potência inconsciente revolucionária e subversiva – aspectos que distinguiremos nos momentos finais deste livro. Afinal, o que caminha mal em uma análise, assim como nas políticas públicas, pode revelar que o "querer o bem" leva ao pior tanto em psicanálise quanto nas políticas públicas. Sobre isso, recordemos a observação lacaniana sobre a facilidade com que podemos escorregar para o discurso do mestre, o da dominação:

> *A colusão dessa imagem [de fechamento esférico, totalizante] com a ideia de satisfação, eis contra o quê temos que lutar cada vez que encontramos alguma coisa que faz nó no trabalho de que se trata, o do descobrimento pelas vias do inconsciente. É o obstáculo, o limite, ou melhor, é a névoa na qual perdemos a direção e onde nos vemos obstruídos. (Lacan, 1969-1970/1992b, p. 31)*

Nesse sentido, a sensação de impotência em se atingir o bem revela o tanto de impostura contida nas pretensões de se querer o bem ao outro, como abordamos desde o primeiro capítulo deste trabalho. Nos termos de Lacan (1971-1972/2012): "Daí resulta que a análise inverte o preceito de 'fazer o bem e deixar falar', a ponto de o bem-dizer satis-fazer" (p. 235). Afinal, vimos como a política pública encontra-se como uma arte do possível, enquanto a psicanálise está às voltas com uma subversão que vai da impotência ao impossível. No entanto, atentemos aos riscos que uma psicanálise pode incorrer no interior dos dispositivos de poder do Estado, isto é, diante dos empuxos de fechamento esférico, plena satisfação e governo. Será possível depreender que os discursos do mestre e do psicanalista podem se revelar como um verso-reverso que espreita o(a) psicanalista – em sua ética, clínica e direção política. Em outros termos, àquele(a) que se situa entre Buda e Peste pode incorrer na concepção ocidental do Buda, na forma de uma mestria.

O estatuto do bem em psicanálise

Nesse momento, vamos nos debruçar sobre o tema do bem a partir da psicanálise freudiana e lacaniana. Afinal, a psicanálise "se ocupa muito especialmente do que não funciona", a saber, "do real" (Lacan, 1974/2005c, p. 63). E para iniciarmos esse trágico percurso sobre aquilo que não funciona, retomarei brevemente o drama edípico.

Na *Traumdeutung*, Freud (1900/1996a) comentou a peça *Édipo Rei* de Sófocles, ressaltando que o desenvolvimento desse drama pode ser comparado ao trabalho psicanalítico. Isso porque o processo de revelação se dá por meio de "engenhosos adiamentos e sensação sempre crescente" de que Édipo assassinou Laio, seu pai, e desposou Jocasta, sua própria mãe, sem o saber (p. 288). Após cumprir-se o trágico destino predito pelo oráculo, diante de tamanho horror, após ter sua verdade revelada, Édipo acaba por se exilar e furar os próprios olhos. Como se pode depreender, frente à tragédia de seu destino, restaria como derradeiro a fragilidade impotente desse herói:

> *Diz-se que seu efeito trágico reside no contraste entre a suprema vontade dos deuses e as vãs tentativas da humanidade de escapar ao mal que a ameaça. A lição que, segundo se afirma, o espectador profundamente comovido deve extrair da tragédia é a submissão à vontade divina e o reconhecimento de sua própria impotência. (Freud, 1900/1996a, p. 288)*

A comoção da plateia não se daria em razão do herói não escapar ao seu destino, mas, ao contrário, pelo reconhecimento de uma força compulsiva do destino, em seu caráter profundamente arbitrário. Haveria uma identificação com o herói na medida em que seu destino "poderia ter sido o nosso – porque o oráculo lançou sobre nós, antes de nascermos, a mesma maldição que caiu sobre ele" (p. 289). A maldição dá-se em razão do desejo somente se realizar ao contrariar as proibições morais do incesto e do assassinato fraterno. Daí que o desejo confira ao humano uma impotência desalentadora.

Ao avançar sobre outra época da civilização, Freud abordou a tragédia de Shakespeare, *Hamlet*, cujo desejo permanecia recalcado. A inibição desse herói em vingar-se daquele que matou seu pai se dava em razão do assassino ter se tornado amante de sua mãe. O que ocorre é que, se cumprisse a vingança, Hamlet realizaria o desejo inconsciente que o assassino representava ao ocupar o lugar de seu pai no triângulo edípico.

Nas duas histórias, encontramo-nos sob os desígnios trágicos da neurose. A psicanálise, até aqui, restringia-se à dimensão da revelação daquilo que subjaz ao desejo inconsciente no interior da cultura e no próprio tratamento. E Freud teria, talvez pelo empuxo de seu tempo, restado sob a impotência do destino. Assim, o humano corresponderia ao que se apresenta de maneira claudicante na civilização, pois o rochedo da castração faz com que o desejo seja equivalente a uma falta, isto é, remete à falta de um significante que possa dizer definitivamente o que o sujeito "é" e também à falta de um objeto (*a*) que sature seu desejo. A plenitude, ou se preferirmos, a felicidade, seja lá o que isso for na singularidade do sujeito com relação àquilo que ele(a) interpreta como o bem que lhe falta, encontrar-se-ia como uma ilusão.

Lacan (1959-1960/1997a), ao retomar a frase de Saint-Just de que a felicidade se tornou um fator de política, pôde constatar que as demandas de felicidade dirigidas ao Estado se situam sob a crença de que seria possível haver plenitude ou bem-estar. Conforme já ressaltei, o resultado dessa injunção impossível se encontra na ideia de que "*Não poderia haver satisfação de ninguém fora da satisfação de todos*" (p. 350, grifos no original). Dito de outro modo, o bem comum – aquilo que traria a felicidade e o bem-estar para todos – situa-se como um impossível no âmbito de sua pretensa satisfação pública e privada. Nesse ínterim, Quinet (2009) alerta que a via desse bem comum, comunitário ou fraterno conduz o sujeito na contramão de seu desejo. Daí que um(a) psicanalista seja aquele(a) que, advertido do desejo inconsciente, aponta para além do impossível, implicando a falta como inerente ao desejo e tendo como fundamento uma ética que condiz com uma política da falta.

Para Lacan (1958/1998d), essa política da falta relaciona-se ao que Freud abordou sobre o falo, ou seja, de que só haveria felicidade no falo. Numa primeira abordagem, o falo conduziria à felicidade por ser um objeto que imaginariamente traria o poder da completude. Ora, o bem é aquilo que o sujeito acredita poder trazer-lhe a felicidade por ser justamente aquilo que falta. É no sentido de uma política situada pelas capturas do falo imaginário que Lacan (1959-1960/1997a) refletiu sobre o que chamou de "serviço dos bens", isto é, todos aqueles bens tidos como preciosos e caros à burguesia: "bens privados, bens de família, bens da casa . . . bens do ofício, da profissão, da Cidade" (p. 363). Bens almejados desde a industrialização, como esboçamos com o filme *Germinal*, bens que a geração *Tupperware* fizeram constar com seus potes plásticos tecnológicos e as políticas de bem-estar do *Welfare*. Nesse sentido, retomemos a seguinte observação freudiana:

> *O analista que, tendo o coração solícito, digamos, dá ao doente tudo o que um indivíduo pode esperar de outro, incorre no mesmo erro econômico de que os sanatórios não analíticos são culpados. Estes objetivam apenas tornar tudo o mais agradável possível para o doente, a fim de que ele se sinta bem e goste de lá [para ali] se refugiar das dificuldades da vida . . . o doente deve conservar bastantes desejos não realizados. É apropriado recusar-lhe justamente as satisfações que ele deseja de modo mais intenso e sobre as quais se manifesta do modo mais premente. (Freud, 1919/2010d, pp. 287-288)*

As promessas dos bens em uma sociedade, de que seria possível atender à demanda de felicidade para todos, encontram-se em uma posição essencialmente de "trapaça" (Lacan, 1959-1960/1997a, p. 364). Conforme depreendo do que Lacan desenvolveu anos depois, encontramos em funcionamento o discurso do capitalista no interior do serviço dos bens. Trata-se de uma mutação do discurso do mestre com o advento da modernidade, conforme o autor sinalizou no seminário *O avesso da psicanálise*. É um discurso que exclui o outro do laço social na medida em que os sujeitos passam a se relacionar com os objetos-mercadorias oferecidos pelo capitalismo. O que se visa é o sucesso individual engendrado pela quantidade de objetos envoltos de uma falsa promessa de completude, mascarando a castração do sujeito e proclamando o acesso ao objeto que satisfaria ao desejo, isto é, um gozo pleno.

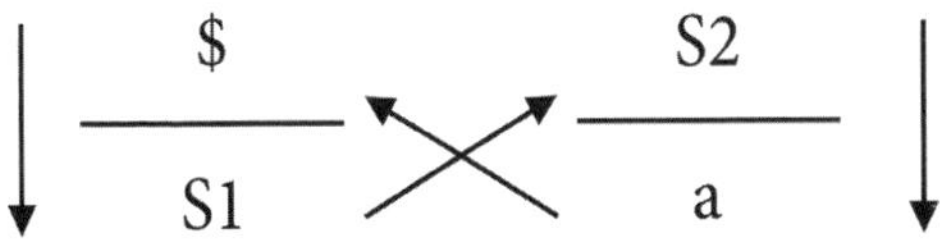

Figura 4.1 Discurso do capitalista.

O sujeito ($) passa a ocupar o lugar de agente, e o saber (S_2), o lugar do outro. As flechas são modificadas, revelando que o sujeito, ao invés de comandar o objeto, é comandado pelo mais-de-gozar, agora condensado em mercadorias e em uma relação direta de conveniência. O saber (S_2) está submetido ao saber da ciência: assujeitado ao saber e às técnicas especializadas da ciência, indústria, economia e informação de massa que buscam tamponar o desejo, ou seja, a falta estrutural do sujeito (Lacan, 1972/1978; Soler, 1998; Gonçalves, 2000).

O S_1, posicionado no lugar da verdade, é o do Um sozinho, individualizado e que evoca a "fragmentação das comunidades" (Soler, 1998, p. 287). O sujeito aí engendrado goza, como nos outros discursos, de onde emerge a voz do supereu: "Goza!", mas que, aqui, revela-se como um imperativo a não se consumar para que haja "falta-de-gozar" sempre (Lacan, 1971/2009, p. 166). Tal aparelhamento de gozo é comparável à acumulação infindável de capital abstrato pelo sistema financeiro, aos inúmeros potes de plástico com tampas perdidas em armários de cozinha. Eis a conta que não fecha para além do rochedo da castração: o mais-de-gozar como o que excede sempre.

A *Tupperware* pode nos ajudar na apreensão do conceito de gozo, conforme seu aparelhamento em laços a-sociais, segundo o discurso capitalista: são potes plásticos que servem para armazenar e que criam uma ilusão de não haver perda, trazendo a promessa do pleno bem-estar por meio de mais bens a serem consumidos ou usados manifestadamente para consumir. Nesse discurso, o Eu do registro imaginário se torna uma instância privilegiada, em que o que se visa é o sucesso individual, fomentado pela quantidade desses bens. Ao prescindir do outro e excluir a intermediação dos laços sociais, os sujeitos são reconhecidos pelo seu poder de consumo. São os bens oferecidos pelo capital, os *gadgets* ou latusas,[1] que produzem o lugar a ser ocupado na sociedade. Nas palavras de Rosa (2006): "a verdade do sujeito e de seu objeto de gozo nos sujeitos do capitalismo avançado é a do atravessamento da lei do mercado na lei do desejo" (p. 106). Isso se dá na medida em que se tornam sujeitos consumidores e consumidos pelos objetos de consumo, em vez de sujeitos divididos, conforme a dialética da demanda e do desejo inconscientes.

Tais objetos são envoltos, imaginariamente, de uma pretensa completude e mascaram a real ex-sistência do sujeito, isto é, seu descentramento em função da castração, do significante e da perda do objeto primordial, por isso incompleto e insatisfeito por estrutura. Nas palavras de Lacan (1969-1970/1992b), o que sobressai nesse

---

1 Neologismo criado por Lacan (1969-1970/1992b, p. 172) cujo termo, em francês, rima com "ventosa".

discurso não é o sujeito dividido do inconsciente, mas o sujeito completado por seu "mais-de-gozar" que "se contabiliza, se totaliza" via acumulação de capital, acumulando mais e mais potes plásticos, rejeitando a castração (p. 189). Existe sempre uma conta que não fecha em função desse mais-de-gozar, não só na economia e na macropolítica, mas também na subjetividade singular do sujeito.

No interior do que se convencionou chamar de "pós-modernidade", o que os Estados, as ciências e os mercados passam a objetivar com suas políticas, verdades e seus produtos é justamente uma universalização, mesmo que ao preço da manutenção da segregação dos diferentes em relação à norma liberal. Assim, a partir do escopo teórico da psicanálise lacaniana, o único sintoma que se poderia dizer "social" se refere ao indivíduo como "proletário", já que "ele não tem nenhum discurso com que fazer laço social" (Lacan, 1975, p. 182). Ao empregar o termo "indivíduo", o que sobressai não é o sujeito dividido do inconsciente, isto é, dividido pelo significante e pelo objeto *a*, mas o sujeito supostamente completado por seu mais-de-gozar, em razão das políticas, verdades e produtos que o discurso do capitalismo pretende universalizar.

Desse modo, pode-se também conjeturar que, no discurso do capitalista, as políticas públicas (*a*, como produto) apresentam-se sob a égide do *new welfarism* de inserção produtiva e do novo gerencialismo público (S_2), tendo por objetivo que os(as) supostos(as) "beneficiários(as)" ($) não sejam receptores(as) passivos(as) ou dependentes das políticas públicas do Estado (S_1), conforme discuti no segundo capítulo. Sob as novas roupagens do liberalismo, encontra-se um ataque ao Estado de Bem-estar Social, fazendo prevalecer o ideário neoliberal no âmbito dessas políticas. Afinal, centrado na temática da eficiência, o *new welfarism* concebe o enxugamento do Estado na provisão do bem-estar, o que pode justificar os resultados da pesquisa sobre os Indicadores de Referência de Bem-estar no Município de São Paulo (Ibope, 2014), onde se constatou uma concentração dos índices de insatisfação relacionados ao bem-estar público e os de satisfação ligados ao campo individual, da vida relacional, religiosa e do consumo privados.

Vigora a ideia de que as políticas públicas não funcionam, funcionam mal ou mal funcionam. Daí que o melhor seja recorrer ao bem privado, ao que cada um(a) considera ser um bem para si mesmo(a). Mas, independentemente da veracidade ou do grau de imaginarização contida nessas inferências e percepções, pode-se dizer que as políticas públicas se apresentam como potencialmente iatrogênicas, já que podem funcionar como uma fantasia de que haveria bem-estar para todos, alçando-se no ideário do bem comum. Essas políticas são atravessadas pelo real dos impossíveis inerentes ao mal-estar na civilização, contido nas promessas impossíveis de se governar, educar, psicanalisar e fazer desejar.

No discurso do capitalista haveria uma injunção superegoica a um fazer gozar. Algo como: "Pesque!", mesmo sem haver linhas para pescar ou peixes, de modo que pescar seja o que se deve desejar e que isso seja condição da inscrição como cidadão(ã). Aqui, essas políticas estariam envoltas do cinismo do(a) gestor(a) (S_1) do novo gerencialismo público, que age segundo uma lógica perversa na qual o sujeito sabe da castração, mas denega-a. Freud (1915/1996i) atentou sobre certos chistes e anedotas cínicas caracterizadas por "uma verdade não reconhecida que não poderia ser admitida se fosse expressa seriamente e sem disfarce", como nas palavras proferidas por um marido que diz à esposa: "Se um de nós dois morrer, eu me mudarei para Paris." (p. 308). Aqui, encontramos uma lógica em que o sujeito sabe o que faz, mas faz mesmo assim (Žižek, 2011b).

As políticas públicas apresentam-se, portanto, sob uma face negativa, sendo insuficientes à plena satisfação. Inserem-se como suposto remédio para o mal-estar e inclusive para saldar a dicotomia entre público e privado. Como sintoma disso, emergem não apenas infindáveis demandas por mais políticas impossíveis de satisfazer, mas também um gozo contido em políticas que são feitas para que nada funcione. Cabe uma questão sobre a causa desse fenômeno cínico que atribui consistência ao negativo. Isto é, apesar de pretender o bem-estar para todos, mesmo reconhecendo seu caráter impossível, como certas políticas sociais se encontram na contramão do bem comum?

Talvez possamos tomar como hipótese de que essa contradição seja efeito de uma verdade recalcada no interior da política, de modo que as políticas públicas possam se oferecer à manutenção da insatisfação ou da impotência a satisfazer. Nesse sentido, seria possível haver uma postura liberal embrenhada historicamente na subjetividade humana ocidental e, assim, manifesta na política? Se esta hipótese se confirmar, poderíamos entender por que, muitas vezes, as políticas públicas não funcionam ou são percebidas como insuficientes para satisfazer. Para além de razões matemáticas que revelam a métrica da satisfação impossível, podemos investigar suas causas, seus possíveis desdobramentos, buscando saídas (se possíveis) para esta versão do rochedo da castração, para daí pensar o lugar da psicanálise nessas políticas, na medida em que um(a) psicanalista estaria – supostamente – advertido(a) do mais-de-gozar.

(In)satisfações públicas e privadas

Para que possamos desenvolver a questão levantada, recuperemos o que nos levou ao tema da satisfação impossível em políticas públicas. Esse percurso servirá para reiterar como a ideia de um bem-estar para todos encontra-se no interior de discussões filosóficas sobre o tema da coisa pública, que são importantes para entendermos os impasses que geralmente se verificam nesse campo. Apesar de termos apreendido que as políticas públicas são dotadas de uma potência para satisfazer apenas parcialmente, isso não impede de questionar por que certas políticas que pretendem o bem-estar, a felicidade ou completude não só são insuficientes para satisfazer, como também se encontram em uma posição para satisfazer a insatisfação, condizente a uma posição de trapaça.

Pudemos acompanhar que certa noção de democracia implica, em termos de sua fundamentação conceitual, liberdades ou direitos individuais dados pela não interferência do Estado (liberdade negativa), ao mesmo tempo que se apresenta sobre princípios distributivos de poder e igualdade no âmbito dos direitos sociais, o que condiciona a intervenção do Estado (liberdade positiva). Apesar de parecerem contraditórias, ambas as dimensões se encontram idealmente conjugadas no interior das atuais abordagens integradas sobre o desenvolvimento socioeconômico. É dessa aparente contradição entre as dimensões liberal e social na configuração de algumas democracias contemporâneas que muito se discute sobre o papel dos Estados no engendramento de suas políticas públicas.

Tal asserção pode ser constatada por meio das dificuldades de conciliar os conflitos entre as dimensões de inteligibilidade e sensibilidade pública e privada presentes desde a formulação até a avaliação de políticas. São conflitos derivados de razões e percepções voltados ao que seria da ordem do bem comum coletivo e aqueles oriundos do bem privado. Mas a questão que temos diante de nós é antiga – como desenvolvi no segundo e terceiro capítulos – e versa sobre a dificuldade de equacionar necessidades e interesses individuais e coletivos, revelando-se como dilemas morais que remetem ao impossível de satisfazer.

À racionalidade pública cabe a questão sobre a quem satisfazer: a mim e/ou aos interesses de meu grupo de pertencimento ou, na abstração de tal satisfação, em prol daquilo que satisfaça o coletivo. Em outros termos, como equacionar bens públicos e privados no âmbito dessas políticas? O problema se dá em razão de boa parte das democracias, ao menos idealmente, encontrar-se aberta a disputas, conflitos de interesses, valores morais e concepções epistêmicas heterogêneos que conduzem a processos de racionalização e sensibilidade distintos. Como derradeiro, é papel do Estado buscar a argumentação necessária para justificar e convencer o público de suas ações políticas, assim como é papel da população pleitear e manifestar seus anseios, sustentando-as igualmente.

O argumento da maioria não resolve o impasse, em razão de o todo social não ser homogêneo, ou seja, por comportar diferenças em termos de recursos intelectivos, materiais e até mesmo quanto à possibilidade e o interesse de participar das decisões políticas. Tendo-se em vista a insolubilidade do problema pela perspectiva da maioria, matematicamente verificável como Sen (2010; 2011) circunscreveu, poderíamos pensar em conteúdos de políticas voltados às infinitas idiossincrasias individuais e aspirações ou necessidades particulares dos grupos de interesses. No entanto, ações voltadas às supostas "minorias", mesmo quando se sustentam como políticas afirmativas e em dívidas históricas, correm o risco de desconsiderar o princípio da maioria e, enfim, o risco de tais ações se revelarem como satisfação de interesses privados.[2]

Tomemos então como hipótese a ideia de que seja possível a realização de um bem comum, um bem-estar para todos, de modo que se satisfaçam e, ao mesmo tempo, que seja possível satisfazer a cada um(a), assim como a seu grupo de pertencimento. Teríamos, à luz dessa hipótese, um Estado pleno de harmonia, hegemônico em termos de satisfação pública e privada, como no contexto da famigerada Calípolis platônica, e que também podemos estender à idealizada cidadela democrática de Neuchâtel de Rousseau[3] ou como preten-

2 Pensemos nos inúmeros privilégios que a categorias dos altos escalões do judiciário outorgam para si próprios, repetidamente.

3 Neuchâtel era uma pequena comunidade rural suíça que apresentava uma democracia considerada "primitiva", onde todos se conheciam e se reuniam frequentemente para deliberar. Era uma comunidade que se aproximava das experiências democráticas das cidades-estados gregas. Para o autor, idealmente, o bem comum visado pelo Estado seria condizente com a reunião dos homens em "um só corpo" dotados de "uma só vontade, voltada para a conservação comum e para o bem-estar geral . . . não há interesses complicados, contraditórios, o bem comum se

deu posteriormente Kant (1784/2003) com seu axioma moral e a República ideal, a partir da ideia de uma confederação cosmopolita, como depois a Organização das Nações Unidas (ONU) foi concebida.

Nesse caso ideal, não haveria conflitos de interesses marcados por diferenças em termos de recursos intelectivos, materiais e de participação nas decisões. Teríamos um universo político cuja única inflexão necessária seria a de saber se o Estado é realmente um ente necessário. Isso porque, nesse mundo fictício, o Estado não precisaria se questionar sobre quem seria o objeto de suas ações, nem se preocupar em argumentar ou justificar suas políticas, pois não existiriam interesses a serem contrariados nem contradições. Também não seria preciso tentar infinitamente aquilatar interesses ou necessidades díspares para se alcançar uma sociedade igualitária e, ao mesmo tempo, garantir liberdades individuais, porque ambas estariam harmonizadas no interior de um mesmo universo supostamente igualitário e livre.

Entretanto, é preciso abandonar logo as divagações sobre esse mundo fictício se quisermos avançar sobre nossa realidade, e mesmo que para isso tenhamos de manter a artificialidade de certo etnocentrismo, como referiu criticamente Clastres[4] (1975). Em nosso mundo empírico, encontramos uma série de diferenças entre indivíduos, grupos e sociedades que condicionam o fenômeno do político, a formação e manutenção do Estado e, enfim, os braços de suas ações políticas que, como vimos, são voltados idealmente para o bem comum.

---

mostra por toda parte . . . A paz, a união, a igualdade, são inimigas das sutilezas políticas" (Rousseau, 1762/2011, p. 161).

4 Isso significa, conforme a continuidade do parágrafo, que afirmar a necessidade da presença do Estado, de uma representação de autoridade calcada no suposto weberiano do uso legítimo da força, parte de uma posição etnocêntrica, de uma perspectiva ocidental sobre o entendimento do que é a política e o seu exercício (Clastres, 1975). Se neste trabalho focamos nossa atenção sobre a figura do Estado é porque as políticas sociais públicas são instrumentos do Estado. Por isso não termos nos dedicado a outras formas de organização política, como se debruçou Clastres em sociedades ameríndias que não se encontram assentadas na figura do Estado.

À luz de um segundo exemplo, ainda hipotético, teríamos um mundo mais próximo de nossa realidade ao comportar diferenças materiais e imateriais entre indivíduos, grupos e sociedades. Não seria, aqui, um mundo harmônico e homogêneo por natureza, mas seria possível atingir tal harmonia em razão de todos apresentarem um mesmo processo de inteligibilidade e sensibilidade que levariam, sempre e a cada vez, a um consenso sobre o objeto e os objetivos das ações do Estado, ou seja, de suas políticas públicas.

Nessa forma também hipotética, o Estado seria um ente mediador necessário em razão da característica não harmônica e homogênea desse mundo, mas, no que concerne à ação estatal, teríamos uma equação bastante simples de resolver. A solução seria a de agir conforme a demanda. Atender às demandas, conforme elas surgissem no interior da sociedade, seria possível nesse mundo político também ideal, onde o Estado conseguiria satisfazer a todos e as suas partes, sempre e a cada vez. Aqui, seria possível aquilatar as diferenças e, enfim, fazer coincidir as necessidades e os interesses públicos e privados. Realizar-se-ia, ao final da empreitada, a mediocridade no sentido aristotélico do bem comum, conforme trouxe no segundo capítulo. Ou, o que daria no mesmo, aquilatar liberdade e igualdade por meio das boas leis, como advogavam os contratualistas.[5] Esse é, como podemos considerar a partir das premissas que lhe servem de fundamento, o mundo liberal ideal, isto é, aquele que o liberalismo pretendeu alcançar.

Na tradição do pensamento idealista, como encontramos desde a utopia platônica, é lugar comum a crença na união entre o público

5 As boas leis, segundo jusnaturalistas e contratualistas, condizem com os direitos a proteção e segurança, condições à própria liberdade. Nos termos de um segundo Rousseau (1762/2011): "Quer dar consistência ao Estado? Aproxime os graus extremos tanto quanto possível, não tolere gente opulenta nem mendigos. Esses dois estados, naturalmente inseparáveis, são igualmente funestos para o bem comum. De um, saem os fomentadores da tirania; de outro, os tiranos. É sempre entre eles que se faz o tráfico da liberdade pública: um compra e o outro vende." (p. 104).

e o privado, entre governar e governar-se, a cidadela exterior com a interior, liberdade e obediência. Para essa tradição, a política seria justamente uma arte voltada a harmonizar as atividades humanas em torno da realização do bem comum: um bem compreendido em sua dimensão inteligível (no plano das ideias), como coisa em si, ou seja, sem se preocupar em prestar contas à realidade material empírica. Isso quer dizer que, se não recorrermos a essa concepção metafísica de um mundo ideal, não poderemos jamais apreender o que seria esse "bem" que conduziria naturalmente ao bem comum.

A aspiração contida nesse ideário condiz com os anseios de união das dimensões pública e privada, mercado e Estado, bem privado e bem comum, que se encontra em conflito no cenário ainda das atuais reflexões sobre formulação, implantação, implementação e avaliação de políticas públicas, refletindo dilemas morais cujas soluções apresentadas ao longo do tempo seguem não totalmente satisfatórias. Essas questões dizem respeito a conflitos derivados de razões e percepções voltadas ao que seria ideal a essas políticas, uma equação que se resume a quem se deve satisfazer sem, contudo, apresentar a matemática devidamente eficaz para satisfazer a todos.

Assim, se viso satisfazer a todos, corro o risco de esmagar a minoria e a singularidade de cada um(a). Por outro lado, se satisfaço a cada um(a) ou a alguns(umas), a partir da dignidade de minorias ou particularidades, entro em uma espiral de demandas sem fim, correndo o risco de satisfazer interesses e necessidades privados e individualistas. Na hipótese que subjaz a esses mundos fictícios, o Estado estaria destinado a fazer de suas partes um único corpo, condizente ao sonho do Estado Liberal, ou seja, aquele mundo ideal que o liberalismo ao longo da história pretendeu realizar, mesmo que sem premeditação (Smith, 1776/2011). Vejamos os desdobramentos desse desenvolvimento para nosso tema.

Insistência liberal e fantasia do bem comum

Como acompanhamos, os preceitos liberais estão assentados na garantia dos direitos individuais, da liberdade negativa aspirada desde o tempo da nascente burguesia. Posteriormente, sob as vestes do Iluminismo, esse ideário fez-se presente nos direitos do cidadão universalmente estabelecido, fazendo esconder as dificuldades oriundas das diferenças entre indivíduos, grupos e sociedades. Rousseau (1762/2011), que serviu de inspiração aos revolucionários franceses, dizia: "Como uma multidão cega, que frequentemente não sabe o que quer, porque raramente sabe o que é bom para ela", daí que o Estado adviria como o guardião da vontade geral, pois "o povo sempre quer por si mesmo o bem, mas nem sempre por si mesmo o vê. A vontade geral é sempre reta, mas o juízo que a conduz nem sempre é esclarecido" (pp. 90-91).

Talvez seja suficiente lembrar que as ideias de liberdade, igualdade e fraternidade do Iluminismo eram, mais além de qualquer revolução, abstratas. Nesse sentido, podemos compreender melhor a racionalidade contida no direito natural que pressupunha a exclusão de conflitos em sua fundamentação ideal ao dizer que todos os homens nasceriam livres e iguais. O mesmo pode ser dito com relação à teoria do contrato social que sustentava ser possível mitigar os entraves já que era um pacto estabelecido no plano das abstrações – e não em circunstâncias materiais, históricas e inexoráveis. Em outros termos, pelo contrato civil, abria-se mão de uma suposta liberdade natural irrestrita para que fosse garantido o que se entendia como a verdadeira liberdade por meio da obediência às boas leis civis.

Ao tomar o derradeiro imperativo categórico da moral kantiana, constata-se que sua lei[6] pode ser compreendida como uma tentativa

6 Kant (1785/2009) aborda a moral sob uma perspectiva metafísica, do conhecimento formal oriundo de "meros conceitos" em sua dimensão a priori, da coisa-em-si, e, portanto, afastada de qualquer conteúdo material ou objetos e razões empíricos, em que se insere o bem-estar e a felicidade como pertencentes à

de universalizar uma vontade liberal (Kant, 1785/2009). O problema é que o imperativo só pode ser concebido por meio da negação dos ímpetos individuais e da própria realidade material. Não bastassem as dificuldades da razão prática, a lei contida nos princípios da Revolução Francesa acabou por encontrar na realidade uma resistência conservadora, como observou Nascimento (2010):

> *se é verdade que a liberdade é um princípio inquestionável, então será preciso tornar todos os homens livres, mesmo que, para tanto, seja preciso eliminar aqueles que a isso se opuserem. É assim, por exemplo, que Robespierre descreve o terror revolucionário como o "despotismo da liberdade. (p. 130)*

Logo tivemos a violenta derrocada dessa abstração super-racional pela chegada de mais uma figura autoritária e colonizadora. Mas, curiosamente, tratava-se de colocar em prática o preceito inspirador de Rousseau (1762/2011): "quem se recusar a obedecer à vontade geral será forçado a fazê-lo por todo o corpo, o que significa que será forçado a ser livre" (pp. 69-70). Como observou Žižek (2003), no cerne de sua crítica à liberdade kantiana: "A lógica oculta é evidentemente a mesma que está por trás da escolha imposta: você tem a liberdade

---

prudência dos antigos e da faculdade de imaginar. A moralidade significa algo de incondicionalmente "bom", um princípio universal válido para todos os seres racionais e que precisa ser distinguido do "útil" ou "agradável". Está afastado de qualquer dimensão subjetiva particular ou demais contingências, que variam conforme as idiossincrasias individuais e grupos sociais ao longo do tempo. A razão prática é a vontade dos seres racionais que não agem determinados por instintos (leis naturais), mas por representações das leis. Para terem valor moral e se constituírem de "boa vontade", as ações têm de estar livres de quaisquer inclinações ou mediações. O princípio da lei moral traz um fim objetivo, necessário e incondicionalmente bom em si mesmo e condiz com agir de maneira "*que eu possa querer que a máxima de minha ação se torne uma lei universal*" (p. 133, grifos do original).

de escolher o que quiser, desde que faça a escolha certa." (p. 17). A Revolução, então, revelava a sua inerente contradição, e quantas experiências ao longo do tempo não colocaram em xeque os direitos sociais e humanos, apesar do discurso e da pretensão social-humanitária? Nos termos de Nascimento (2010): "os paradoxos e equívocos que não param de se repetir exatamente pela dificuldade com que se passa do plano ideal, do direito, ao dos fatos e deste àquele" (p. 129). Para Villey (2007), os termos presentes nas declarações dos direitos humanos são não apenas irreais, mas inconsistentes e contraditórios:

> *Sua impotência é manifesta. A Constituição Francesa ou seus preâmbulos proclamam o direito ao trabalho, há na França um milhão e meio de desempregados, que nem por isso estão mais avançados. E terem inserido na Carta pretensamente universal das Nações Unidas direitos a participar dos negócios públicos, das eleições livres, dos lazeres, da cultura assim como da abastança, digamos que no Camboja ou no Sahel, e em três-quartos dos países do globo, essas fórmulas são* indecentes*! O erro delas é* prometer *demais: a vida, a cultura, a saúde igual para todos: um transplante de coração para todo cardíaco? Haveria, só com o direito de todo francês "à Saúde", com o que esvaziar o orçamento total do Estado francês, e cem mil vezes mais! (pp. 5-6, grifo do original)*

Trata-se de uma crítica aos direitos humanos que Marx (1843/2010b), em *Sobre a questão judaica*, precisou como sendo direitos da classe proprietária burguesa, condizente com direitos de uma cidadania universal essencialmente abstrata e, por isso, fictícia. Marx apontou a contradição entre a aspiração universal dos direitos de cidadania e os direitos efetivamente particulares dos proprietários burgueses – dimensão que o anarquista de *Germinal* salientou em relação à inveja operária e como abordei a partir do mais-de-gozar.

A contradição encontra-se no interior da cisão entre indivíduos da sociedade civil e espaço privado versus cidadãos(ãs) e espaço público, resultante do Iluminismo, isto é, das luzes da razão liberal. Conforme observou, tendo em vista as liberdades oriundas da Revolução Francesa e o advento dos direitos humanos: "o homem não foi libertado da religião. Ele ganhou a liberdade de religião. Ele não foi libertado da propriedade. Ele ganhou a liberdade de propriedade. Ele não foi libertado do egoísmo do comércio. Ele ganhou a liberdade de comércio." (p. 53). Berlin (1981), ampliando essa tese, enfatiza:

> *a liberdade longe de ser incompatível com a autoridade, torna-se praticamente idêntica a ela. Esse é o pensamento e a linguagem de todas as declarações dos direitos do homem no século XVIII, e de todos os que consideram a sociedade como um projeto elaborado conforme as leis racionais do legislador sábio, ou da natureza, ou da história, ou do ser Supremo. (p. 154)*

Note-se que esse filósofo coloca como equivalentes os seguintes elementos simbólicos: lei, razão, natureza, história, Deus e, na sequência, enfatiza: "todas as formas de liberalismo fundadas em uma metafísica racionalista são versões mais ou menos atenuadas desse credo" (p. 154). Esses elementos simbólicos são reflexos de preceitos liberais assentados em uma crença que, como chamei atenção, traz consigo um problema central diagnosticado pelo autor e relevante ao tema deste livro:

> *Se alguém não pode entender seus próprios interesses como ser racional, não se pode esperar que eu o consulte ou acate seus desejos, enquanto o transforme em racional.*

> *Em última instância, devo forçá-lo a proteger-se contra a varíola, mesmo que não queira . . . É a meta do Estado satisfazer nosso desejo. (p. 155)*

Como acompanhamos anteriormente, eis a meta do(a) gestor(a), no discurso universitário, e do Outro tomado como absoluto, no discurso do mestre.

Não obstante o liberalismo ter surgido contra conservadorismos,[7] sua pretensão libertária engendrou o seu avesso. Em outros termos, reproduziu aquilo que repudiava. Contudo, o que faz com que se tenha reproduzido o que se pretendia combater? Afinal, é como se um conservadorismo estivesse recalcado no liberalismo. Como sugiro por meio de um oximoro, encontraríamos nesse sentido uma expressão política "liberal-conservadora", um paradoxo que o liberalismo, ao visar escamotear, historicamente escancarou. Nas palavras de Žižek (2003), corroborando com a hipótese e o oximoro: "Esse é o argumento usado por todo ditador, inquisidor e agressor que procura justificativa moral ou até estética, para sua conduta. Devo fazer para os homens (ou com eles) o que não podem fazer por si mesmos", como vimos com o preceito de Rousseau (p. 156).

Trata-se de uma questão importante ao nosso tema, pois políticas públicas muitas vezes reproduzem o que querem combater. Não apenas por meio da precarização do trabalho, nos moldes liberais e, mais radicalmente, neoliberais, mas inclusive inscritas no desenho de

---

7 Para lembrar os desenvolvimentos do segundo capítulo: "Ao conjunto de princípios que serviram de base ideológica às revoluções antiabsolutistas na Europa Ocidental nos séculos XVII e XVIII e ao processo de independência dos EUA, denomina-se *liberalismo*. Convergia aos interesses da burguesia que se firmava economicamente e 'competia' com uma aristocracia enfraquecida. Compunham o acervo de princípios dessa doutrina *o direito à propriedade, a livre iniciativa e a concorrência, a ampla liberdade individual e a democracia representativa, com a devida independência dos poderes legislativo, judiciário e executivo*." (Heloani, 2003, p. 100).

certas políticas tidas como sociais. Um exemplo é o Programa Bolsa Família, em que as famílias assistidas pelo benefício pecuniário deviam garantir matrícula e frequência escolar das crianças ou jovens da família, realizar pré-natal em unidades de saúde, manter atualizada a carteira de vacinação de crianças, entre outras obrigações (Brasil, 2003). Condições que podem ser lidas em chave não exatamente libertária, ou não sem efeitos em termos de uma contradição performática.

O fenômeno da reprodução daquilo que se pretende combater pode ser encontrado em instituições, serviços, programas e projetos políticos. Castel (2011) desenvolveu com propriedade esse fenômeno ao estudar o sistema de ensino público francês e demais paradoxos encontrados naquele país: "A questão é saber se a sociedade francesa conservou, reciclando, um determinado número de traços de um passado colonial que estariam na base do tratamento que ela dispensa a uma parcela de sua população." (p. 90). Outro autor que abordou esse tema, mas em outra chave, ressaltando a base das relações econômicas, foi Althusser (1970; 1999). Para ele, a reprodução da hegemonia da classe dominante passa pelos diversos aparelhos de Estado (escola, família, mídias, igreja etc.) que mantêm a relação de exploração e, enfim, a diferença de classe social. Esse autor articula, a partir da filosofia marxista, a reprodução do *status quo* a partir da não superação das relações de produção capitalista, que se assentam na exploração. Assim, as políticas do Estado, por meio de suas ações, acabam por reproduzir relações de dominação.

Não obstante as possíveis articulações de nosso tema com o acento trazido por Althusser, nosso enfoque será outro, conforme desenvolverei mais detidamente no capítulo seguinte. Por enquanto, o que temos em vista é que o oximoro/paradoxo "liberal-conservador" leva a problemas de ordem prática que são especialmente importantes no campo das políticas públicas – ao menos a um(a) psicanalista no interior dessas políticas. Afinal, buscar apreender por que certas políticas não funcionam, funcionam mal ou mal funcionam pode ser revelador de que algo da ordem do inconsciente esteja operando, como uma formação de compromisso não totalmente satisfatória. Como exemplifica, em outros termos, Berlin (1981):

> *Se sou um legislador ou um governante, devo presumir que, se a lei que imponho, é racional (e só posso consultar minha própria razão), essa lei será automaticamente aprovada por todos os membros de minha sociedade, desde que são seres racionais. Pois, se não o aprovarem, deverão ser,* pro tanto, *irracionais; então, precisarão ser reprimidos pela razão: minha ou deles, não importa, pois os pronunciamentos da razão devem ser os mesmos em todas as consciências. Promulgo minhas ordens e, se alguém reage a elas, encarrego-me de reprimir o elemento irracional que existe nesse alguém e que se opõe à razão. Minha tarefa seria mais fácil se as pessoas reprimissem esse elemento em si mesmas, e procuro instruí-las a fazer isso. Mas sou responsável pelo bem-estar público, não posso esperar até que todos os homens se tornem inteiramente racionais. (p. 157)*

O Estado Social, no qual as políticas públicas do *Welfare* se inseriram, adveio como uma crítica ao liberalismo,[8] buscando trazer o

---

8 Nas palavras de Gargarella (2004), no socialismo se "busca uma melhor democracia, um sistema institucional que ajude a vida política (ou econômica) a ser uma expressão da vontade de quem está afetado por ela." (p. 112). Nesse mesmo sentido, complementa, são "três compromissos fundamentais que o liberalismo se nega a manter (ao menos, conjuntamente): o compromisso com a ideia de autogoverno; o compromisso com uma certa ideia de comunidade; e o compromisso com uma ideia forte de igualdade" (p. 110). Trata-se de fazer valer os princípios da participação política, da desconcentração do poder e da igualdade, visando equilibrar direitos individuais e promover interferências em setores sociais e econômicos em prol do bem comum.

que restara de recalcado das abstrações liberais. Como vimos, era preciso ir além da liberdade individual do Estado Liberal para incluir as diferenças e atingir o preceito democrático da igualdade. No entanto, o Estado Social, ao pretender igualmente o bem comum, acabou por repetir o mesmo sintoma do liberalismo, ou seja, caiu no malogro daquilo que justamente visava combater.

Como sintoma disso, podemos tensionar, encontramos o advento do neoliberalismo e, com ele, uma nova forma de se orquestrar políticas públicas, como exemplifica o atual *new welfarism* no novo gerencialismo público. Ora, trata-se nada mais do que o ideário liberal maquiado de política social pública ou, o que dá no mesmo, do Estado Social impregnado de liberalismo. A política então se resigna a administrar e regular eficientemente a vida nos tempos da governança, da boa administração/gestão dos(as) especialistas para, enfim, supostamente gerenciar o bem de todos.

Sabemos que o mundo grego ficou no passado e que seria anacrônico pensar no fim da liberdade individual e de uma retomada do todo orgânico que caracterizava a cidadania da pólis. De outro modo, o que encontramos desde a modernidade é a seguinte questão: "A bolsa ou a vida?". Essa questão, desenvolvida por Lacan (1963-1964/1997b), quer dizer que não é possível escolher ambas ao mesmo tempo, pois, se escolho ficar com a bolsa, perco a vida, e se escolho a vida, devo abrir mão da bolsa. Analogamente, se retomarmos a parábola do jardineiro de Sen (2010), veremos que se trata de um enigma em que qualquer alternativa de racionalização e sensibilidade terá como resultado uma solução parcial, não totalmente satisfatória.

Uma alternativa ao impasse seria a do asceta: aquele sujeito que pretende eliminar os obstáculos do caminho, abandonando o próprio caminho. Essa pretensa busca por uma total e racional autonomia, no entanto, também não se distingue da ideia da liberdade como obediência à lei kantiana (a lei do contrato social), a de não ser escravo(a) pela condição de se prescrever uma lei a si próprio, que é o paradigma da escolha forçada. Em outros termos, toma-se o público (o que seria do bem comum oriundo de um suposto pacto) como privado, fugindo do desejo que não se pode realizar. Outra alternativa seria a do benevolente Outro, que condiz com a crença de que, sob as astúcias da razão, alguém saberia o que é melhor para mim e para todos. Essa é a via oposta, a da heteronomia. A diferença, nesse caso, encontra-se na crença de que não se está sendo escravizado(a) para ser livre ao invés de escravizar-se para se crer livre.

Mesmo sob os preceitos de uma ética contemporânea, aquela que tem como pressuposto o respeito às diferenças e, inclusive, das diferenças com relação ao que cada um(a) considera como um bem para si mesmo(a), encontramos a mesma herança do ideário liberal. Agora, no entanto, sob as vestes do *new welfarism* na política pública, ou daquilo que Bauman (1999) denominou de mundo "ambivalente" e "líquido"; "pós-moderno" como preferiu Lipovetsky (2005); da visada flexível por um "liberal-socialismo" ou "socialismo-liberal" como encontramos em Bobbio (2003); de "aculturação" e "multiculturalismo" na crítica de Žižek (2003); de "déficit de experiências produtivas de indeterminação" ante o "excesso de experiências improdutivas de determinação", conforme a metadiagnóstica desenvolvida por Dunker (2015); ou de um "novo Estado Social", sem ser antimercado nem anti-Estado, conforme a tese de Piketty (2014). São termos trabalhados por diferentes autores contemporâneos, na tentativa de se apreender uma época que entendemos ser de flexibilização de tudo o que a modernidade buscou como universalidade.

Extrai-se disso uma insistência ao longo do tempo na manutenção de uma postura liberal no interior da política, mesmo que sob novas roupagens. Assim, desde a constatação dos impasses entre público e privado no campo das ações do Estado até o paradoxo de políticas feitas para satisfazer a insatisfação, considero que a saída não seria buscar, sempre e a cada vez, as soluções consensuais – em razão de o consenso manter o mesmo ideal abstrato da pretendida igualdade contratual, além de representar o poder da sugestão conforme trabalhamos no escopo psicanalítico. Não é possível conceber, portanto, para além das abstrações de mundos ideais, uma saída pelo universalismo (para todos). Também não se trata de afirmar uma saída pela via das infinitas inclusões de singularidades (para cada um(a)) ou particularidades (para alguns(mas)), o que seria igualmente uma saída pela fantasia liberal.

Estamos, então, diante do seguinte problema: não conseguimos harmonizar (a não ser idealmente ou sob a força autoritária) o público com o privado e não pudemos, por essa mesma razão, sustentar as vias da realização de um pleno bem comum. No entanto, o que pode justificar a emergência do *new welfarism*, do neoliberalismo nas políticas sociais públicas? E o que pode estar subjacente à reprodução daquilo que se pretende combater? Pode-se dizer que é como se o liberalismo jamais tivesse sido superado ou devidamente elaborado no interior da política, e minha aposta é que possamos investigar essa questão a partir da metapsicologia psicanalítica.

Em psicanálise, o recalque condiz com aquilo que retorna insistentemente por meio de sintomas e outras manifestações do inconsciente, como sonhos, atos falhos e lapsos. Freud (1914/1996n), em *Recordar, repetir e elaborar*, alertou que a repetição se deve à ausência de uma elaboração, daí que o recalque e o retorno do recalcado sejam o verso do mesmo reverso. Nos termos de Lacan (1955-1956/2010b): "O que cai sob o golpe do recalque e o retorno do recalcado são apenas o direito e o avesso de uma mesma coisa" (p. 21). Desse modo, é possível dizer que uma verdade recalcada tenha ganhado as formas da administração "competente" e "especializada" atual, cujo enfoque é a pretensa eficiência estatal no âmbito da boa gestão ou governança das políticas públicas.

É no sentido desses argumentos que podemos pensar em uma espécie de recalque na política, fazendo emergir a insistência do liberalismo como um sintoma manifesto no impossível de se governar, isto é, como impossibilidade de haver plena satisfação por meio dessas políticas. Isso porque o que está sob a barra do recalque, de forma latente, apresenta-se resistindo à unidade e ao ideal das pretensões de harmonia contidas no ideário do bem-estar para todos. Esse impasse, bem situado nas teorias freudianas sobre a cultura, revela o que referi como uma contradição: as pretensões libertárias e igualitárias reformistas ou revolucionárias podem esconder um conservadorismo latente, em estado de potência destrutiva.

O bem para além do princípio do prazer

Pudemos acompanhar no segundo capítulo que o organicismo grego visava àquilo que se considerava ser o maior bem para a vida na pólis. Buscava-se a temperança virtuosa, a mediocridade em prol da harmonia entre a cidadela interior e exterior, que conduziria naturalmente ao bem-estar de todos(as) e ao bem da unidade da pólis. O problema aparece quando se encontra o contrário dessa esperança aristotélica: o fenômeno da intemperança, e será sobre esse elemento intemperante que a psicanálise vai se debruçar. A intemperança marca aquilo que justamente claudica na subjetividade humana e na civilização:

> *[A psicanálise visa] Fazer aparecer esses paradoxos e essas contradições, que nem por isso são opacidades e obscurecimentos. É frequentemente, ao contrário, o que aparece harmonioso e compreensível que encerra alguma opacidade. E é, inversamente, na antinomia, na hiância, na dificuldade, que encontramos chances de transparência. É nesse ponto de vista que repousa nosso método e, eu espero, nosso progresso também. (Lacan, 1953-1954/1986, p. 129)*

Enquanto a teoria freudiana do princípio do prazer acentua a satisfação da pulsão pela evitação do desprazer, rumo à felicidade e ao bem-estar, mesmo que parcialmente, na leitura de Lacan (1959-1960/1997a), o princípio do prazer remete à insaciedade da pulsão e revela que o bem visado pelo sujeito não condiz com uma temperança harmoniosa nem com uma feliz satisfação.[9] O gozo será justamente o elemento de intemperança, um prazer que se situa "num segundo grau", remetendo ao que Freud (1930/2010f) referiu sobre o sentimento de culpa inconsciente e a tendência da pulsão de morte (p. 30). Essa pulsão seria em parte desprovida da libido, pois "em toda manifestação instintual [pulsional] há libido, mas nem tudo nela é libido" (p. 89). É esse elemento intruso de intemperança, feito de gozo (como Lacan nomeou esse "nem tudo" freudiano), que se encaminha à contramão do bem-estar, engendra o mal-estar na civilização e implica no impossível da plena satisfação.

Em psicanálise, a dimensão ética contida no desejo humano não condiz com a sua realização no plano empírico ou material-fenomênico, mas na realização do desejo de desejar, implicando a falta, a incompletude e, portanto, certa dose de desprazer. A psicanálise visa àquilo que a moral tradicional buscava desatinar: a intemperança inerente ao gozo. Eis de que o "bem" é feito segundo a psicanálise: o princípio do prazer, que move a subjetividade, é sustentado pelo bem. Contudo, esse bem não gera prazer, ao contrário, provoca desprazer:

> *Pois bem, proponho-lhes isto. O que, no nível do princípio do prazer, se apresenta ao sujeito como substância é o seu bem. Uma vez que o prazer governa a atividade subjetiva é o bem, a ideia do bem que o sustenta. É a razão pela qual, em todos os tempos, os éticos não puderam fazer menos do que tentar identificar esses dois termos, no*

9 Não obstante a diferença em relação à concepção lacaniana, mesmo em Freud (1930/2010f) encontramos que: "A satisfação irrestrita de todas as necessidades se apresenta como a maneira mais tentadora de conduzir a vida, mas significa pôr o gozo à frente da cautela, trazendo logo o seu próprio castigo." (p. 32).

> *entanto, tão fundamentalmente antinômicos, que são o prazer e o bem. (Lacan, 1959-1960/1997a, p. 47)*

O bem não traz o prazer porque equivale à única substância concebida pela psicanálise lacaniana: o gozo. O bem, então, é um objeto que o sujeito acredita poder completá-lo e trazer-lhe a plenitude, mas que acaba conduzindo-o para além do princípio do prazer, ou seja, encontra-se sob a tendência da pulsão de morte. E, no que tange ao princípio de realidade, o autor deixa uma interrogação interessante, pois não designou um termo que poderia corresponder a este bem na realidade, legando-nos uma lacuna.[10] Em seus termos:

> *Freud não pensa nem um instante em identificar a adequação à realidade a um bem qualquer. No mal-estar na civilização, diz-nos – seguramente a civilização, a cultura pede demais ao sujeito. Se há algo que se chama seu bem e sua felicidade, não há nada para isso ser esperado nem do microcosmo, isto é, dele mesmo, nem do macrocosmo. (Lacan, 1959-1960/1997a, p. 47)*

Proponho inserir o bem comum, isto é, o que promoveria o bem-estar para todos(as), nessa lacuna do "macrocosmo". Afinal, que outra coisa a civilização ou cultura pode referir a um "pedir demais" sem encontrar, no entanto, correspondência inequívoca na realidade da civilização? Assim, enquanto no princípio do prazer o bem se situa, no extremo, como tendência de gozo que conduz o sujeito para

---

10 Essa lacuna pode ser irrelevante ao levarmos em consideração que os princípios do prazer e de realidade encontram-se articulados. Conforme a leitura de Lacan (1954-1955/2010a), o princípio de realidade intervém para que algo do prazer seja possível (permitindo a metonímia do desejo), na medida em que é o princípio do prazer que tende à descarga, à homeostase, isto é, tende a cessar o prazer. O que proponho na sequência tem seu valor como reflexão sobre os desdobramentos desse princípio.

além do princípio do prazer, é possível depreender que o bem comum se situe como imperativo de gozo no extremo do princípio de realidade. De qualquer forma, ambos os princípios encontram-se em uma relação dialética. Como observou Freud (1930/2010f), o ponto nevrálgico do mal-estar, da infelicidade na civilização, localiza-se no sentimento de culpa inconsciente, oriundo de uma identificação com a moral civilizatória (Supereu) e contido no dever superegoico da máxima kantiana: "Que poderoso obstáculo à cultura deve ser a agressividade, se a defesa contra ela pode tornar tão infeliz quanto ela mesma!" (p. 119).

Conforme a tese de Lacan, o bem se refere à "Coisa" freudiana, *das Ding* – termo extraído do *Projeto para uma psicologia científica*, de 1895 – que se articula às dinâmicas de alienação-separação do Outro e que é originalmente "isolado pelo sujeito em sua experiência do *Nebenmensch* [o próximo], como sendo, por sua natureza, estranho" (Lacan, 1959-1960/1997a, p. 68). Essa Coisa é da ordem do real, operando como aquilo que é familiarmente estranho, conforme ressaltado por Freud (1919/2010e) em relação ao "inquietante" (*Unheimlich*), e que se localiza em uma topologia condizente a um interior excluído.

No seminário sobre *A ética da psicanálise*, ainda sem ter desenvolvido o conceito de objeto *a*, Lacan (1959-1960/1997a) aborda o real de *das Ding* como distinto das qualidades objetais (*das Sache*), das predicações tomadas como representações (imaginário) ou por significantes, isto é, os representantes da representação (simbólico) que o contornam. Trata-se daquilo que será mobilizado pelo desejo do sujeito, mas que "não pode ser reencontrado" como tal, pois ele é reencontrado sempre como algo perdido e adquire o estatuto de perdido só-depois de seus "reachados" (p. 149).

A Coisa funciona como coisa "muda" e corresponde ao Outro absoluto, remetendo tanto ao pai totêmico quanto à "coisa materna, da mãe na medida em que ela ocupa o lugar dessa coisa, de *das Ding*", cujo desejo correlato é o do incesto (pp. 86 e 149). Em razão desse objeto se apresentar como desde sempre perdido e à perdição do sujeito, o que se reencontra são "suas coordenadas de prazer", os trilhamentos do sujeito, a "tendência a reencontrar", cuja função condiz com a "instauração da gravitação" pelo qual circulam os significantes (pp. 69, 76 e 81).

É a distância em relação a *das Ding* que permite que haja fala, ou seja, é em função da castração simbólica que o desejo do sujeito falante se produz. Daí que a cultura implique a interdição do incesto, pois, para que um sujeito possa desejar, é preciso que o objeto primordial, o bem precioso, apresente-se como faltante, como um furo.[11] É em relação ao objeto perdido (*das Ding* que, posteriormente, a partir de outras formulações lacanianas, será desenvolvido como objeto *a*) por onde se trilha as vias do desejo do sujeito.

> *Pois bem, o passo dado por Freud, no nível do princípio do prazer, é o de mostrar-nos que não há Bem Supremo – que o Bem Supremo, que é* das Ding, *que é a mãe, o objeto do incesto, é um bem proibido e que não há outro bem. Tal é o fundamento, derrubado, invertido, em Freud, da lei moral. (Lacan, 1959-1960/1997a, p. 90)*

Conforme observa Lacan (1960/2005a), a psicanálise questiona os três eixos pelo qual o bem encontrou assento na moral: "o do soberano bem, o da honestidade e o da utilidade" (p. 34). Portanto, tanto o Sumo Bem ideal, o "querer o bem" aos bens utilitários, que se encontram sempre ligados ao engendramento do poder no "mundo dos bens" (p. 34). O bem propriamente dito não existe e por isso não pode ser representado por qualquer artifício que se faça para articular a satisfação do sujeito e da civilização, isto é, nem no microcosmo

---

11 Conforme o exemplo lacaniano do vaso, trata-se de um objeto que representa o indício da presença da humanidade e cuja criação engendra um vazio. O vaso, como significante, é criado em torno de um furo, de um nada (*ex nihilo*), uma hiância "coextensiva da exata situação da Coisa" (p. 154).

privado nem no macrocosmo público. O bem, enquanto *das Ding*, encontra-se na condição de estar excluído, mas ao centro por onde circula e se organiza o inconsciente, os significantes da linguagem.

Quanto ao bem-estar, o autor ressalta que nos encontramos sob a dimensão do atributo, aqui em um sentido metafórico, dado pela suposta substituição ao bem fundamental da Coisa. Lacan emprega o termo "bem-estar" (*Whol*), tomando-o emprestado de Kant, para falar dos bens que o sujeito emprega para fazer funcionar o princípio do prazer segundo os "engodos bem-sucedidos", isto é, dos objetos sensíveis e dos signos que trazem conforto no interior da lógica do prazer e desprazer (*Lust* e *Unlust*). Desse modo, o bem se encontra para além do princípio do prazer, ou seja, como gozo, enquanto fim em si mesmo. Já o bem-estar situa-se no nível do princípio do prazer, com os engodos que lhe são inerentes e que vigoram segundo as leis do prazer e desprazer que, como observou Freud (1920/2010b), acham-se ligados às "sensações conscientes" do Eu (p. 167).

> *Trata-se, portanto, de um termo kantiano, para dizê-lo expressamente do* Wohl, *que destacarei para designar o bem em questão. Trata-se do conforto do sujeito na medida em que, se ele se refere a* das Ding *como seu horizonte, funciona para ele o princípio do prazer que dá a lei onde se resolve uma tensão, segundo a fórmula freudiana, vinculada ao que chamaremos de os engodos bem-sucedidos – ou ainda melhor, signos que a realidade honra ou não honra. (Lacan, 1959-1960/1997a, p. 93)*

Como desponta a moral kantiana na leitura de Lacan (1963/1998j), o bem designa aquilo de que é preciso abster-se de qualquer atributo, predicação, como de sentimentos ou prazeres que supostamente trazem a felicidade (*eudemonia*) ou bem-estar (*Whol*). Isso para que a máxima tenha uma validade universal. No entanto, a pretensão de sua realização, isto é, da realização deste Sumo Bem no âmbito da ação moral, revela-se como o avesso dessa mesma banda, a saber, a moral sadeana. Isso porque até mesmo o mal pode ser um meio para se alcançar um bem: "Tomemos como máxima universal de nossa ação o direito de gozar de outrem, quem quer que seja, como instrumento de nosso prazer." (Lacan, 1959-1960/1997a, p. 100). Assim, é o famoso Marquês de Sade quem aparece como aquele que apresenta a verdade recalcada da injunção moral kantiana. Desse modo, quanto mais um sujeito pretende se submeter a essa injunção moral, mais cruel se revelará seu Supereu, ou seja, mais sua lei corresponderá ao seu próprio rechaço: "Amá-lo, amá-lo como um eu mesmo, é, da mesma feita, ir adiante em alguma maldade" (p. 242).

Sade teria revelado a verdade recalcada de Kant, isto é, a sua fantasia sádica de gozo. Da mesma forma, como observa Rosa (2016), "os discursos jurídicos, médicos, políticos, policiais" fazem emergir a figura do delinquente, do louco, do pobre e do infrator, como formas que se impõem a revelar a verdade daqueles discursos pretensamente puros (p. 26). E é justamente por essa pretensão de pureza, de se atingir *das Ding* que, segundo Lacan (1959-1960/1997a), a moral kantiana e a Revolução das Luzes fracassaram:

> *Pois bem, tocamos aqui naquilo pelo qual, em busca de justificação, de assentamento, de apoio, no sentido da referência ao princípio de realidade, a ética encontra seu próprio impedimento, seu fracasso – quero dizer, onde explode uma aporia da articulação mental que se chama ética . . . não sei se os franceses fizeram verdadeiramente um esforço para serem republicanos [conforme um dito sadeano], mas seguramente, assim como os outros povos da terra, e mesmo aqueles que fizeram depois deles revoluções ainda mais atrevidas, mais ambiciosas, mais radicais ainda, deixaram estritamente intactas as bases,*

> *que eu qualificaria de religiosas, dos dez mandamentos. (Lacan, 1959-1960/1997a, p. 101)*

O caráter narcísico da moral kantiana e cristã revela sua potência destrutiva em função da ambivalência contida no amar o outro como a si mesmo, cuja sombra do amor resplandece na forma do ódio daquele que nos é próximo. Isso porque, onde o outro é tomado como objeto, no âmbito das relações imaginárias, apresenta-se a confusão do "*eu ou você*" (Lacan, 1955-1956/2010b, p. 350). Trata-se aí de uma identificação, prenhe de rivalidade especular destrutiva (p. 353). Por isso a relação imaginária conduz à emergência daquele que passa a ser o inquietante, "o que é mais estrangeiro" e que passa a ser objeto de ódio, em razão de sua diferença ameaçar o narcisismo do sujeito (Lacan, 1960/2005a, p. 51). A máxima kantiana e as revoluções fracassaram por manterem intactas a mesma base que não puderam superar ou devidamente elaborar, pois em suas aspirações libertárias e igualitárias (oriundas das liberdades sociais) havia um conservadorismo latente.

> *Nada de surpreendente no fato de ser nada mais que eu mesmo que amo em meu semelhante. Não apenas na devoção neurótica, se indico o que a experiência ensina, mas igualmente na forma extensiva e utilizada do altruísmo, seja ele educativo ou familiar, filantrópico, totalitário ou liberal, à qual frequentemente almejaríamos ver corresponder algo como a vibração da garupa magnífica do animal desafortunado, o homem só faz passar seu amor-próprio. (p. 39)*

Para o autor, o "mundo dos bens" pode se orientar em termos do Eu Ideal imaginário e do Ideal do Eu simbólico. No primeiro, encontramos os bens utilitários que ensejam rivalidades imaginárias com seu "pseudodomínio" e, no segundo, os bens permeados pela onipotência, do ideal do Outro, contido no "poder de fazer o bem, o qual abre em si mesmo esse para-além", como no bem humanitário, altruísta ou benevolente (Lacan, 1959-1960/1997a, p. 285). Ainda nos termos do autor: "não há no sentimento altruísta nenhuma promessa para nós, que expomos à luz a agressividade subjacente à ação do filantropo, do idealista, do pedagogo ou do reformador." (Lacan, 1949/1998k, p. 103).

A aparente benevolência do querer o bem ao outro, a pretensão universalista de um Sumo Bem, que se aproxima do ideário do bem comum, e os bens utilitários a serviço dos engodos do bem-estar, revelam sempre um rescaldo de um narcisismo potencialmente pernicioso. Por essa razão, como manifestação histórica de uma insistência liberal, a Revolução das Luzes fez emergir o terror, a violência contra aqueles contrários à razão revolucionária, trazendo à tona o quanto de conservadorismo estava contido em sua pretensão libertária:

> *Como Kant não vê contra o que se choca sua razão prática, toda burguesa, por se erigir em regra universal? A debilidade das provas por ele apresentadas só tem a seu favor a fraqueza humana, em que se sustenta o corpo nu que um Sade pode lhe atribuir, do gozo sem freio e para todos. Para tal seria preciso mais que sadismo – um amor absoluto, isto é, impossível. (Lacan, 1960/2005a, p. 52)*

Para o autor, a moral kantiana e a revolução da liberdade pretendiam atingir *das Ding*, mas o preço de atingi-la foi a dor, o mal e a morte. Como nos ensina a psicanálise, aquilo que é recalcado no simbólico retorna de forma sintomática, como compulsão à repetição. Assim, o recalque dessa tendência conservadora e destrutiva fez emergir sintomaticamente fenômenos conservadores e destrutivos. É nesse sentido que podemos compreender o terror revolucionário como o correlato das revoluções pretensamente libertárias: "O extremo do prazer, na medida em que consiste em forçar o acesso à Coisa, nós não podemos suportá-lo" (Lacan, 1959-1960/1997a, p. 102). Atingir *das Ding* é o "projeto do mal como tal", é o objeto atômico, "essa arma suspensa em cima de nossas cabeças" (p. 131).

Encontramos, desse modo, uma possível justificativa para uma insistência liberal e o sintoma que lhe seria correlato: o surgimento de manifestações conservadoras para que nada efetivamente mude. O sintoma em psicanálise se revela como uma espécie de covardia moral do sujeito, em função de ser a expressão de um desejo não reconhecido como tal. Daí a política do sintoma ser dotada de uma estrutura metafórica que se apoia na fantasia fundamental do sujeito, a fim de mascarar a falta constitutiva. Decorre disso, como podemos agora mais devidamente sustentar, uma insistência liberal nas políticas públicas que redundam na impotência para satisfazer.

Assim, apreendemos certos fenômenos apresentados na introdução deste trabalho: a insuficiência de programas e serviços sociais em atingir uma provisão condizente com a demanda populacional e as características peculiares dos territórios; a sobrecarga e a precarização do trabalho que impossibilitam a devida implementação de uma política social; as exigências institucionais de parcerias público-privadas (principalmente de organizações não governamentais, ONG, e organizações sociais de saúde, OS) por metas de eficiência inexequíveis; a falta de condições materiais e orçamentárias para a realização de serviços públicos; dificuldades em efetivar redes efetivas de trabalho, por meio do diálogo entre os atores envolvidos(as) em uma política pública; a justaposição de projetos e programas que sobrecarregam trabalhadores(as) e engendram dificuldades administrativas; a presença de divergências teóricas e técnicas das diretrizes políticas que impactam o direcionamento dos serviços e a dificuldade na chamada "adesão" de usuários(as). A ideia aqui é a de que essas políticas sejam feitas de tal maneira para que nada se transforme efetivamente.

A fim de avançar essas investigações sobre a insistência liberal na política e seu fenômeno sintomático correlato – o de um conservadorismo latente na forma de políticas feitas para que nada seja alterado e, enfim, a reprodução daquilo que se visava combater –, questiono se isso tem alguma relação com o inconsciente. Afinal, ao seguir as trilhas abertas por Freud (1930/2010f), existiria um princípio de "conservação" no psiquismo, de modo que "na vida psíquica nada que uma vez se formou pode acabar, de que tudo é preservado de alguma maneira e pode ser trazido novamente à luz em circunstâncias adequadas." (pp. 20-21).

Haveria, então, um princípio liberal-conservador em nosso inconsciente? Mesmo se a resposta for afirmativa, o que pode fazer com que insistamos em alcançar o bem-estar para todos(as), como por meio das políticas públicas? Assim, seria o inconsciente um tipo de "progressista" que se ilude frente ao impossível desse bem comum? Corroborando para fundamentar essas questões, observa Freud (1930/2010f) em relação ao sofrimento oriundo das normas que regulam os vínculos humanos na família, no Estado e na sociedade:

> *Estas não queremos admitir, não podendo compreender por que as instituições por nós mesmos criadas não trariam bem-estar e proteção para todos nós. Contudo, se lembrarmos como fracassamos justamente nessa parte da prevenção do sofrimento, nasce a suspeita de que* aí se esconderia um quê da natureza indomável, desta vez da nossa própria constituição psíquica. *(pp. 43-44, grifo nosso)*

Conforme dito por Lacan (1966-1967) no seminário inédito sobre *A lógica do fantasma*: "o inconsciente é a política". Podemos entender essa frase como a memória daquilo que se esquece, mas que se faz presente como discurso do Outro inconsciente (S_1 - S_2), isto é, do simbólico constituinte da subjetividade humana e, a partir disso, levantar as seguintes questões: para qual ideologia o inconsciente poderia trazer um alinhamento? Seria o sujeito do inconsciente um liberal-conservador ou uma espécie de progressista-iludido?

No sentido dessas questões, enfatiza Lacan (1959-1960/1997a):

> *Na medida em que um assunto delicado como o da ética não é hoje absolutamente separável do que se chama de uma ideologia, parece-me oportuno dar algumas precisões sobre o sentido político dessa virada ética da qual somos responsáveis, nós, os herdeiros de Freud. (p. 222)*

No seminário... *ou pior*, Lacan (1971-1972/2012) precisou que ideologia seria o mesmo que discurso, isto é, uma estrutura "por meio do qual, pelo efeito puro e simples da linguagem, precipita-se um laço social" (p. 147). A ideologia, em psicanálise, pode ser pensada então como uma organização simbólica e imaginária orquestrada em torno de um vazio real e que se manifesta discursivamente.

Sob outra via – mas, ainda assim, condizente à investigação das questões anteriores –, conforme a definição marxiana em *A ideologia alemã* (Marx & Engels, 1845-1846/2007), a ideologia é sempre uma redução, uma operação de naturalização de fenômenos que são, na verdade, construídos e reproduzidos materialmente na realidade histórica. A ideologia é a redução a uma espécie de essência que traz uma densidade por meio da supressão de toda inconsistência, em que toda indeterminação contingente se torna necessária e referida a uma essência.

Nos termos de Althusser (1999), cuja produção encontra-se na esteira marxista, os humanos são como que "levados" pela ideologia, agindo determinados ideologicamente sem saber o que fazem. Por isso, a ideologia faz com que os sujeitos individualmente contribuam, por meio de suas ações, na reprodução das relações de exploração de classe. No dizer de Žižek (2003), ao aproximar o conceito de ideologia de Marx à de fantasia em psicanálise, a ideologia passa a ser uma "fantasia social", isto é, funciona como uma fantasia social ideológica na cultura (p. 188). No entanto, para além do pressuposto econômico marxista, haveria uma tendência ideológica determinada pelo inconsciente? Vejamos melhor se conseguimos destrinchar essa questão.

5. Tendências políticas da pulsão

A semelhança entre o processo de civilização e o desenvolvimento libidinal do indivíduo tinha que se fazer evidente para nós.

Freud, 1930/2010f, p. 59

Para a psicanálise, o humano encontra-se dividido subjetivamente, sujeito aos conflitos de sua ambivalência constitutiva e mobilizado pelas paixões do inconsciente que se revelam resistentes aos interesses racionais e às motivações da consciência. Sua natureza pulsional conflitiva encontra-se entre uma tendência gregária, como manifestação de amor (Eros), do ímpeto de unir-se ao outro, ao mesmo tempo que uma tendência agressiva o impele contra essa unidade, sob a prevalência da pulsão de morte (Tânatos). A civilização, resultante das ligações libidinais, encontra uma poderosa oposição oferecida pelo gozo de uma tendência à entropia. Freud (1930/2010f), contudo, no final de *O mal-estar na civilização*, observa que se trata de uma "luta" que constitui "o conteúdo essencial da vida" (p. 91).

Neste capítulo, pretendo avançar algumas questões trazidas no capítulo precedente, sobretudo quanto ao que desenvolvi sobre uma insistência liberal-conservadora na política – e manifesta nas políticas públicas, como na emergência do *new welfarism*. Trata-se, como pretendo, de fazer trabalhar a advertência de Lacan (1969-1970/1992b):

> *É exatamente esta a dificuldade daquele que tento aproximar tanto quanto posso do discurso do analista – ele deve se encontrar no polo oposto a toda vontade, pelo menos confessada, de dominar. Disse pelo menos confessada não porque tenha que dissimulá-la mas porque, afinal, é sempre fácil voltar a escorregar para o discurso da dominação, da mestria. (Lacan, 1969-1970/1992b, p. 72)*

A proposta, neste momento, é buscar referências na metapsicologia psicanalítica que possam contribuir à reflexão sobre o problema apresentado. E para retomar a questão, a partir da afirmação lacaniana de que o inconsciente é a política, a qual ideologia o inconsciente poderia trazer uma correspondência? Na medida em que seria fácil escorregar para o discurso da dominação, haveria uma tendência liberal-conservadora inconsciente?

Para essa investigação, trarei algumas reflexões sobre as tendências descritas por Freud, em 1920, sobre as pulsões de vida e morte como tendo direções semelhantes ao que encontramos inclusive nos embates políticos-ideológicos presentes na cultura. Afinal, como Freud (1930/2010f) também observou, se existe uma "semelhança entre o processo de civilização e o desenvolvimento libidinal" (p. 59), o que essa semelhança pode evidenciar sobre nosso próprio inconsciente?

Considero importante circunscrever alguns termos que contornam essas discussões. Para isso, pauto essa discussão em Bobbio (1995), com quem aprendemos que existem liberais, progressistas, conservadores e autoritários de direita e esquerda. Esses termos referem-se a denominações descritivas, históricas, axiológicas (de valores positivos ou negativos) e ideológicas presentes na linguagem política e popular, que vão além da dicotomia: capitalismo versus comunismo. No entanto, para esse autor, há critérios elementares que permitem apreender a razão da distinção entre direita e esquerda,[1] tendo em vista que elas "indicam programas contrapostos com relação a diversos problemas cuja solução pertence habitualmente à ação política, contrastes não só de ideias, mas também de interesses e valorações a respeito da direção a ser seguida pela sociedade" (p. 33).

Assim, a esquerda encontra-se atrelada à conquista histórica de direitos sociais, concentra-se no ideal da igualdade, valoriza a diversidade e é considerada mais progressista e emancipatória. Trata-se de dirimir as desigualdades sociais e reduzir o impacto negativo das desigualdades naturais. Já a direita tende à iniquidade em função do peso atribuído à liberdade individual e é considerada mais conservadora por valorizar o *status quo*. No entanto, não é possível garantir a liberdade preconizada pela direita sem garantir a igualdade valorizada pela esquerda. Portanto, é preciso uma articulação entre direitos de liberdade e direitos sociais: "Se o fim é a igualdade, a liberdade, como meio, está subordinada à igualdade" (p. 118).

---

1 A distinção entre esquerda e direita pode ser encontrada quando não se inscreve em outras configurações intermediárias, como as de centro (à esquerda e à direita), desde versões moderadas a radicais, e mesmo em abordagens de Terceira Via, como aquelas identificadas em termos de um liberal-socialismo ou socialismo-liberal. No que tange aos termos que revelam posicionamentos políticos, encontramos também em Bobbio (2003) a conhecida distinção entre "extrema esquerda" que contempla aspectos igualitários e autoritários, a "centro-esquerda" de caráter igualitário e libertário, a "centro-direita" de corrente libertária, mas não igualitária (por ser conservadora) e, por fim, a "extrema direita" antiliberal e anti-igualitária.

Não obstante a ponderação, Bobbio articula liberalismo e conservadorismo à direita, e progressismo emancipatório e igualitário à esquerda. A partir disso, inicialmente, vamos nos debruçar sobre a hipótese de uma vertente liberal-conservadora do inconsciente. Em seguida, trabalharei com a hipótese de uma tendência progressista no inconsciente, ponderando seu caráter ilusório, mas também potencialmente subversivo a partir do que Lacan (1959-1960/1997a) desenvolveu com relação à ética analítica, a política do desejo e seus apontamentos sobre a sublimação. Ao final, ressaltaremos o que Freud (1930/2010f), no último parágrafo de *O mal-estar na civilização*, revelou quanto a sua desconfiança em relação aos destinos do conflito pulsional:

> *Atualmente os seres humanos atingiram um tal controle das forças da natureza, que não lhes é difícil recorrerem a elas para se exterminarem até o último homem . . . Cabe agora esperar que a outra das suas "potências celestiais", o eterno Eros, empreenda um esforço para afirmar-se na luta contra o adversário igualmente imortal. Mas quem pode prever o sucesso e o desenlace? (p. 122)*

O autor revelou uma aposta em Eros, na humanidade, na sublimação e no amor (especialmente no polo daquele que ama: do amante), apesar de não abrir mão do caráter conflitivo da pulsão. Esperava um "esforço" e uma "luta", mesmo sem saber sobre suas consequências. E será sobre esse seu entusiasmo que faremos uma passagem para os momentos finais deste livro, quando teremos condições de abordar um tópico que irá da revolução à subversão em psicanálise.

O inconsciente é um liberal?

> *Podemo-nos fundamentar nisto, que cada vez que Freud se detém, como que horrorizado, diante da consequência do mandamento do amor ao próximo, o que surge é a presença dessa maldade profunda que habita no próximo. Mas, daí, ela habita também em mim. E o que me é mais próximo do que esse âmago em mim mesmo que é o de meu gozo . . .?*
>
> Lacan, 1959-1960/1997a, p. 227

A psicanálise encontra-se na esteira de outros filósofos e pensadores pouco otimistas com relação à moral constituinte da humanidade. O que se escreveu na pena freudiana é que existe uma tendência pulsional do humano em destruir, explorar, assassinar e abusar sexualmente do outro, sendo preciso um esforço a qualquer pretensão de altruísmo – além de indicar que a benevolência seria uma expressão da parte incurável de nosso narcisismo (Freud, 1930/2010f).

Mesmo o instinto gregário, como na concepção aristotélica do homem como um animal político, foi questionado por Freud, restando a essa tendência uma manifestação de um "tipo especial de identificação com o outro", essencialmente alienante, marcado pela ambivalência e requerendo esforços sublimatórios para a emergência de qualquer coisa como o afeto da ternura (Freud, 1923/2011a, p. 306). O bem, como vimos anteriormente, contém um paradoxo. Isso porque, ao inserir-se no além do princípio do prazer, emerge como elemento intruso e intemperante de gozo, manifesto nos imperativos morais e mesmo na mais ilustre aspiração do amar o outro como a si mesmo:

> *Meu egoísmo se satisfaz extremamente bem com um certo altruísmo, como aquele que se situa no nível do útil, e é precisamente o pretexto por meio do qual evito abordar o*

> *problema do mal que desejo, e que deseja o meu próximo. É assim que levo minha vida manejando meu tempo, numa zona de dólar, rublo, ou outra, a partir do tempo do meu próximo, onde mantenho todos igualmente, esses próximos, no nível do pouco de realidade de minha existência. Não é espantoso que nessas condições todo mundo esteja mal, que haja mal-estar na civilização. (Lacan, 1959-1960/1997a, pp. 228-229)*

Conforme pudemos aprofundar, as pretensões do liberalismo condizem com uma tentativa de se recalcar um conservadorismo latente, fazendo frente à plena satisfação pública e privada. Mas, da mesma forma, as revoluções sociais-comunitárias em prol da igualdade lograram excessos, colocando em xeque igualmente o bem-estar para todos(as), o bem comum. Assim, tanto na dimensão de "comer o bolo todo" quanto dividi-lo se revelaram como fracassos em nossa civilização. De ambos os lados dessa história, fez-se persistir a divisão entre direita e esquerda,[2] cujos exemplos radicalizaram manifestações totalitárias, fazendo constar o impossível da harmonia entre as dimensões pública e privada, mercado e Estado, "coxinhas" e "mortadelas".

Lacan (1959-1960/1997a) encontrava-se atento às discussões de seu tempo sobre a divisão geopolítica que assolava o mundo em plena Guerra Fria. Tecia um comentário sobre a distinção dos intelectuais de esquerda e direita que são interessantes para nosso tema. Quanto ao intelectual de esquerda, associou-o à figura do inocente, bobo ou bufão: "O *fool* é um inocente, um parvo, mas por sua boca saem verdades, que não apenas são toleradas, mas que encontram sua função

---

2 Entendo, com Bobbio (1995), que os termos "esquerda" e "direita" presentes na linguagem corrente não se reduzem ao pensamento ideológico, ao plano das ideias, mas aos direcionamentos políticos (conforme vimos no segundo capítulo), refletindo interesses e valores contidos nas ações políticas. A proposta, aqui, é empregar essa linguagem corrente a fim de transmitir a questão apresentada.

pelo fato de que esse *fool* é por vezes revestido das insígnias do bufão" (p. 233). Quanto ao intelectual de direita, associou-o à figura do patife, "espertão" ou "canalha" (p. 233). E mesmo a perspectiva pós-revolucionária não teria escapado do serviço dos bens:

> *Uma parte do mundo orientou-se resolutamente no serviço dos bens, rejeitando tudo o que concerne à relação do homem com o desejo – é o que se chama de perspectiva pós-revolucionária. A única coisa que se pode dizer é que não parecem se dar conta de que, ao formular as coisas desse modo, só fazem perpetuar a tradição eterna do poder, ou seja –* Continuemos trabalhando, e quanto ao desejo, vocês podem ficar esperando sentados. *– Mas pouco importa. Nessa tradição o horizonte comunista não se distingue do de Creonte, do da Cidade, do que reparte amigos e inimigos em função do bem da Cidade, senão supondo, o que efetivamente já é alguma coisa, que o campo dos bens, no serviço dos quais temos de nos colocar, possa num certo momento englobar todo o universo. (Lacan, 1959-1960/1997a, p. 381, grifos do original)*

O autor se refere, justamente, a um movimento dialético de ambos os polos da intelectualidade de seu tempo. A ponto de afirmar que o resultado desses embates seja a constatação de um canalha ou um bando de canalhas ser equivalente a um bobo ou a uma "bobeira coletiva", assim como o efeito de uma "canalhada coletiva" da intelectualidade da esquerda, especialmente quando organizada em massa (p. 382). Isso porque, segundo o autor, nada mudou estruturalmente, como na manutenção da crença no Um totalizante/totalizador, um Outro (A) encarnado na potência do mercado ou no Estado de forma universalista.

Referi por "crença", considerando o que Freud (1921/2011b) ressaltou com relação à formação das massas organizadas, duradouras e artificiais, cujos exemplos maiores trazidos pelo autor foram a Igreja e o Exército. Ambos estariam calcados na ilusão de um grande líder ou de uma grande ideia que supostamente traria a completude, o bem ou a felicidade para todos(as). Para o autor, em vez de o humano ser um animal gregário, ele é antes um animal de horda conduzido por um chefe. O líder ou a grande ideia ansiada pelas massas "continua a ser o temido pai primordial, a massa ainda quer ser dominada com força irrestrita, tem ânsia extrema de autoridade . . . de submissão" (p. 91). Por isso Lacan (1969-1970/1992b) disse, em referência aos estudantes revolucionários de 1968: "É a isso que vocês aspiram como revolucionários, a um senhor. Vocês o terão." (p. 239). Estava se referindo a uma concepção sobre a revolução como volta de 360°, atento às repetições ocorridas ao longo da história, de processos que tendem a fazer reemergir um Outro absoluto e autoritário, como na figura de Robespierre na Revolução Francesa e mesmo no comunismo da União Soviética, isto é, "a manutenção de um discurso do senhor" (p. 31).

O liberalismo tende a repetir paradoxalmente a sujeição como ausência de liberdade. É nesse sentido que levantei a hipótese de se tratar de um fenômeno inconsciente e que carregaria uma dubiedade liberal-conservadora, como o próprio Freud (1930/2010f) refletiu sobre o pacto social: de um compromisso entre vida e morte, pulsões de autoconservação e destruição, princípios do prazer e de realidade – elementos constitutivos do mal-estar na cultura. No polo liberal, a partir da hipótese sobre uma espécie de liberalismo em nosso inconsciente, encontramos a alienação de sujeitos que se acreditam livres: uma liberdade à custa de sua sujeição a um Outro, ou seja, na submissão a um soberano-mestre Leviatã.

Para Freud (1921/2011b), a crença nesse superior se revela como um substituto paterno, o que faz com que os membros se situem igualmente como irmãos ou camaradas por meio de ligações libidinais entre si e em relação ao chefe ou ideário comum, sob a prevalência de uma tendência conservadora, isto é, da manutenção do nível da energia libidinal a um mesmo *status quo*. Conforme atenta, este conservadorismo da libido é o "principal fenômeno" correlato às formações de massa e engendra uma "ausência de liberdade" por meio da "mudança e limitação" da personalidade dos indivíduos (p. 49). É assim que encontramos na cultura uma servidão generalizada e conservadora – como na expressão "servidão voluntária" de Étienne de la Boétie –, mesmo que sob os anseios libertários, como Lacan (1955-1956/2010b) também observou:

> *A relação daqueles a que a gente chama os exploradores não deixa de ser uma relação de servidores em relação ao conjunto da economia tanto quanto o é aquela do comum. Assim, a duplicidade senhor-escravo está generalizada no interior de cada participante de nossa sociedade. A servidão básica da consciência nesse estado infeliz deve ser atribuída ao discurso que provocou essa profunda transformação social. Podemos chamar esse discurso de a mensagem da fraternidade. Trata-se de alguma coisa de novo, que não apareceu no mundo somente com o cristianismo, pois ele já estava preparado pelo estoicismo, por exemplo. Em suma,* atrás da servidão generalizada, há um discurso secreto, uma mensagem de liberação, que subsiste de algum modo sob a forma de recalcado. *(p. 157, grifo nosso)*

Como trouxe anteriormente, um conservadorismo encontra-se recalcado nas pretensões libertárias (das liberdades ou direitos individuais), mas também nas pretensões igualitárias (das liberdades ou direitos sociais), do mesmo modo que o engendramento de situações de servidão e desigualdade provocam reações contra conservadorismos pela mesma reivindicação de liberdades ($). Como não há contradições no âmbito da lógica do inconsciente, a ambiguidade contida nessas formulações se encontra como simples afirmação para ambos os casos. Assim, tanto à direita quanto à esquerda, encontramos um mesmo fundamento, aqui, dado pelo inconsciente, para sustentar uma possível insistência liberal no âmbito da política e refletida nas políticas públicas.

Seguindo os desenvolvimentos do autor, as revoluções libertárias não se enganavam quanto ao discurso que proferiram, pois desde sempre teriam atentado ao logro contido em suas pretensões. Sabiam que era ineficaz falar em liberdade, pois ela redundaria em alienação (Lacan, 1955-1956/2010b). Não seria fortuito o fato desses discursos terem mantido uma relação estreita com uma pretensão de autonomia e que tenham ganhado vigor no cerne das discussões sobre os direitos individuais, das liberdades liberais.

Para o autor, existiria uma aproximação da visada moderna à autonomia, dos direitos individuais, com o delírio. Isso em função de uma relação intrínseca entre direitos individuais, a autonomia individual que ressalta a instância do Eu, com o discurso privado. Esse discurso se colocaria necessariamente como separado do outro. Desde o "homem" moderno, observa ainda, o Eu é instado ao discurso da liberdade, inerente à concepção de autonomia, daí "seu caráter fundamentalmente parcial e partidário, inexplicável, parcelar, diferenciado e profundamente delirante." (p. 172).

No entanto, frente aos empuxos do princípio do prazer, encontramos os entraves do princípio de realidade que conduzem o sujeito a uma resignação ou renúncia de uma parte da tendência pulsional. Por isso, atenta o autor: "Cada qual permanece no nível de uma contradição insolúvel entre um discurso, sempre necessário em certo plano, e uma realidade, à qual, tanto em princípio quanto de uma maneira provada pela experiência, ele não se coapta" (p. 159). Nesse sentido, pondera:

> *A psicanálise não se coloca no plano do discurso da liberdade, mesmo que este esteja sempre presente, constante no interior de cada um, com suas contradições e discordâncias, pessoal embora sendo comum, e sempre, imperceptivelmente ou não, delirante . . . O eu não se reduz a uma função de síntese. Ele está indissociavelmente ligado a esse tipo de mão morta, de parte enigmática necessária e insustentável, que constitui em parte o discurso do homem real com quem lidamos em nossa experiência, esse discurso estranho no seio de cada um enquanto ele se concebe como indivíduo autônomo. (p. 160)*

A psicanálise estaria fora desse discurso comum da liberdade, permeado pelas dilacerações inerentes ao acento da instância do Eu integrador (como desenvolvi no primeiro capítulo). Mas, a fim de não restringir a questão para o liberalismo da direita, atentemos ao que Freud (1921/2011b) abordou sobre o socialismo de seu tempo: "Se outra ligação de massa toma o lugar da religiosa, como a socialista parece estar fazendo, ocorre a mesma intolerância com os de fora que havia na época das lutas religiosas" (p. 54). O mesmo tom crítico apresentou anos mais tarde, quando abordou a visão de mundo (*Weltanschauung*) presente no comunismo: "Tal como foi concretizado no bolchevismo russo, o marxismo teórico ganhou a energia, a coesão e o caráter exclusivo de uma visão de mundo, mas também, ao mesmo tempo, uma *inquietante semelhança com aquilo que combate*" (Freud, 1933/2010a, p. 351, grifo nosso).

O autor constatava um inquietante (*Unheimlich*) fenômeno presente na política, algo estranho-familiar apresentado por uma contradição presente na realidade material e histórica que fazia a esquerda reproduzir aquilo que pretendia combater. Por fim, atentou:

> *embora o marxismo prático tenha removido impiedosamente todos os sistemas e ilusões idealistas, ele próprio desenvolveu ilusões . . . espera, no curso de poucas gerações, mudar a natureza humana de tal forma que os homens convivam quase sem atritos na nova ordem social. (p. 351)*

Dessa forma, seja a concepção liberal ou social, aquela direita ou essa esquerda, qualquer discurso que se pretenda totalizante trará como seu correlato uma tendência conservadora e excludente a todo(a) aquele(a) que lhe oferecer resistência, pois, conforme observou: "o rebanho rejeita tudo o que é novo, inusitado" a fim de não pretensamente desequilibrar o *status quo* de seu equilíbrio em termos de energia pulsional (Freud, 1921/2011b, p. 79). Assim, tendo em vista essa característica do inconsciente, talvez o que encontramos seja a prevalência de uma insistência conservadora tanto no liberalismo quanto nas vertentes do social-comunitarismo. Corroborando com essa hipótese, atento ao cenário político de sua época, Lacan chega a dizer que acompanha os semanários, constatando a prevalência de uma específica ideologia nos debates políticos e que condizem com o oximoro liberal-conservador:

> *O que mais me faz gozar, confesso, é a face que aí se revela da canalhada coletiva – essa velhacaria inocente e até mesmo essa tranquila imprudência, que os faz expressar tantas verdades heroicas sem quererem pagar seu preço. Graças a isso, o que é afirmado como o horror de Mamon na primeira página acaba na última em ronrons de ternura por esse mesmo Mamon. (Lacan, 1959-1960/1997a, p. 224)*

Mamon é um demônio comumente encontrado nos Evangelhos e também faz referência a um deus sírio das riquezas. Trata-se de uma alusão à massa dos intelectuais da esquerda redundar na canalhice liberal, isto é, às voltas com os mesmos interesses confessos pelos intelectuais da direita (como forma, portanto, de se reproduzir aquilo que se pretendia combater). Encontramos nesse ínterim uma discussão que verificamos estar presente ainda nos debates atuais, fazendo frente à tese sobre o fim da história, isto é, o retorno da velha história das disputas entre esquerda e direita, com o adendo de que haveria uma prevalência de um liberal-conservadorismo no campo da política. Daí meu questionamento sobre uma tendência liberal-conservadora inconsciente.

Ainda sobre as críticas de Freud ao comunismo, o pressuposto psicológico no qual todos os "homens" nasceriam bons, mas a propriedade privada os corromperia – fundamentados em um primeiro Rousseau –, é considerado ilusório por não atentar à ambivalência constitutiva do humano e, principalmente, à tendência agressiva da pulsão de morte. Para Freud (1933/2010a), enquanto a visão de mundo comunista articula um determinismo econômico, a psicanálise privilegiaria um determinismo psíquico:

> *Não apenas esses fatores já estavam envolvidos na criação de tais relações econômicas, mas também sob o domínio delas as pessoas não podem senão pôr os seus instintos originais em ação: seu instinto de autoconservação, sua agressividade, sua necessidade de amor, seu impulso a obter prazer e evitar o desprazer. (p. 350)*

Para o autor, apesar do que pode ser melhorado na civilização, do "sofrimento que se poderia provavelmente evitar", existem "dificuldades inerentes à cultura, que não cederão a tentativas de reforma." (Freud, 1930/2010f, pp. 82 e 83). Os termos empregados por Freud condizem com a concepção de Sen (2011) sobre a justiça e o problema da justa métrica em políticas públicas. Isto é, sobre aquilo que é possível haver consenso em termos do que é injustificadamente injusto, e sobre a impossibilidade de haver uma plena satisfação quando da formulação e implementação de políticas públicas.

Freud ainda assevera que não há dúvidas de que "uma real mudança nas relações das pessoas com a propriedade será de maior valia", mas enfatiza que a dissolução da propriedade não alteraria a natureza da pulsão (p. 199). Nesse mesmo sentido, conforme atentou posteriormente Lacan (1959-1960/1997a), "no discurso da comunidade, do *bem geral*, lidamos com os efeitos de um discurso da ciência onde se mostra . . . a potência do significante como tal" (p. 287, grifo nosso). Tem-se o ideal de um "bem geral" que, como apresenta o funcionamento dos significantes de comando no lugar de agente nos discursos do mestre e do universitário (S_1 e S_2, respectivamente), visa encarnar a totalização de um poder-saber, não deixando lugar para o sujeito do desejo ($).

Mas é momento de questionar se a psicanálise poderia oferecer alguma contribuição a esse campo – tendo em vista o que desenvolvi como uma vertente contratualista da psicanálise e os desdobramentos sobre os impossíveis no cerne do mal-estar na civilização. Conforme a leitura de Lacan (1959-1960/1997a), apesar de Freud não ter sido um progressista, ele não era totalmente um humanista, entendendo que Freud não era, contudo, um reacionário:

> *Não, a reflexão de Freud não é humanista. Nada permite aplicar-lhe esse termo. Ela é, contudo, da tolerância e da moderação. Digamos que seja humanitária, apesar dos maus relentos dessa palavra em nossa época. Porém, coisa curiosa, não é progressista, não deposita fé alguma em um movimento de liberdade imanente, nem na consciência, nem na massa. Estranhamente, é por meio disso que ele vai além do meio burguês da ética contra o qual não poderia, aliás, se insurgir, assim como tampouco contra tudo o que acontece em nossa época, incluindo-se a ética que*

> *reina no Leste, que, como qualquer outra, é uma ética da ordem moral e do serviço do Estado.* (Lacan, 1960/2005a, pp. 33-34)

Para Lacan (1955-1956/2010b), apesar de o fundador da psicanálise ter advogado, ao menos durante boa parte de sua vida, uma moderação ou um temperamento das pulsões, sob a égide do Eu e do princípio de realidade – no cerne mesmo de uma vertente contratualista da psicanálise ante essa tendência que estou chamando de "liberal-conservadora"–, Freud deve ser situado na esteira das tradições realista e trágica. Sobre essa observação, encontramos textualmente em *Além do princípio do prazer*, a concepção de que o princípio do prazer é justamente derivado do "princípio de constância", essencialmente "conservador" por visar manter a tensão em um nível o mais baixo possível, objetivando um reequilíbrio ou o "restabelecimento de algo anterior" (Freud, 1920/2010b, pp. 164 e 204). Freud sinaliza, no entanto, que tal princípio sofre uma interferência pelo princípio de realidade que advém para adiar a satisfação, consentindo com um "longo rodeio para chegar ao prazer", mesmo que à custa de uma dose de desprazer temporária e da satisfação parcial da pulsão (p. 165).

Conforme o exemplo do jogo do carretel trazido pelo autor – a partir da observação de uma brincadeira de seu sobrinho de um ano e meio de idade –, com a emissão sequencial das palavras *fort* (entendido como: "foi-embora") e *da* (entendido como: "está aqui"), denota-se uma "conquista cultural" da criança em razão da brincadeira sinalizar um "apoderar-se" (*Bemächtigungstrieb*) de uma situação que, até então, sofria passivamente com o afastamento temporário de sua mãe: "o garoto só podia repetir brincando uma impressão desagradável porque a essa repetição está ligada uma obtenção de prazer de outro tipo, porém direta." (p. 174).

O que prevalece é um elemento que se situa no além do princípio do prazer e que se manifesta na compulsão à repetição, no masoquismo moral e nas neuroses traumáticas que, em vez de impelir "à mudança e ao desenvolvimento" ou ainda "ao progresso", se expressa por uma "natureza *conservadora* do vivente" (pp. 202 e 203). Em razão dessa tendência liberal-conservadora (como se pode ler, enfim, no próprio Freud), haveria uma tentativa de restabelecimento em direção ao inorgânico, mesmo que, como se observa no jogo do *fort-da*, mantenha-se o narcisismo sob a crença no domínio do sujeito frente às interpolações do mundo externo.

> *Os instintos orgânicos conservadores acolheram cada uma dessas mudanças impostas ao curso da vida e as preservaram para a repetição, e assim produzem a enganadora impressão de forças que aspiram à transformação e ao progresso, quando apenas tratam de alcançar uma antiga meta por vias antigas e novas . . . Seria contrário à natureza conservadora dos instintos que o objetivo da vida fosse um estado nunca antes alcançado. Terá de ser, isto sim, um velho estado inicial, que o vivente abandonou certa vez e ao qual ele se esforça por voltar, através de todos os rodeios de seu desenvolvimento. Se é lícito aceitarmos, como experiência que não tem exceção, que todo ser vivo morre por razões* internas, *retorna ao estado inorgânico, então só podemos dizer que* o objetivo da vida é a morte, *e, retrospectivamente, que* o inanimado existia antes que o vivente. *(Freud, 1920/2010b, p. 204)*

O desenvolvimento e o progresso se situariam como dimensões da pulsão de vida apenas nesse meio tempo da existência, a fim de prolongar a jornada sob a prevalência da sina da pulsão de morte. Só seria possível admitir um tipo de progressismo se, como sinaliza Freud, atentássemos à prevalência da pulsão que nos move rumo à morte:

> *Para muitos de nós pode ser difícil abandonar a crença de que no próprio homem há um impulso para a perfeição, que o levou a seu atual nível de realização intelectual e sublimação ética e do qual se esperaria que cuidasse de seu desenvolvimento rumo ao super-homem. Ocorre que eu não acredito em tal impulso interior e não vejo como poupar essa benevolente ilusão . . . O instinto reprimido jamais desiste de lutar por sua completa satisfação, que consistiria na repetição de uma vivência primária de satisfação; todas as formações substitutivas e reativas, todas as sublimações não bastam para suprimir sua contínua tensão. (Freud, 1920/2010b, pp. 209-210)*

A pulsão de morte, sob o vigor do princípio do prazer e no rol do sistema primário, condiz com uma visada liberal, da satisfação inconsciente, mas que em função disso leva à homeostase, ao rebaixamento da tensão, ao inorgânico e, portanto, ao conservadorismo libidinal inerente ao *status quo* entrópico de morte. Já a pulsão de vida é mais bem situada "entre duas mortes", como elaborou posteriormente Lacan (1959-1960/1997a), por receber seu vigor do princípio de realidade, no âmbito do sistema secundário, condizente a uma dimensão mais progressista. Mas seu progresso é apenas temporário em função da tendência inevitável da morte, daí a ilusão que lhe seria correspondente.

Desse modo, se puder supor uma vertente ideológica estritamente assentada na metapsicologia freudiana, diria que é inerente ao inconsciente que ele faça jus a uma tendência liberal – cuja visada conservadora lhe é correlata. Daí, talvez, uma etiologia para sua insistência ao longo do tempo e sua prevalência no interior da política e manifesta nas políticas públicas – de ações realizadas de modo que nada mude efetivamente, por meio da reprodução daquilo que se pretende combater.

Sobre este caráter insistente liberal-conservador na cultura e manifesto na política, podemos concebê-lo como uma forma de compulsão à repetição. Isto é, uma manifestação inerente ao além do princípio do prazer, à pulsão de morte, que se apresenta como insistência repetitiva de algo que não foi superado ou devidamente elaborado e que por isso se apresenta como a "insistência de uma fala" (Lacan, 1955-1956/2010b, p. 282). Conforme observa, o para-além do princípio do prazer se revela pela "noção de *insistência*, de insistência repetitiva, de insistência significativa" inerente ao inconsciente e que se exprime pela via privilegiada do sintoma (Lacan, 1954-1955/2010a, p. 279).

Não é fortuito que Freud tenha se visto em apuros, forçando-se a quase abandonar a dualidade da pulsão de vida (Eros) e de morte (Tânatos). Quanto a isso, referiu textualmente: "se não quisermos abandonar a hipótese de instinto de morte, será preciso conjugá-lo a instintos de vida desde o começo" (Freud, 1920/2010b, p. 230). No texto sobre *O mal-estar na civilização*, enfatizou: "as duas espécies de instintos raramente – talvez nunca – surgem isoladas uma da outra, mas se fundem em proporções muito diferentes e muito variadas" (p. 86).

Um ano depois, em *Psicologia das massas e análise do eu*, Freud (1921/2011b) evocou a alegoria dos porcos-espinhos de Schopenhauer. A conhecida historieta conta a descoberta de uma necessária distância-aproximação, uma zona intermediária entre esses animais para que não se espetem, mas, ao mesmo tempo, se aqueçam uns aos outros no inverno. Analogamente, essa zona intermediária seria necessária em função da ambivalência humana que integra tanto sentimentos amorosos quanto hostis. O humano pode então ser comparado a um porco-espinho que vive entre dois impossíveis: ou só e com frio ou com o outro e seu espinho. Os espinhos seriam representantes do impossível da fusão com o outro, um conflito inerente à coexistência de uma tendência gregária (pulsão de vida, Eros) e outra agregária (pulsão de morte, Tânatos).

Dessa forma, ao mesmo tempo que o humano está na dependência do outro também se encontra suscetível, isto é, o outro representa uma ameaça à sua integridade, ameaça o seu narcisismo. Mas este "contratualismo" freudiano ou este seu "meio termo" não redunda em um total assentimento à moral burguesa. Apesar de não se identificar como um marxista, Freud "não participava de certos preconceitos burgueses" (Lacan, 1959-1960/1997a, p. 255). A ética da psicanálise, por levar em conta a falta, vai na contramão dos anseios típicos aos serviços dos bens, caros à burguesia:

> *Não há razão alguma para que nos constituamos como garante do devaneio burguês. Um pouco mais de rigor e de firmeza é exigível em nossa confrontação com a condição humana . . . o serviço dos bens tem exigências, que a passagem da exigência de felicidade para o plano político tem consequências. O movimento no qual o mundo em que vivemos é arrastado promovendo até suas últimas consequências o ordenamento universal do serviço dos bens implica uma amputação, sacrifícios, ou seja, esse estilo de puritanismo na relação com o desejo que se instaurou historicamente. O ordenamento do serviço dos bens no plano universal não resolve, no entanto, o problema da relação atual de cada homem, nesse curto espaço de tempo entre seu nascimento e sua morte, com seu próprio desejo – não se trata da felicidade das futuras gerações. (Lacan, 1959-1960/1997a, p. 364)*

Freud (1921/2011b) salientou que a libido é dirigida para outrem nas formações grupais e de massa, o que engendra uma barreira ao narcisismo por meio do amor pelos outros, da libido dirigida aos objetos. Isso permitiria transcender as questões do mero interesse (narcisistas, privatistas) e da finalidade sexual propriamente dita. Nesse processo de inibição, no caso das massas, há como contrapartida "uma impressão de poder ilimitado e perigo indomável" de si mesmas (p. 36). Por isso, deve-se levar em conta que agir contrariamente a uma massa pode ser igualmente perigoso ao sujeito, conferindo riscos ao seu narcisismo. Para o autor, a justiça, a aspiração pela igualdade e os demais nobres sentimentos e organizações oriundos da hipótese do gregarismo revelam-se como reles salvaguardas narcísicas.

Apesar desse traço de narcisismo incurável, as coordenadas simbólico-imaginárias da civilização refreiam o inerente componente bestial do ser humano, esse "mau selvagem", como referiu o autor em uma alusão risível ao "bom selvagem" rousseauista. Textualmente, segundo Freud (1921/2011b), a relação com o outro e todas as convenções morais só se estabelecem como uma "formação reativa" ao egoísmo: "A primeira exigência dessa formação reativa é aquela por justiça, tratamento igual para todos", como uma "inversão de um sentimento hostil em um laço de tom positivo, da natureza de uma identificação" (pp. 81 e 83). Dessa maneira, o bem comum não seria nada mais que uma formação reativa ao bem-estar privado e egoísta, o que entendo ser condizente à prevalência de um liberal-conservadorismo inconsciente.

> *O que depois aparece na sociedade como espírito comunitário,* esprit de corps, *não desmente sua procedência da inveja original. Ninguém deve querer sobressair, cada qual deve ser e ter o mesmo. Justiça social quer dizer que o indivíduo nega a si mesmo muitas coisas, para que também os outros tenham de renunciar a elas ou, o que é o mesmo, não possam pretendê-las. Tal exigência de igualdade é a raiz da consciência social e do sentimento do dever. De*

> *modo inesperado ela se revela no medo dos sifilíticos de infectarem outras pessoas, que a psicanálise nos ensinou a compreender. A angústia desses coitados corresponde à sua violenta luta contra o desejo inconsciente de propagar sua infecção entre os demais. (Freud, 1921/2011b, p. 82)*

No fragmento anterior, encontramos um bom exemplo: o dever moral de cuidar dos sifilíticos – como em uma política pública de saúde voltada a infecções sexualmente transmissíveis – tem como objetivo preservar os demais contra a propagação dessa contaminação e, consequentemente, manter o interesse narcísico de salvaguardar a si mesmo (o que desenvolvi no terceiro capítulo quanto a teoria sobre o autointeresse). Dando continuidade às suas investigações, o autor sinaliza que a libido é paradoxalmente condição para a civilização: "Tal como no indivíduo, também no desenvolvimento da humanidade inteira é o amor [a libido] que atua como fator cultural, no sentido de uma mudança do egoísmo em altruísmo." (p. 59).

Nas formações coletivas haveria uma espécie de "superação" possível do narcisismo que permitiria o estabelecimento das relações entre seus membros, pois o amor (Eros), que "refreia o narcisismo", torna-se um "fator de cultura" (Freud, 1912-1913/1996s, p. 86). Em outras palavras, os espinhos dos membros individuais podem ser "superados" (conforme termos freudianos), trazendo a possibilidade das relações interpessoais sem redundarem necessariamente numa massa. Entretanto, sob o risco da formação de uma massa, Freud ressalta que tanto a relação de identificação com o líder ou seu substituto, como entre os próprios membros, é marcada pela ambivalência afetiva. Não é fortuito que, comumente, as sensações hostis sejam dirigidas a outrem, para estranhos(as) ou diferentes, como no contexto do "narcisismo das pequenas diferenças", em que qualquer diferença pode ameaçar o narcisismo de si mesmo e da massa (ambos como indivíduos por se constituírem como indivisíveis):

> *Nas antipatias e aversões não disfarçadas para com estranhos que se acham próximos, podemos reconhecer a expressão de um amor a si próprio, um narcisismo que se empenha na afirmação de si, e se comporta como se a ocorrência de um desvio em relação a seus desenvolvimentos individuais acarretasse uma crítica deles e uma exortação a modificá-los. (Freud, 1921/2011b, p. 57)*

Conforme observou, as massas revelam-se como "inteiramente conservadoras", tendo, inclusive, "profunda aversão a todos os progressos e inovações, e ilimitada reverência pela tradição" (p. 27). Ressalta que a união dos membros serve também para que se mantenha a tendência da pulsão de morte por meio do exercício da destrutividade dirigida a outrem: "Não é de menosprezar a vantagem que tem um grupamento cultural menor, de permitir à pulsão um escape, através da hostilização dos que não pertencem a ele" (p. 80). Conforme Lacan (1959-1960/1997a) reiterou posteriormente: "O que quero é o bem dos outros, contanto que permaneça à imagem do meu", sendo que são essas pequenas diferenças que o sujeito interpreta como "o gozo de meu próximo, seu gozo nocivo, seu gozo maligno, é ele que se propõe como o verdadeiro problema para o meu amor" (p. 229).

Frente ao caráter aparentemente negativo, pessimista e impotente que acompanhamos ao discutir o rochedo da castração, o mal-estar na civilização, o impossível do bem-estar para todos(as) até a tendência liberal-conservadora do inconsciente, como poderíamos apreender essa mesma insistência em dispositivos que supostamente visam o bem-estar de todos(as), sob a crença no bem comum, por meio das políticas públicas? A fim de investigar esse desdobramento da questão, passemos à hipótese de o inconsciente apresentar-se como um tipo de "progressista-iludido".

Uma tendência progressista?

Alguma coisa, certamente, deverá permanecer aberta no que se refere ao ponto que ocupamos na evolução da erótica e do tratamento a fornecer, não mais a fulano ou sicrano, mas à civilização e a seu mal-estar.

Lacan, 1959-1960/1997a, p. 25

Apesar do pessimismo inerente à ideia de que o pleno bem-estar e o bem comum seriam impossíveis – não obstante o que pretendiam a geração *Tupperware*, as políticas do *Welfare State* e ainda o próprio discurso do capitalista em sua versão contemporânea neoliberal –, o caráter negativo oriundo do rochedo da castração, do mal-estar na civilização e do que extraímos ser uma tendência marcadamente liberal-conservadora do inconsciente pulsional, o próprio Freud nos legou a pulsão como um conceito que também se caracteriza por uma tendência que marca o desejo como dotado de uma "função fecunda" (Lacan, 1959-1960/1997a, p. 12). A pulsão é essencialmente anticivilizatória, mas, ao mesmo tempo, potencialmente subversiva, pois se encontra fazendo frente aos dispositivos de controle social e às pretensões de harmonia e equilíbrio, oriundos do movimento entrópico na radicalidade tendencial do princípio do prazer.

O desejo marcaria, segundo a leitura lacaniana, a experiência moral do sujeito como não condizente a uma resignação conservadora, mas, ao contrário, a partir do que Freud escreveu por *Wo Es war, soll Ich werden* e que Lacan (1965-1966/1998b) retraduziu por: "lá onde isso estava, lá, como sujeito, devo [eu] advir", isto é, como uma positividade (p. 878). Diante da impossibilidade de conciliação entre os processos secundários/princípio de realidade/Eu da consciência, por um lado, e os processos primários/princípio do prazer/eu inconsciente, por outro, adviria a preponderância de um além do princípio do prazer.

Frente à dialética entre princípio do prazer e de realidade, Lacan (1959-1960/1997a) ressaltou a importância do além do princípio do prazer, conforme sinalizado pelo próprio Freud, como uma solução mais proeminente. Nesse sentido, o contrato, entendido como tentativa de solução para os conflitos públicos e privados, é sempre permeado por riscos inerentes às disputas entre amigos(as) versus inimigos(as). Haveria riscos de traição de si mesmo ou por parte dos outros no interior da rixa que constitui o mundo dos bens. É aí que, segundo o autor, tanto de um lado quanto de outro, à esquerda ou à direita, cede-se do desejo que deve esperar "sentado" (p. 381). O humano comum é aquele que, traído ou traidor, envereda pela via do serviço dos bens e que por isso mesmo "não reencontrará jamais o que o orienta verdadeiramente nesse serviço" (p. 385).

Em uma primeira leitura, a pulsão de morte pode fazer com que acreditemos que o destino do sujeito é fatalmente uma tragédia, um destino funesto como sinalizado pelo rochedo da castração. Entretanto, se atentarmos ao que Freud mesmo nos legou em seu *Além do princípio do prazer*, a pulsão de morte atesta que é justamente o princípio do prazer que traz consigo um movimento de homeostase, de uma inércia que tende simplesmente à descarga. Daí que os processos secundários e o princípio de realidade tenham uma função reguladora da subjetividade, fazendo frente a essa tendência destrutiva e, com isso, permitindo criações mobilizadas pelo desejo que visam ocupar a vida antes do fim derradeiro de nossa sina.

O desejo é então "tomado pela realidade" que é sempre "essencialmente precária", mas que tem o poder de mobilizar o inconsciente, o processo primário sob o princípio do prazer, que se satisfaz alucinatoriamente e tende a uma satisfação destrutiva (Lacan, 1959-1960/1997a, pp. 35 e 43). É pelo princípio de realidade que o princípio do prazer pode ser retificado:

> *O princípio de realidade, ou seja, aquilo a que o funcionamento do aparelho neurônico deve, no fim das contas, sua eficiência, apresenta-se como um aparelho que faz muito mais do que um simples controle – trata-se de* retificação. *O modo pelo qual opera é apenas rodeio, precaução, retoque, retenção. Ele corrige, compensa o que parece ser a tendência fundamental do aparelho psíquico e, fundamentalmente, opõe-se a ela. (p. 40, grifo nosso)*

Por isso que ambos os princípios (do prazer e de realidade) são articulados de maneira dialética, de modo que a realidade é, em suma, constituída pelo prazer.[3] É justamente essa retificação que permite haver um movimento em direção aos "processos de pensamento, pelos quais se realiza, efetivamente, a atividade tendencial, isto é, o processo apetitivo – processo de busca, de reconhecimento e, como Freud explicou mais tarde, de reencontro do objeto" (p. 46). A pulsão de morte é, ao contrário do que se pode depreender em uma primeira leitura, um princípio que engendra a vida. Mesmo em Freud (1920/2010b) encontramos: "Tais rodeios rumo à morte, fielmente seguidos pelos instintos conservadores, nos ofereceriam hoje o quadro dos fenômenos da vida" (p. 205).

3 Trata-se de uma observação direta do texto freudiano, como em *O mal-estar na civilização*, em que Freud (1930/2010f) enfatiza que a distinção entre ambos os princípios se deve, inicialmente, a uma defesa realizada pelo Eu frente às sensações de desprazer: "Essa distinção serve, naturalmente, à intenção prática de defender-se das sensações de desprazer percebidas ou das que ameaçam" (p. 19). Inicialmente, não há separação. Posteriormente, aquilo que é percebido como prazeroso é introjetado e o que é desprazeroso é repelido para fora do Eu. É mediante experiências de retificação "pela orientação intencional da atividade dos sentidos e ação muscular correspondente" que o sujeito passa a "distinguir entre o que é interior – pertencente ao Eu – e o que é exterior – oriundo de um mundo externo" (p. 19).

Desse modo, a pulsão seria mobilizada na forma de desejo em função da inevitabilidade da tendência do princípio do prazer em dirigir-se à morte, pela preponderância do prazer com o desprazer. Nos termos de Lacan (1959-1960/1997a), "ela [a pulsão] põe em causa tudo o que existe. Mas ela é igualmente vontade de criação a partir de nada, vontade de recomeçar." (p. 260). O princípio de realidade confere, segundo sua leitura, uma condição para um prazer possível.

No interior dessa aparente contradição entre princípios do prazer e de realidade, o desejo inconsciente revela-se em uma dimensão ética diferente da experiência moral tradicional, aquela que vimos quanto ao serviço dos bens, da moral do gozo e com o mais-de-gozar. Assim, o imperativo da experiência psicanalítica não seria a do Eu da consciência a se sobrepor ao Isso, mas o sujeito do inconsciente que deve advir lá onde Isso estava, permitindo que o sujeito enverede pelas vias da tendência pulsional.

É por meio dessa concepção de tendência – um termo correspondente às "derivas" que melhor traduziriam o conceito de pulsão, segundo Lacan – que o autor pôde situar a experiência psicanalítica como uma ética (p. 139). A tendência diz respeito ao movimento da pulsão, que caracteriza o desejo inconsciente como movimento metonímico, em contornar o objeto. Trata-se daquilo que o sujeito toma como um bem precioso: "na articulação teórica de Freud, a gênese da dimensão moral não se enraíza em outro lugar senão no próprio desejo" (p. 12).

A pulsão tende à descarga e com isso também gera desprazer, lembrando que o que gera prazer em um sistema (consciente ou inconsciente) pode gerar desprazer em outro e vice-versa. É o princípio de realidade que retifica, dá contornos à pulsão, permitindo que ela siga em seus movimentos, engendrando a própria metonímia característica do desejo como desejo do Outro.[4] Nos termos do autor: "não há apenas o lado negativo da moral, mas também o lado positivo ... aquilo sem o que não existe fala" (p. 88).

A pulsão de morte, compreendida como a única pulsão por Lacan, é o que permite que haja vida. É graças à pulsão que, nesse meio tempo entre a castração (tomada como "primeira morte") e o fim derradeiro de nossa sina (denominado pelo autor de "entre duas mortes"), que pode haver qualquer coisa que faça pulsar. Como encontramos em Freud (1915-1916/1996q), em vez de a transitoriedade da vida redundar em desalento ou revolta, ela pode implicar um aumento de seu valor: "O valor da transitoriedade é o valor da escassez no tempo." (p. 317).

Enquanto o princípio do prazer, por sua inércia, homeostase e tendência à descarga, tem o poder de abreviar a vida, representando uma morte subjetiva; o princípio de realidade, com a castração e o advento da instância do Supereu, permite engendrar um movimento que vai na contramão da entropia liberal-conservadora da pulsão. Assim, o Supereu não é apenas uma condição para a emergência da civilização, sua instância situa-se para além da interdição que conduz o sujeito à impotência:

---

4 A concepção de que o desejo humano é o desejo do Outro se encontra nas incursões de Lacan na filosofia hegeliana. Trata-se, sumariamente, da alienação constitutiva do desejo do sujeito na medida em que se deseja que o outro reconheça esse desejo, isto é, do desejo de ter seu desejo reconhecido. Nos termos do autor: "O próprio desejo do homem constitui-se, diz-nos ele [Hegel], sob o signo da mediação: ele é desejo de fazer seu próprio desejo reconhecido. Ele tem por objeto um desejo, o do outro, no sentido de que o homem não tem objeto que se constitua para seu desejo sem alguma mediação, o que transparece em suas necessidades mais primitivas – como, por exemplo, no fato de que seu próprio alimento tem que ser preparado –, e que encontramos em todo desenvolvimento de sua satisfação, a partir do conflito do mestre/senhor e do escravo, através de toda dialética do trabalho." (Lacan, 1946/1998g, p. 183).

> *Como lhes disse a experiência moral não se limita ao aspecto de resignar-se a perder o que não tem jeito, ao modo pelo qual se apresenta em cada experiência individual. Ela não está unicamente ligada a esse lento reconhecimento da função que foi definida, autonomizada por Freud sob o termo de supereu, e à exploração de seus paradoxos, que chamei de figura obscena e feroz, sob a qual a instância moral se apresenta quando vamos procurá-la em suas raízes. (Lacan, 1959-1960/1997a, p. 16)*

A partir das contribuições lacanianas, a castração não redunda em impotência ou resignação, mesmo porque a ética psicanalítica não visa o suposto primado da genitalidade de um desejo harmônico, a complementaridade entre os sexos, a uma moral asséptica ou a um Eu-centrismo. A psicanálise questiona também a distribuição dos bens como possibilidade de satisfação pública para todos(as) e mesmo as propostas de desmascaramento (via interpretações de sentido) do outro visando uma pretensa autenticidade, em estratégias ortopédicas que visam a uma suposta autonomia privada, como aquela que "se oferece aos norte-americanos para guiá-los em direção à *happiness*" (Lacan, 1958/1998d, p. 597).

A ética analítica se orienta no "referenciamento do homem em relação ao real" e não à suposta centralidade do Eu e aos ideais morais pretensamente normalizantes (Lacan, 1959-1960/1997a, p. 21). Desse modo, não se trata de buscar o prazer pela realização do que se acredita querer no plano da realidade, como na atuação de fantasias, seja pelo hedonismo ou pela libertinagem.[5] Isso fracassa sempre, conforme nos alerta em relação ao tratamento psicanalítico:

---

5 A título de exemplo, pode-se recorrer ao filme *De olhos bem fechados* (*Eyes Wide Shut*) de Stanley Kubrick (1999). Em uma das principais cenas do filme, uma orgia da qual o casal protagonista do filme participa é seguida de intensa angústia,

> *Promover na ordenação da análise a normalização psicológica inclui o que podemos chamar de uma moralização racionalizante. Igualmente, visar ao acabamento do que se chama de estágio genital, a maturação da tendência e do objeto, que daria a medida de uma relação justa com o real, comporta certamente uma certa implicação moral. (Lacan, 1959-1960/1997a, p. 362)*

A grande "sacada" nesse momento da teoria lacaniana é que, pela via da tendência, pode-se fazer algo diferente com Isso. A saída, portanto, não está no hedonismo, em supostamente livrar o sujeito da culpa ou no fomento à realização perversa das fantasias, como no gozo da transgressão (um gozo não sublimado, segundo o autor), mas na via ética do desejo, condizente com a aposta da experiência psicanalítica. É por meio dos "trilhamentos" do sujeito, das trilhas por onde se demarca o "caminho da satisfação", que se pode fazer algo diferente com Isso, como uma forma de satisfação parcial possível (pp. 243 e 56).

Ao retomar o que desenvolvi anteriormente com relação ao estatuto dos bens, diferentemente dos modernos que passaram a dar relevância ao objeto, os antigos permitiam-se contornar o objeto, fazendo jus a um prazer possível, como o autor exemplifica ao falar sobre o amor cortês medieval. Trata-se de uma modificação com relação às formas de amar e, portanto, de mobilizar a tendência pulsional ocorrida ao longo do tempo. Isso confere à sublimação o estatuto de ser um operador clínico importante na direção do tratamento psicanalítico, assim como de um tratamento possível "à civilização e a seu mal-estar" (p. 25). A sublimação seria, então, uma mudança da economia pulsional em relação ao seu alvo sexual, como nas manifestações artísticas e investigações teóricas. Segundo os desenvolvimentos

---

que pode ser compreendida como índice da extrema aproximação com o objeto condensador de gozo.

do autor em seu seminário *A ética da psicanálise*, a sublimação seria a única a fazer "alusão a uma possibilidade feliz de satisfação da tendência", uma modificação em relação às nossas eróticas públicas e privadas (p. 351).

> *No nível da sublimação o objeto é inseparável de elaborações imaginárias e, muito especialmente, culturais. Não é que a coletividade as reconheça simplesmente como objetos úteis – ela encontra aí o campo de descanso pelo qual ela pode, de algum modo, engodar-se a respeito de* das Ding, *colonizar com suas formações imaginárias o campo de* das Ding. *(Lacan, 1959-1960/1997a, p. 125)*

A sublimação tem relação com *das Ding* que, sendo diferente dos objetos que se situam no registro imaginário e por onde o sujeito se fixa imaginariamente para sua satisfação em termos de prazer e desprazer, tem o poder de elevar um objeto "à dignidade da Coisa" (p. 141). Trata-se de uma invenção na relação com o objeto, em promovê-lo a uma função especial sem transformá-lo na Coisa mesma, isto é, uma transformação do objeto do desejo em objeto causa de desejo (*a*). Tal objeto encontra-se em quatro modalidades – oral, anal, olhar e voz – que servem de suporte à fantasia, ao desejo e também ao gozo do sujeito; sendo que, como anota Lacan (1972-1973/1985): "É enquanto substitutos do Outro que esses objetos são reclamados e se fazem causa do desejo" (p. 171).

Contrariamente à tese freudiana de que a sublimação acabaria por gerar satisfação na medida em que uma obra de arte entraria no circuito mercadológico dos bens de consumo, Lacan advoga que se trata de ressaltar sua dimensão criacionista, sem que para isso se mude o objeto. De qualquer forma, para ambos, tem-se uma mudança com relação ao alvo ou meta da pulsão. Aqui, vigora a possibilidade lógica, sem qualquer contradição, de que mesmo sem estabelecer uma meta, ao atingi-la, pode-se dobrar a meta:

> *O caminho para trás, para a completa satisfação, é em geral obstruído pelas resistências que mantêm as repressões . . . não resta senão continuar pela direção de desenvolvimento ainda livre, embora em perspectiva de encerrar o processo e poder alcançar a meta. (Freud, 1920/2010b, p. 210).*

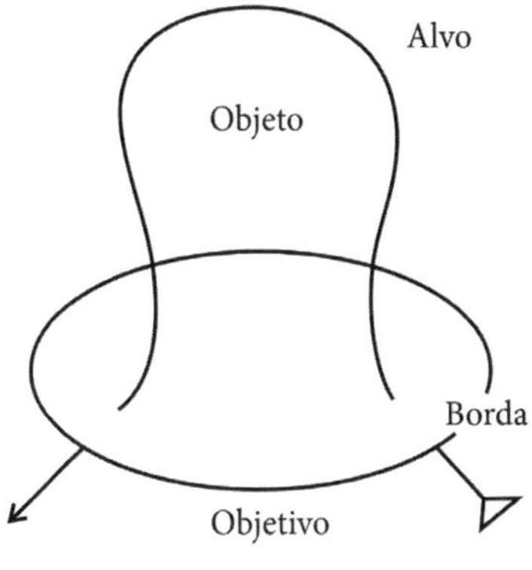

Figura 5.1 Circuito da pulsão.

É por meio de uma operação com relação ao objeto, como mostra o "paradigma de sublimação" da poética do amor cortês em relação à dama, que se pode fazer jus à dimensão ética do desejo do sujeito (Lacan, 1959-1960/1997a, p. 160). Mas, conforme Freud (1921/2011b) salienta, a sublimação não é uma operação completa ou plena em termos de sua eficiência, já que há um resto impossível de sublimar. Não é fortuito que, segundo o autor, no enamoramento "o objeto é tratado como o próprio Eu", ou seja, implica certo escoamento à libido narcísica conservadora. O "rodeio" desse amor inibido em sua meta satisfaz uma parcela do incurável narcisismo do sujeito e não exclui as transformações que uma análise pode promover em termos de abertura a modos de satisfação direta da pulsão (p. 71). Isso quer dizer que o que se desponta em análise é um viver a pulsão, não apenas em termos de sublimação, mas a satisfação direta e também, como observou Jorge (2017), no exercício da deliberação:

> *No fim da análise surge a questão colocada por Lacan: qual a relação do sujeito com a pulsão? Freud respondeu com as três possibilidades . . : a satisfação direta, a sublimação e o juízo de condenação, que podemos subsumir a três verbos: amar, trabalhar, deliberar . . . O juízo de condenação manifesta, portanto, alguma parcela de liberdade que o sujeito conquistou em sua análise, a qual suspende a posição de refém da pulsão na qual ele se encontra através da ação do recalque e das manifestações de seu retorno. O juízo de condenação representa, assim, uma conquista da análise . . . permitem deparar-se com o pulsional sem que isso represente uma ameaça assustadora . . . que o eu adquira uma flexibilidade que lhe permita acolher o pulsional e deliberar com ele. (p. 121)*

Para apreender essa economia pulsional, observa Lacan (1959-1960/1997a), é preciso pensar "em termos criacionistas": de algo que não está dado ou somente o está na condição de estar ausente, como vazio, sem qualquer substância (p. 159). Nas palavras do autor:

> *A questão de* das Ding *permanece, hoje, suspensa ao que existe de aberto, de faltoso, de hiante, no centro de nosso desejo. Eu diria, se me permitem este jogo de palavras, que se trata para nós de saber o que podemos fazer desse dano para transformá-lo em dama, em nossa dama. (p. 107)*

Dos três termos da sublimação – a arte, a religião e a ciência –, Lacan salienta que a primeira "se caracteriza por um certo modo de organização em torno desse vazio" realizado pelo recalque (*Verdrängung*) da Coisa (p. 162). Já a religião "consiste em todos os modos de evitar esse vazio" ou, mais ponderadamente, em "*respeitar* esse vazio" por um deslocamento (*Verschiebung*) da Coisa (p. 162). Quanto ao último, encontramos a descrença presente nas reflexões oriundas do discurso da ciência sem que isso caracterize exatamente uma supressão da crença. Na ciência, encontra-se o mecanismo da rejeição (*Verwerfung*) ou foraclusão da Coisa, "uma vez que em sua perspectiva se delineia o ideal do saber absoluto" onde a Coisa não é levada em consideração (p. 164). Daí seu fracasso recorrente, na medida em que aquilo que é negado no simbólico reaparece no real. Assim, desponta-se na perspectiva psicanalítica, em função de sua potência criacionista, um certo elogio à castração. Afinal, "é mais cômodo sujeitar-se ao interdito do que incorrer a castração" (p. 367).

> *Vemos aqui funcionar em estado puro o móvel do lugar ocupado pela visada tendencial na sublimação, ou seja, que aquilo que o homem demanda, em relação ao qual nada pode fazer senão demandar, é ser privado de alguma coisa de real. Esse lugar, tal pessoa entre vocês, falando--me do que eu tentava mostrar em* das Ding, *o chamava, de uma maneira que acho bastante bonita, o vacúolo. (Lacan, 1959-1960/1997a, p. 186)*

É por meio da tendência pulsional que se pode fazer algo com Isso. Por meio da assunção à castração encontramos um imperativo diferente daquele assentado no gozo ou no engodo do serviço dos bens, a saber, o de não ceder frente ao seu desejo. Um desejo que não se sature em sua própria estrutura metonímica e, nesse sentido, como apontaram Checchia (2015) e Jorge (2017), tem-se uma transformação possível do sujeito frente ao seu modo de gozar e que remete à plasticidade mesma da pulsão.

Em psicanálise, encontramos uma aposta política centrada em uma emancipação do sujeito para além do rochedo da castração como um destino funesto. Ou seja, aquele que faz com que nada mude efetivamente por meio da reprodução daquilo que se pretende combater, como objeto de um rechaço que ameaça sempre retornar. É assim que a impotência se transforma em impossível: para que se possa fazer algo diferente com Isso.

> *A descoberta freudiana, a ética psicanalítica deixa-nos suspensos a essa dialética? Temos de explorar o que o ser humano, ao longo dos tempos, foi capaz de elaborar que transgredisse essa Lei, colocando-o numa relação com o desejo que ultrapassasse esse vínculo de interdição, e introduzisse, por cima da moral, uma erótica. (Lacan, 1959-1960/1997a, p. 106)*

Conforme observa o autor, o erotismo pulsional é dotado de uma função fecunda e ética. Os rodeios que o caracterizam é o que permite um prazer possível, aquilo que Freud (1905/1996t) articulou nos *Três ensaios para uma teoria da sexualidade* como da ordem dos "prazeres preliminares", em outros termos, "do prazer de desejar", incluindo certa dose de "prazer de experimentar um desprazer", de gozo (Lacan, 1959-1960/1997a, p. 189). Ao valorizar essas preliminares, ressalta-se a importância da castração na constituição do sujeito do desejo. Isso porque o desejo encontra-se articulado à Lei simbólica, na medida em que essa Lei traz proibições e, assim, condiciona o desejo. Isso faz do sujeito uma falta-a-ser – uma falta que, no entanto, condiciona seu desejar. Eis o sentido da virada ética psicanalítica e que visa o vacúolo do ser.

Ao retomar a questão sobre o sujeito do inconsciente como um liberal-conservador ou um progressista-iludido, e tendo em vista o que desenvolvi até este momento, encontramos a possibilidade de uma contribuição psicanalítica tanto ao que apresentei teoricamente como uma tendência liberal-conservadora quanto a um progressismo--iludido. Aqui, por meio do conceito de sublimação e da noção de tendência situada entre duas mortes, temos uma ética que aponta para além de um pessimismo desalentador. Freud (1930/2010f), no último parágrafo de *O mal-estar na civilização*, revelou sua dúvida quanto aos destinos da pulsão na civilização:

> *Atualmente os seres humanos atingiram um tal controle das forças da natureza, que não lhes é difícil recorrerem a elas para se exterminarem até o último homem . . . Cabe agora esperar que a outra das suas 'potências celestiais', o eterno Eros, empreenda um esforço para afirmar-se na luta contra o adversário igualmente imortal. Mas quem pode prever o sucesso e o desenlace? (p. 122)*

Freud trouxe uma aposta na pulsão de vida (o eterno Eros), o que pode ser entendido nesse contexto por uma aposta na humanidade ou coletividade humana. Sem abrir mão do conflito inerente à dinâmica pulsional, revelou que esperava um "esforço" e uma "luta", mesmo sem saber suas consequências. Nesse sentido, com Lacan (1959-1960/1997a), pode-se dizer que há uma aposta no amor (especialmente no polo daquele que ama: no amante) e especialmente na sublimação, como forma de tratamento à erótica de "fulano", "cicrano" e "à civilização e a seu mal-estar." (p. 25).

A fim de continuar essa investigação, é preciso que tenhamos claro um possível mais além daquilo que se constitui como rixa no mundo dos bens, o que, segundo os termos de Lacan (1959-1960/1997a), situa-se como uma prisão tanto pública quanto privada inerente à "luta pelos bens, do conflito entre os bens e da catástrofe necessária que ela engendra" (p. 285). Daí que a ética psicanalítica seja aquela que aponta para o desejo. Mais propriamente, a um não ceder frente ao desejo em detrimento de quaisquer bens. O inconsciente seria, então, não apenas um liberal-conservador ou potencialmente um progressista-iludido, isto é, que visa à liberdade, à igualdade e ao bem-estar, deparando-se com uma impotência no plano de sua realização.

> *O desejo do homem de boa vontade é fazer bem, de fazer o bem, e aquele que vem ao encontro de vocês, é para encontrar-se bem, para se encontrar em concordância consigo mesmo, para ser idêntico, conforme a alguma norma. Ora, vocês sabem o que encontramos, no entanto, à margem, mas por que não no horizonte, do que se desenvolve diante de nós como o que é dialética e progresso do conhecimento de seu inconsciente. Na margem irredutível, assim como no horizonte de seu bem próprio, o sujeito se revela ao mistério jamais inteiramente resolvido do que é o seu desejo. (Lacan, 1959-1960/1997a, p. 288)*

É pela via de uma certa poética, uma manifestação criacionista, que se abre a possibilidade de um lugar onde, diferentemente da felicidade como fator de política, encontramos a falta como fator de política, aquela que leva em conta a ética do desejo. É no âmbito desse criacionismo que se abre a dimensão do não-todo, isto é, de uma política não-toda fálica[6] e que, logicamente, não serve para todos(as) na forma de políticas destinadas às massas, ao que se supõe ser para o bem de alguém ou mesmo para alguns. Na medida em que o falo, como aquilo que imaginariamente traria a completude ou a felicidade, é justamente o que se deve abrir mão quando da assunção à

6 Como aprofundarei no último capítulo deste livro.

castração (ressaltando-se o falo como significante), é o gozo pleno, como a encarnação da Coisa, que se perde com a castração simbólica.

Aqui, no que tange ao tema deste livro, pode-se abrir mão da ilusão fálica, isto é, da ilusão de que haveria ao menos Um à direita ou à esquerda que findaria o mal-estar[7] e, assim, fazer avançar a tendência pulsional. Trata-se de experimentar a contingência dada a partir do escopo ético psicanalítico a um mais além da suposta felicidade fálica, já que a posição concernente ao não-todo condiz com a possibilidade de uma abertura e não à impotência (conforme aprofundarei posteriormente).

Desse modo, lançamos uma aposta na qual as políticas públicas não sejam abordadas como uma forma de se evitar o vazio por meio de ilusões, como na sublimação religiosa. Nem por meio de sua foraclusão, correndo o risco de seu retorno no real sintomático, conforme a sublimação científica. Antes, trata-se de uma aposta na organização em torno do vazio, de acordo com a sublimação artística, e de fazermos de seus danos[8] a nossa dama. Nossa dama das políticas sociais não precisa, necessariamente, reduzir-se à forma de sua realização por meio de bens, em pretensa substituição à Coisa perdida. Isto é, se

---

7 Conforme observou Checchia (2015): "o pai, enquanto significante, é instituído como Um, no sentido de que há Um que imaginariamente possui o falo. Mesmo que não passe de um engodo, uma vez que o pai, assim como qualquer outro, não possui o falo, trata-se de uma *ilusão fundamental* para a instituição da Lei do desejo. É preciso que haja Um, que alguém ou alguma coisa faça essa função, para que a neurose seja instituída. Desde modo, o falo – por ser o significante do desejo do Outro –, um significante que institui o Um, um significante que dá *um sentido* para o desejo do sujeito – é o significante do poder. O falo governa o desejo do Outro e do sujeito." (pp. 153-154, grifo nosso).

8 Lacan (1956-1957/1995) observa que o dano é sempre da ordem do imaginário. Pertence à modalidade da falta concernente à frustração que é sempre do "domínio da reivindicação . . . a algo que é desejado e não obtido, mas que é desejado sem nenhuma referência a qualquer possibilidade de satisfação e aquisição" e que será remetida à castração simbólica (p. 36).

pudermos tomar a causa que lhe dá fundamento, o bem comum ou o bem-estar para todos(as), não como meros suportes totalizadores e potencialmente totalitários, mas se apreendermos seus fundamentos ilusórios, sabendo-os como utópicos e ideais. Conforme observa Dunker (2015):

> *A utopia é uma ilusão que se sabe ilusão. Justamente por isso ela exerce a função reguladora própria do ideal. Quando a função de ideal é substituída pela função de um objeto determinado . . . essa substituição regressiva, que procura alocar um objeto empírico no lugar da falta estrutural, dissociando crenças e saberes, mimetizando regras particulares com leis universais, é exatamente a estrutura social do fetichismo [perverso]. (p. 59)*

Assim, a fim de que as políticas públicas não se tornem meros objetos de um fetiche imaginário, como mais uma mercadoria a ser consumida, é possível levar em consideração sua dimensão simbólica, reguladora da subjetividade e da vida na pólis. Sem pretendê-la totalizante, mas reconhecendo sua função significante, isto é, como aquilo que simbolicamente falta e que imaginariamente traria a completude. Como podemos acompanhar com Dunker (2015; 2016), o bem-estar não é a simples negação do mal-estar (*Unbehagen*), mas uma impossibilidade de estar.[9] Com esse autor, uma aposta em experiências

---

9 Para esse autor, o mal-estar (*Unbehagen*) pode ser lido como "impossibilidade de *estar*, a negação do *estar*, e não apenas a negação do *bem-estar*. . . o *mal-estar* é essa ausência de lugar ou essa suspensão da possibilidade de uma escanção no ser" (Dunker, 2015, p. 192). Essa impossibilidade na "escanção no ser" refere-se ao que o autor pensou – em termos de uma metadiagnóstica da modernidade –, sobre um déficit de "experiências produtivas de indeterminação" (p. 169). A noção psicanalítica de mal-estar implica necessariamente a relação com o outro, remetendo ao *páthos*, um termo que faz referência à desmedida do amor, elemento intemperante que se traduz nas experiências de paixão e sofrimento e que beira o

produtivas de indeterminação ante o excesso de experiências improdutivas de determinação – estas que condizem com as coordenadas simbólico-imaginárias que capturam excessivamente o sujeito (p. 169).

Temos, enfim, duas contribuições para nosso tema – parodiando Lacan (1959-1960/1997a), a fim de tomarmos a política pública como nossa dama e não como simples e excessivamente determinado dano. Primeiramente, a de uma política não-toda, isto é, que leve em conta a falta/o desejo como fator de política, sem que, com isso, restemos diante de um ressentimento impotente. Entendo que isso torna possível uma operação com relação ao impossível no sentido de um criacionismo, oposto ao da impotência.

Em segundo lugar, a possibilidade de operar sobre a ilusão – das crenças de completude, das demandas de felicidade e do bem-estar para todos(as) – rumo a uma direção no sentido de um ato subversivo marcado pelo desejo. Conforme a definição trazida por Freud (1921/2011b), toda ilusão é "sustentada pelo desejo não realizado" (p. 29). É assim que, conforme desenvolverei a seguir, a impotência se transforma em impossível e a ilusão se transforma na possibilidade de uma subversão, no sentido de uma ilusão não-toda por estar advertida de seu caráter de utopia. Com isso, temos outras pistas sobre o lugar de um(a) psicanalista nas políticas públicas.

> *Eis o que convém relembrar no momento em que o analista se encontra em posição de responder a quem lhe demanda a felicidade. A questão do Bem Supremo se coloca ancestralmente para o homem, mas ele, o analista, sabe que essa questão é uma questão fechada. Não somente o que se lhe demanda, o Bem Supremo, é claro que ele não o tem, como sabe que não existe. Ter levado uma análise*

impossível de se nomear. Ainda segundo esse autor, a negação do mal-estar acaba não se reduzindo ao bem-estar, mas à impossibilidade de estar com o outro.

> *a seu termo nada mais é do que ter encontrado esse limite onde toda a problemática do desejo se coloca. (Lacan, 1959-1960/1997a, p. 359)*

No seminário *O avesso da psicanálise* de 1969-1970, em meio ao contexto da greve operária e dos estudantes de maio de 1968, Lacan afirmou: "não sou um homem de esquerda", chamando atenção para a origem de a fraternidade – em uma alusão ao comunismo de seu tempo – ser a segregação, significando que uma fraternidade se origina da segregação de alguns, ou seja, não era possível nem mesmo pensar sobre qualquer coisa que fosse na contramão do regime e do partido (p. 120). E, mais adiante, disse:

> *Eu sou liberal, como todo mundo, apenas na medida em que sou antiprogressista.* Só que sou metido em um movimento que merece ser chamado de progressista, *pois é progressista em ver fundamentar-se o* discurso psicanalítico, *na medida em que este completa o círculo que poderia, talvez,* permitir a vocês situarem exatamente aquilo contra o que se revoltam. *O que não impede que isso continue funcionando bem* paca. *(Lacan, 1969-1970/1992b, p. 218, grifo nosso)*

Segundo as elaborações nesse seminário, a psicanálise estaria localizada em uma posição progressista, na medida em que o discurso analítico se situa como avesso do discurso do mestre. No entanto, como Lacan se posiciona, ele não era um homem de esquerda, no sentido daquilo que o comunismo de seu tempo promoveu: o de reiterar o que se visava combater. Desse modo e a partir da metapsicologia psicanalítica, aquela em que o inconsciente é a política, temos uma possível solução para a questão que levantei anteriormente: o inconsciente, a partir do discurso psicanalítico, pode advir a um não todo "liberal-progressista". Portanto, o inconsciente não comparece estritamente sob a condição de um "liberal-conservadorismo", nem, estritamente, sob um "progressismo-iludido".

Sempre marginal, à esquerda da esquerda e a um mais-além que descortina o que a direita recalca. Afinal, é do lugar de estrangeiro, como observam Koltai (2000) e Quinet (2009), ou de "extra-territorialidade", segundo Lacan (1955/1998p, p. 327), que encontramos as condições da eficácia de um "tratamento que se espera de um psicanalista" (p. 331). Aquele(a) que concluiu uma experiência de análise, atravessou um limbo, pôde experimentar uma transformação radical em sua subjetividade e, então, sustenta uma prática na qual já renunciou ao poder, sem, contudo, negá-lo (Lacan, 1958/1998d). A partir daí, é o inconsciente a trazer uma precisa direção política: a da falta.

6. Por uma política pública não-toda

Neste momento do trabalho, apresento uma política pública finlandesa de saúde mental chamada *Open Dialogue* (Diálogo Aberto). Ela é considerada mais eficaz, eficiente e satisfatória em comparação aos métodos tradicionais de tratamento encontrados nesse país. A justificativa para abordar essa política é trazer um exemplo no qual uma política pública que não pretende ser eficaz, eficiente e satisfatória pode ser, paradoxalmente, mais eficaz, eficiente e satisfatória que aquelas que carregam essa pretensão. O objetivo é também o de não reduzir nossas reflexões a uma política pública ou prática coletiva na qual se localize uma espécie de atuação ímpar de psicanalistas. Afinal, uma experiência de análise permite questionar, inclusive, a própria psicanálise.

Como indico a partir do exemplo dessa política finlandesa, é possível localizar uma série de políticas, programas e serviços nos quais se encontram trabalhadores(as) com posições clínicas, éticas e políticas que funcionam contrariamente aos dispositivos de poder do Estado. Isso permite manejos e soluções diferentes daqueles que redundam na impotência frente ao impossível e, nesse sentido, contrapõem-se aos discursos que engendram o poder de governar e educar, condizente com o que desenvolvi a partir dos discursos do mestre e universitário.

A escuta de servidores(as) públicos e trabalhadores(as) em diferentes contextos de inserção em práticas públicas e coletivas me permitiu constatar a mobilização de certo desejo, no dia a dia do trabalho, distante da pretensão de se "querer o bem" do outro. Um desejo que, enfim, tem força de resistência frente aos discursos hegemônicos, normatizantes e potencialmente totalitários, em prol dos empuxos a eficácia, eficiência e plena satisfação. É por reconhecer o empenho desses(as) trabalhadores(as) e, inclusive, com saberes e práticas diferentes da psicanálise, que abordo uma política pública que não se reduz à inserção de psicanalistas.

Ao final deste capítulo, pretendo concluir parcialmente a questão sobre o lugar de um(a) psicanalista nessas políticas como condizente a um "diálogo aberto" a uma série de discursos, experiências e fundamentos teórico-epistemológicos estrangeiros à própria psicanálise. Isso porque, conforme desenvolvo neste capítulo, se a política da falta em psicanálise condiz com o não-todo – como é possível também pensarmos a própria democracia –, isso nos indica uma posição de abertura.

Nesse contexto argumentativo, será possível desenvolver que a psicanálise não advoga o fim de toda e qualquer ilusão, conforme os desdobramentos em relação ao inconsciente como um não-todo liberal-progressista, mas que coloca em questão, justamente, o excesso de ilusões como aquilo que produz reiteradamente desilusões. Trata-se, portanto, de fazer algo diferente com a impossibilidade de acomodar ou harmonizar as exigências públicas e privadas no interior do pacto da civilização, e fazer algo diferente do que aquilo que redunda na impotência frente à castração.

Teríamos, nesse caso, uma forma de ilusão tola, não totalmente ilusória. Algo que se aproxima do que Lacan (1960/1980) abordou em relação a uma valorização da douta ignorância no âmbito de um saber sobre a verdade inconsciente, que remete à divisão subjetiva, a um saber sobre a castração. Daí a aposta em uma política marcada pela potência subversiva do sujeito do desejo. Nessa hipótese, e talvez em função dessa constatação, Lacan (1959-1960/1997a) tenha preferido abordar o herói, presente na obra freudiana, pela perspectiva do feminino, ressaltando a figura de Antígona. Afinal, é também por meio dessa personagem que o autor tencionou uma direção clínica e um debate igualmente subversivos.

O Open Dialogue *finlandês*

O *Open Diologue*[1] é uma política pública de saúde mental desenvolvida originalmente no Hospital Keropudas, localizado em uma província da Lapônia Ocidental na Finlândia, voltada para casos psiquiátricos considerados graves, especialmente de psicoses. A política assenta-se em princípios construtivistas, antropológicos e dialógicos, especialmente da tradição epistemológica e do pensamento sistêmico de Gregory Bateson.[2] A estratégia utilizada nessa política implica uma rede de trabalho e uma abordagem assentada na linguagem, visando a comunicação entre pacientes, familiares, trabalhadores(as) da saúde e pessoas da comunidade no contexto do tratamento psiquiátrico e especialmente em intervenções nos primeiros episódios de crise psicótica (Seikkula & Olson, 2003; Seikkula et al., 2003).

São dois os níveis de análise desenvolvidos pelo psiquiatra e psicoterapeuta Marcelo Pakman. O primeiro é poético e inclui a tolerância

1 Todos os termos conceituais e as citações referentes ao *Open Dialogue* foram traduzidos livremente.

2 Bateson desenvolveu a *double-bind communication* ("comunicação de duplo vínculo" ou "dupla ligação") e publicou, junto com outros autores da Escola de Palo Alto, na Califórnia, sobre o tratamento de psicóticos e seus familiares, empregando estratégias da comunicação nas ciências humanas. A "abordagem sistêmica" recebeu influências da cibernética, ressaltando uma causalidade de natureza circular em que a singularidade intrapsíquica é abandonada, em prol de um sistema aberto de interações. Também valorizou a comunicação, entendendo que os problemas de comunicação produzem sintomas e psicopatologias (Beauchesne, 1989).

com relação a incertezas, o dialogismo e a polifonia na rede de trabalhos sociais, elementos que servem para promover o diálogo terapêutico nos encontros face a face (Seikkula & Olson, 2003). O segundo é micropolítico e condiz com a política finlandesa de tratamento comunitário em saúde pública, que incorporou o modelo de tratamento do Diálogo Aberto desde a reforma do sistema público finlandês em saúde mental nos anos 1990.

Seus resultados são significativos: melhores prognósticos nos casos agudos entre pessoas jovens e em crises psiquiátricas severas, com breve remissão de sintomas nos primeiros episódios de surto, em comparação com os tratamentos que adotam *settings* clínicos tradicionais no país.[3] Em dois anos de acompanhamento de pacientes que tiveram o primeiro surto, o período de hospitalização diminuiu para uma média de 19 dias, houve redução do uso de neurolépticos (antipsicóticos típicos) para 35% dos casos, sendo que 82% não tiveram ou apresentaram apenas leves sintomas e somente 23% tiveram de ser inseridos em programas de pensão por invalidez.

Dos casos de psicose atendidos pelo programa, 50% foram diagnosticados como esquizofrênicos (seguindo a terceira versão revisada do Manual Diagnóstico e Estatístico de Transtornos Mentais, DSM-III-R, de 1987). As recaídas foram de 24% em comparação com 71% dos tratamentos tradicionais e os casos crônicos cessaram no hospital psiquiátrico Keropudas. O melhor prognóstico se deve, segundo os autores, principalmente ao imediato atendimento, permitindo que não haja muitos casos de cronificação.

Nos anos 1980, em função de poucos familiares de pacientes psicóticos aderirem às terapias familiares no hospital psiquiátrico Keropudas, a equipe pensou em mudar a estratégia. Não só havia dificuldades de

---

3 O modelo de tratamento expandiu-se para outros países, como Rússia, Letônia, Noruega, Lituânia, Estônia, Suécia e Finlândia, tendo sido menos reconhecido nos Estados Unidos (Seikkula & Olson, 2003).

adesão ao tratamento, como também eram frequentes relatos de desconforto com relação à terapia familiar sistêmica. Além desse aspecto considerado problemático pelos autores, era preciso uma abordagem que inserisse o hospital no rol do sistema público finlandês, que preconiza equidade e acesso a todos(as), incluindo aqueles(as) que não aderiam às terapias familiares.

Assim, ao invés das tradicionais terapias, a equipe decidiu organizar encontros abertos, como fóruns de conversa. A partir de uma "equipe de reflexão" (*reflecting team*) e de uma estratégia pautada em um sistema de linguagem do grupo colaborativo (*group's collaborative language systems approach*), deu-se origem ao Diálogo Aberto. O primeiro encontro com a equipe se dá em menos de 24 horas do contato inicial e segue com assiduidade, diariamente se for necessário, geralmente por dez ou 12 dias, e o acompanhamento (*follow-up*) se estende por até dois anos. Existe uma equipe móvel dedicada ao atendimento emergencial que promove o primeiro encontro, frequentemente na casa do(a) paciente, com seus familiares, amigos(as), profissionais e demais pessoas significativas para o(a) paciente.

Em roda, a equipe conduz o diálogo, mas todos(as) podem participar com perguntas ou podem decidir previamente sobre quem conduzirá a entrevista e o andamento do diálogo. As questões clínicas, assim como o plano terapêutico (discussões sobre medicação, internação e demais tratamentos), são discutidas na presença de todos(as), inclusive com o(a) paciente. Há um acompanhamento cioso da equipe até que o(a) paciente e sua família estejam em condições consideradas estáveis, mesmo nas eventuais e geralmente breves internações psiquiátricas. A equipe inclui psiquiatras, psicólogos(as), enfermeiros(as) e demais trabalhadores(as) (com treinamento em terapia familiar ou outras psicoterapias)[4] e todos(as) passam por um processo

---

4 Cabe ressaltar que há integração com outras psicoterapias, como a individual, terapias familiares, terapia ocupacional e outras modalidades de atendimentos e serviços.

de formação calcado em uma ética considerada democrática, isto é, centrada na participação e em uma cultura humanitária (Seikkula & Olson, 2003; Seikkula et al., 2003).

Na prática, as equipes trabalham com o princípio de tolerância com relação à incerteza, que é precedido da construção de uma atmosfera de segurança entre as pessoas envolvidas, de modo que as ansiedades e os medos originados pela crise psicótica possam ser mediados. Para construir essa segurança, é preciso que, logo de início, as pessoas possam escutar e responder a cada uma das pessoas presentes no diálogo, legitimando cada participante e seu ponto de vista. As incertezas são consideradas inerentes ao processo, de modo que rápidos conselhos ou conclusões são suspensos.

As hipóteses são evitadas, pois são consideradas silenciadoras, interferindo na possibilidade de se encontrar soluções originais para a saída da crise caso a caso. Essa perspectiva comparece em contraste com abordagens terapêuticas que se centram no binarismo: tipo de diagnóstico para uma respectiva forma de tratamento. A tolerância com relação à incerteza se assenta em uma "posição de não saber" (*not-knowing position*), considerando que é o(a) paciente quem detém um saber e o(a) profissional é quem aprende (Seikkula & Olson, 2003, p. 408).

Em vez de "condições psicológicas", os autores falam em termos de "recursos dialógicos da família e do paciente", como uma "estrutura relacional" ou "sistema comunicacional" da família (Seikkula & Olson, 2003, p. 409). Nesse sentido, não se tem como objetivo mudar o "sistema" familiar e não se considera que a família é a causa da psicose, como em terapias sistêmicas tradicionais que desenvolveram teorias sobre "pais de psicóticos". Isso pode ser ilustrado em perspectivas teóricas como as de mães "frias" ou simbióticas, que podem ser somadas a um entendimento sobre o fracasso paterno, além da etiologia em experiências de situações de violência (Beauchesne, 1989).

A estratégia dialógica visa instalar um canal de comunicação entre aquele(a) que está sofrendo uma crise psicótica e os membros da família, profissionais e demais pessoas da comunidade. Por essa razão, permite-se que cada um(a) se expresse das mais diferentes maneiras, reconhecendo e valorizando a linguagem delirante e as alucinações. A ideia é que, por meio da escuta e da fala de cada um(a), novas construções sobre as experiências do sujeito e de sua família possam ser realizadas. O diálogo não é estruturado e não pretende chegar a consensos, pois valorizam os conflitos no interior dos processos.

Sobre a concepção de dialogismo que se insere no processo de escuta, os autores referem a influência do filósofo francês Jean-François Lyotard (1924-1998) e a concepção dos jogos de linguagem da filosofia de Ludwig Wittgenstein (1889-1951), em que a importância é dada à escuta e, mesmo quando se fala, fala-se como um(a) ouvinte. Em outras palavras, a escuta é o recurso mais importante no processo, de modo que as respostas dadas pelos(as) terapeutas têm geralmente a forma de novas questões. Mas isso não quer dizer que haja uma passividade da escuta. Para fundamentar esse aspecto, os autores citam a contribuição do filósofo da linguagem russo Mikhail Bakhtin (1895-1975), de modo que o sentido não é

> *fixado e intrínseco, apesar de as palavras trazerem traços e fragmentos de sentidos de nossas diversas heranças linguísticas... o sentido ocorre apenas por meio de contínuos intercâmbios, o falante e o ouvinte estão intimamente relacionados na produção de sentido sobre o episódio psicótico. (p. 409)*

É nesses termos que os autores referem o Diálogo Aberto como um exemplo de terapêutica inserido em um paradigma no qual “não há uma concepção de verdade ou realidade que possa ser apreendida de fora ou exteriormente à expressão humana” (p. 410). A estratégia centra-se em uma experiência de resistência à patologização e se baseia nas evidências contemporâneas de que modelos comunitários e abertos de tratamento em saúde mental são "mais éticos, eficazes e menos custosos" (p. 416).

No Diálogo Aberto, a psicose é entendida a partir de uma perspectiva social-construcionista, condizente a uma manifestação de alienação temporária, mas considerada radical em termos das dificuldades de uma pessoa em compartilhar e comunicar suas experiências de vida. Essa forma de sofrimento conduz a experiências insuportáveis que não encontram voz e agência. Daí que o objetivo seja "desenvolver uma linguagem verbal comum para experiências que de outro modo permaneceriam no interior da fala privada do psicótico, suas vozes internas e alucinações" (p. 409).

A abordagem terapêutica visa certa elucidação em termos de sentido da experiência psicótica, uma vertente que localiza na história de vida do sujeito e, principalmente, nos acontecimentos anteriores ao episódio da crise, os elementos considerados significativos e percebidos pelo(a) paciente como traumáticos, isto é, impossíveis de lidar de forma diferente. Cabe ressaltar que não entendem a psicose como algo da ordem de uma estrutura em termos da constituição psíquica, como desenvolvido por Lacan (1955-1956/2010b) a partir do conceito de foraclusão da castração,[5] e consideram uma "cura da psicose", tendo a cessação da crise psicótica como parâmetro.[6]

Essa breve descrição do programa – que apresenta os melhores resultados do sistema público finlandês para quadros considerados graves em

5 Trata-se da falta de um significante, o do Nome-do-Pai, o significante da Lei simbólica, que "funda a própria significação", como ponto de basta em termos significante (Lacan, 1957-1958/1999, p. 152).

6 Em um exemplo trazido pelos autores e expoentes do programa, Seikkula e Olson (2003), entende-se que após a remissão do delírio apresentado por um(a) paciente, os(as) terapeutas consideram-no(a) como não sendo ou estando mais psicótico.

psiquiatria, como de psicoses e, particularmente, de esquizofrenia –, teve como objetivo apresentar uma política pública em saúde mental que funciona em termos de eficácia, eficiência e efetividade. Mais importante do que uma discussão sobre os princípios clínico-epistemológicos e os critérios de prognóstico adotados pelo programa, considero importante reconhecer: a) um modelo de tratamento aberto (evitando-se internações hospitalares, principalmente involuntárias); b) a possibilidade e importância da ampla participação dos(as) envolvidos(as) no projeto terapêutico: pacientes, familiares, profissionais e demais pessoas significativas da comunidade, como vizinhos(as), amigos(as) e colegas de trabalho; c) o baixo índice de medicalização e o uso pontual de psicotrópicos no contexto do tratamento (visando à saída do quadro agudo); d) a importância dada à escuta da fala dos(as) envolvidos(as); e) a posição dos(as) terapeutas como ouvintes de um saber oriundo dos(as) pacientes; f) a constatação empírica dessa estratégia como mais eficaz, eficiente e efetiva no âmbito dos tratamentos em saúde mental.

Vale ressaltar ainda que os eixos apresentados por esse programa coadunam com o preconizado pelas políticas de saúde e da saúde mental no Brasil. A experiência finlandesa se aproxima de políticas e programas implementados nacionalmente nesses setores, como na Estratégia Saúde da Família (ESF) e, especificamente em saúde mental, no ideário das políticas implementadas a partir da Reforma Psiquiátrica brasileira (Brasil, 2001), como na criação dos Centros de Atenção Psicossocial (CAPS), a Rede de Atenção Psicossocial (RAPS) (Brasil, 2011) e em outros programas e políticas específicos. Trata-se de uma aproximação em termos de direcionamento político, sem pretender equiparar eficácia, eficiência e efetividade de tais políticas – a finlandesa e a brasileira – por exceder os objetivos deste livro.

Dispositivos de tratamento aberto, terapêuticas assentadas na comunidade onde as pessoas vivem, a fala e a escuta dos sujeitos envolvidos em projetos terapêuticos singularizados são elementos que se apresentam como mais eficazes, eficientes e satisfatórios que os modelos tradicionais, isto é, modelos que se baseiam em meios fechados, nas terapêuticas asilares e assentados na verticalização de relações. Modelos nos quais a hierarquia encontra-se no poder e saber do(a) profissional de saúde, principalmente do(a) profissional médico(a), e em empreendimentos terapêuticos em massa, por sua vez elaborados a partir da determinação de categorias diagnósticas e estratégias prognósticas adaptacionistas.

Apesar de considerar que incorporar termos que pertencem ao discurso do capitalismo, isto é, abordar os critérios de eficácia, eficiência e efetividade, pode redundar em uma posição na qual, ao fim e ao cabo, seremos tomados por uma verdade recalcada – aquela que engendra políticas que não funcionam, funcionam mal ou mal funcionam para que nada mude efetivamente –, o que pretendo é chamar a atenção para o paradoxo no qual uma política pública caracterizada por estar na contramão desse discurso é mais eficaz, eficiente e efetiva. Em outras palavras, trata-se de uma política não totalmente capturada pelo discurso liberal-conservador, nem pelo discurso radicalmente progressista, com suas ilusões inerentes. Essa política mostra-se paradoxalmente mais eficaz, eficiente e efetiva que uma política que se pretenda toda e, desse modo, em atos na forma de políticas públicas de pretensa totalização normatizante, no cerne mesmo de uma tendência que se revela ineficaz, ineficiente e insatisfatória.

Uma política não-toda quer dizer que ela não é totalmente dedicada à ilusão de completude, harmonia ou pleno bem-estar. Em termos psicanalíticos, podemos dizer que traz um desejo advertido sobre a impossibilidade da plena satisfação em relação a uma política pública, por estar advertida de suas ilusões, levando mais a sério o que fazer com seus impossíveis. E, para abordar essa ilusão, retomarei o que Freud nos trouxe sobre o tema, ainda nos primórdios da Primeira Guerra Mundial.

Uma ilusão tola

Poucos meses após o início da Primeira Guerra, Freud (1915-1916/1996o) escreveu *Reflexões para os tempos de guerra e morte*. Nesse texto, apresentou dois posicionamentos psicológicos referidos à aflição ou miséria psíquica dos não combatentes de guerra, a saber, a "desilusão" e a "modificação da atitude" frente às mortes que a guerra traz (p. 290). Sobre a primeira, Freud disse não se tratar de um sentimentalismo, mas da própria economia psíquica em questão no sofrimento humano. Assim, diferentemente das guerras antigas em que se imaginava a prevalência de uma ética que conduziria de volta a paz e a civilidade, essa guerra trouxe o fim da perspectiva da renovação dos laços sociais. Dessa constatação, Freud designou como "desilusão", ou seja, uma reação que parte de um excesso de expectativas para com os humanos na civilização. O sofrimento produzido pela desilusão apresentar-se-ia em razão da "destruição de uma ilusão", tendo como causa o seu excesso (p. 290).

No entanto, como desenvolveu, a desilusão seria injustificada na medida em que haveria uma dimensão "hipócrita" inerente à vida anímica pulsional, uma manifestação oriunda da ambivalência psíquica (p. 293). Daí que seria melhor que nossas exigências para com a civilização fossem "mais modestas" (p. 297). Nota-se que essa observação se insere em meio ao que discuti anteriormente sobre os destinos da pulsão ante a sina da morte e no âmbito da assunção à castração, em que o sujeito pode enfim assumir ao consumar sua divisão subjetiva. Então, o autor escreveu na sequência: "A ilusão perderá todo o seu *valor*, se tornar isso mais difícil para nós", de modo que, "se queres suportar a vida, prepara-te para a morte." (p. 309, grifo nosso).

A ilusão aqui não é a que visa suprimir a morte, como na manifestação de diferentes crenças religiosas com relação a uma vida após a morte, mas em tê-la como dotada de um valor, conferindo à morte, portanto, uma positividade. É nesse sentido que entendo como Freud se referia a uma espécie de ilusão não-toda,[7] pois dotada de uma incompletude fundamental. Trata-se de um valor calcado na castração rumo à causa de desejo do sujeito.

Uma política pública considerada mais eficaz, eficiente e efetiva condiz com aquela que não pretende findar o mal-estar na civilização, por apreender os conflitos humanos e o sofrimento psíquico como partes da vida. Se, como vimos, a direita liberal-conservadora é suicida, conforme ilustra o mito de Oroboro, resta-nos manter certa dose de ilusão no interior do pacto social. Uma aposta feita a partir de uma economia de gozo que atravessa a problemática do Um fálico, ou seja, da concepção de um Outro não castrado. Podemos dizer ainda de uma política dotada de uma ilusão não-toda, por considerar que o oposto da ilusão não seja a simples desilusão promovida pela realidade.

Assim, temos que uma utopia seria uma forma de ilusão tola, não totalmente ilusória. Daí a aposta em uma política marcada pelo desejo, na qual se inclua o sujeito do inconsciente, este ingovernável e ineducável. Para um(a) psicanalista, a política pública é atravessada por uma ilusão que se sabe ilusória, por isso o caráter da utopia que se sabe utópica, como trouxe anteriormente. Ao retomar o conhecido aforisma lacaniano de que "os não-tolos erram", um(a) analista sabe que lhe é atribuído um suposto saber – no âmbito da relação transferencial – que carrega consigo uma ilusão. Afinal, é justamente essa ilusão do sujeito que vai lhe permitir avançar sobre suas excessivas ilusões, rumo a um abalo de suas excessivas determinações simbólico-imaginárias.

Desse modo, não é só a douta ignorância do(a) psicanalista que vai servir de suporte para que o(a) analisando(a) produza um saber (S_2) – um tanto furado, também não-todo – sobre os significantes primordiais (S_1) que o(a) determinam excessivamente, mas também

7 Sobre a lógica do não-todo, que apenas aludo neste momento, aprofundaremos no próximo capítulo.

que possa conduzir uma análise a fim de que este sujeito se descubra também, de certo modo, tolo. Nos termos de Lacan (1967-1968): "se há aqui uma dimensão própria à psicanálise, não é tanto a verdade da babaquice quanto a babaquice da verdade." (p. 38). Assim, podemos retomar nosso tema a partir do que verificamos tanto na clínica psicanalítica quanto no que extraímos da experiência da política de saúde mental do Diálogo Aberto. Uma política pública não-toda é potencialmente mais eficaz, eficiente e efetiva por não ser totalmente dedicada a findar o mal-estar, os conflitos e o sofrimento humano, sem redundar em estratégias ortopédicas, unificadoras e, como derradeiro, ineficazes, ineficientes e insatisfatórias.

A fim de retomar uma dimensão que trabalhamos no primeiro capítulo, a partir das incursões de Lacan no oriente, é interessante notar que outra forma de abordagem dos critérios de eficácia, eficiência e satisfação se encontra no pensamento oriental: no caminho (*tao*), oriundo do pensamento chinês antigo. Isso permite estabelecer uma aproximação sobre o lugar do(a) psicanalista, isto é, aquele lugar marginal entre Buda e Peste, sem que se trate de uma abordagem exatamente original, como uma espécie de imparidade da psicanálise. Conforme as pesquisas de Jullien (1998), o pensamento ocidental é, de modo geral, influenciado pelas epopeias e filosofias gregas. Nesse sentido, traçam-se metas de ação a partir da articulação de teorias (especialmente calcadas no transcendente "bem") em direção às práticas (em termos de eficácia técnica). Ao fim, essa articulação se depara com contingências que muitas vezes se reduzem à impotência frente à realidade. De outro modo, o mestre chinês não visa diretamente o efeito ou a efetividade, mas valoriza e encontra-se envolvido no caminho e com o próprio percurso. Nesse caminho, deixa-o resultar como parte inerente aos processos, ressaltando o vazio e a imanência das polaridades na realidade (*yin* e *yang*).

Em suma, enquanto no ocidente a eficácia é pensada como ação que adequa fins e meios, no oriente a eficácia é pensada como transformação, tida já como efetividade. E é essa transformação calcada no reconhecimento das contingências, na valorização dos processos ou caminhos e no um a um, que um(a) psicanalista se acha em condições de exercer sua função, onde quer que se situe como psicanalista. No primeiro capítulo, vimos que a referência ao *zen* budista orientou o retorno de Lacan a Freud, ressaltando o descentramento do sujeito e colocando em xeque as pretensões normativas, tipicamente ocidentais, em termos de conscientização e integração imaginária do Eu. Como sinalizava o autor:

> *O mestre interrompe o silêncio com qualquer coisa, um sarcasmo, um pontapé. É assim que procede, na procura do sentido, um mestre budista, segundo a técnica* zen. *Cabe aos alunos, eles mesmos, procurar a resposta às suas próprias questões. O mestre não ensina* ex-cathedra *uma ciência já pronta, dá a resposta quando os alunos estão a ponto de encontrá-la. (Lacan, 1953-1954/1986, p. 9)*

O autor encontrava-se às voltas com a direção da clínica psicanalítica e, especialmente, atento ao tema da interpretação em psicanálise. Traz na citação uma dimensão que será mais desenvolvida posteriormente e em diferentes momentos da sua obra, mas que aqui já pode ser depreendida: o sentido apontado é o da falta, considerando que as significações são metonímicas, sem fim. Desse modo, a direção de uma análise implica na consideração desse caminho transformativo – uma valorização da própria experiência de análise como uma ética – o que, conforme desenvolverei no último capítulo, dirige-se a uma subversão subjetiva. Essa direção aponta para o descentramento do sujeito e refere-se ao desejo que "só nos conduz à visada da falha" (Lacan, 1972-1973/1985, p. 14). Trata-se de ressaltar o lugar de psicanalista – com sua ética, clínica e política – nas políticas públicas, como condizente ao não-todo na política, um lugar que implica uma abertura para uma ilusão tola.

A fim de tensionar alguns pontos deste subcapítulo, especificamente sobre o valor dado a certa dose de ilusão, eis uma precisa contribuição de Žižek (2012b): "a verdadeira utopia não é uma mudança radical do sistema presente e sim a ideia de que se pode manter o bem-estar social *dentro* do sistema." (p. 348). Nesse sentido, o autor problematiza criticamente nosso desenvolvimento:

> *No nível do senso comum, o máximo a que se pode chegar é ao liberalismo conservador esclarecido: obviamente, não há alternativas viáveis ao capitalismo; ao mesmo tempo, deixada por sua própria conta, a dinâmica capitalista ameaça solapar seus próprios fundamentos . . . o capitalismo só pode vicejar em condições de estabilidade social básica, de confiança simbólica intacta, de indivíduos que não só aceitam a própria responsabilidade por seu destino, como também confiam na "justiça" básica do sistema. (Žižek, 2011a, p. 20)*

A esse movimento de esperança dentro do capitalismo, o autor diz que se envereda na "fé em Causas perdidas" (p. 20). No entanto, ao seguir o que estou elaborando, trata-se de apontar a contradição contida nessas causas perdidas e apropriar-se de um saber sobre o valor das políticas públicas. Isso de modo que tais políticas não redundem na "tão facilzinha alternativa democrático-liberal", que acaba por devorar o sujeito no interior de políticas neoliberais – como vimos com o *new welfarism*, sob a insistência de uma postura inconscientemente liberal-conservadora (p. 25).

Desse modo, podemos enfatizar a seguinte posição: apesar de as políticas públicas terem como pretensão o impossível em termos de um bem-estar para todos(as), no cerne de sua aposta no bem comum, e mesmo que se sustentem no esforço de fazer sua arte do possível, elas podem ser mais eficazes, eficientes e efetivas se puderem apresentar um direcionamento ético, clínico e político não-todo dedicado às ilusões que a constituem. Trata-se de fazer algo diferente com o impossível nessas políticas, *ao menos para um(a) psicanalista.*

No entanto, e a fim de continuarmos nossas investigações, talvez seja possível dizer que nos falte, como sujeitos de nosso tempo, certa dose de ilusão, algo que permita sermos mais criativos em nossa capacidade de inventar alternativas, de modo que não se reproduza aquilo que se pretende combater. Em outros termos, que uma ilusão possa ser tola não exime arriscarmos um ato para além das coordenadas que nos são impostas por nossa alienação constitutiva e mesmo nas imposições dos dispositivos de poder do Estado.

O ato heroico

> *em cada um de nós há a via traçada para um herói, e é justamente como homem comum que ele a efetiva.*
>
> Lacan, 1959-1960/1997a, p. 383

No seminário sobre *A ética da psicanálise*, Lacan (1959-1960/1997a) nos legou uma aposta com relação ao que chamei anteriormente de a "rixa dos bens". Isto é, aquilo que condiciona uma espécie de captura feita de gozo inerente à luta pelos mais diversos bens, assim como a emergência da catástrofe que essa luta engendra. Dessa constatação, o autor sinalizou a possibilidade de uma operação de "destruição dos bens" por meio da figura do herói que seria, justamente, aquele que atravessou o mundo do serviço dos bens e com isso fez emergir a dimensão radical de seu desejo (p. 286). Para desenvolver esse assunto, retomou algumas referências sobre certos rituais presentes no amor cortês em relação à dama e em algumas comunidades tribais, como no chamado *potlatch*[8] encontrado em tribos do Noroeste americano, na Melanésia, Polinésia e noutras comunidades consideradas "arcaicas", onde se praticavam rituais de destruição de uma série de bens:

> *bens de consumo ou bens de representação e de luxo, prática de sociedades que não são mais do que restos, vestígios da existência social de um modo humano que nossa expansão tende a abolir. O potlatch testemunha o recuo do homem com respeito aos bens, tratando-se de propriedade coletiva ou individual. É em torno desse ponto que giram o problema e o drama da economia do bem, seus ricochetes e retornos. (Lacan, 1959-1960/1997a, p. 286)*

Nessas festas-rituais, encontra-se algo que podemos depreender como da ordem de uma subversão marcada pelo desejo ou, para retomar uma expressão lacaniana, onde o desejo não "esperaria sentado" (p. 381). Nas palavras do autor, nesses rituais, era "como se a colocação da problemática do desejo no primeiro plano atraísse, como seu correlato necessário, a necessidade dessas destruições que chamam

8 O termo remete à "dádiva" e foi investigado pelo sociólogo e antropólogo Marcel Mauss (1950/2013). Não obstante o recorte de leitura efetuado por Lacan, o *potlatch* designa um "regime social" em que tudo gira em torno das trocas; de bens materiais a imateriais, tendo em vista que tudo seria dotado de um "poder espiritual" (pp. 71 e 69). É uma prática coletiva assentada em trocas que são experienciadas como dádivas (em função das almas contidas nesses bens trocados), o que institui uma moral, um contrato social e uma economia sob o dever de dar, receber e retribuir. Nessas comunidades, dar e receber não apresentam termos antinômicos. De forma semelhante, chefes e clãs são confundidos, assim como são confundidas as almas contidas nos objetos trocados e seus agentes. Alguns *potlatches* envolvem a destruição de bens, são sacrificiais, mas "normalmente, o *potlatch* deve sempre ser retribuído de maneira usurária" (p. 116). É importante ressaltar que, para Mauss, as trocas e mesmo a destruição de bens não comportam desapego ou abnegação. Ao contrário, dar ou mesmo destruir é "manifestar superioridade", engendra lugares de poder mesmo que circularmente nessas comunidades (p. 206).

de prestígio", ou seja, conforme o recorte de sua leitura, uma transformação frente às insígnias que representam o poder (p. 286). É nesse sentido que o autor evoca a "perspectiva do criacionismo", que é "*a partir de nada*, do *ex nihilo*" (p. 315).

Uma criação *ex nihilo* se caracteriza por um ato sem garantias sobre suas consequências, pois se trata de algo diferente das coordenadas simbólico-imaginárias que engendram a vida ordinária do sujeito, dos significantes-uns (S_1) aos quais o sujeito se agarra em suas identificações e que permeiam a sua fantasia, ou seja, que marcam sua forma de se relacionar com os outros e que dispõem o sujeito a certas fixações. Mas, para que este criacionismo não redunde em uma passagem ao ato, isto é, uma colocação explícita em cena da fantasia, é preciso que *das Ding* seja transposto, o que remete a uma transformação em relação ao objeto, como desenvolvi no capítulo precedente. Para o autor, essa transposição implica tanto sofrimento quanto um certo limite. É uma transposição das formas administradas e colonizadas do desejo, de uma virada ética com relação à moral kantiana e cristã, pois, como observa, "os santos são administradores . . . do acesso ao desejo" (p. 317). É a partir desse novo enfoque que Lacan retomará a figura de Antígona, localizando nessa personagem uma "escolha absoluta, uma escolha que nenhum bem [do serviço dos bens] motiva" (p. 292).

Assim, a essência dessa tragédia se situa no espaço-tempo em que a heroína está diante do suplício de ser enterrada ainda viva, na travessia da zona de seu limite rumo à direção de sua *Até* (destino). Sem medo nem piedade, um tanto inflexível e incivilizada, encontramos nessa heroína uma ética que "não é simplesmente a defesa dos direitos sagrados do morto [de seu irmão, Polinices] e de sua família, nem tampouco o que quiseram representar para nós de uma santidade de Antígona" (p. 308). Seu ato implica, conforme refere, uma transgressão da Lei que constitui e, ao mesmo tempo, aprisiona seu desejo. É aí que se revela a emergência do limite da segunda morte, aquilo que condiz com a inscrição do significante na constituição do desejo do sujeito, mais propriamente, os significantes de sua falta a ser (da dimensão simbólica do sujeito)[9] (pp. 315 e 357).

É nesse sentido que Lacan dirá que encontramos uma ética trágica como condizente com a psicanálise. Enquanto os carrascos e tiranos são sempre personagens demasiadamente humanos, o herói é o mártir: "Só os mártires são sem piedade e sem temor. Creiam-me, no dia do triunfo dos mártires haverá o incêndio universal." (p. 324). Já a figura de Creonte, como personagem que encarna o Estado, traz o "erro de julgamento", o engano condizente ao "querer fazer o bem de todos", empregando para isso as leis do Estado sem limites, ou seja, não reconhecendo que as leis são feitas pelas mãos de humanos mortais e incorrendo nos excessos do poder de governar (p. 313).

> *Vocês têm da própria boca de Antígona o testemunho do ponto em que ela está – literalmente, ela não aguenta mais. Sua vida não vale a pena ser vivida. Ela vive na memória do drama intolerável daquele a partir do qual surgiu essa linhagem [da família dos Labdácidas] que acaba de se aniquilar sob a figura de seus dois irmãos. Ela vive no lar de Creonte, submetida à sua lei, e é isso que ela não pode suportar. (Lacan, 1959-1960/1997a, p. 318)*

Antígona estava morta mesmo em vida e por isso era uma morta-viva. É nesse sentido que o autor depreende uma característica peculiar dos heróis, a de uma posição de "na-finda-linha", entre a vida e a morte (p. 330). De forma cortante e decidida, o ato de Antígona não engendra, propriamente, um "verdadeiro acontecimento" (p. 321). Desse modo, pode-se depreender – entre outras acepções sobre a noção de

---

9 Isso quer dizer que o "ser" do sujeito não se reduz à dimensão do significante, pois há um real que o atravessa e o constitui na medida em que o Outro é dotado também de uma falta (S(Ⱥ)).

acontecimento – que o herói não se caracteriza por heroísmos, como aqueles encontrados em filmes hollywoodianos. Não se trata disso, pois, como referiu o autor: "em cada um de nós há a via traçada para um herói, e é justamente como homem comum que ele a efetiva." (p. 383). Esta via leva o herói a percorrer um caminho em que ele passará pela divisão subjetiva – situada entre o coro e o espectador – para, ao final, encontrar-se em sua divisão subjetiva e se tornar o "dejeto de seu próprio empreendimento", ou seja, objeto *a* (Lacan, 1967-1968, p. 238).

No tempo em que transcorre o ato do herói, instaura-se o "desabamento do castelo de cartas que a tragédia representa", o que quer dizer: a epopeia que o sujeito construiu por meio de sua fantasia, com as cartas simbólico-imaginárias que engendram sua vida ordinária e que paralisam e adiam o sujeito em relação à causa de seu desejo (objeto *a*) (Lacan, 1959-1960/1997a, p. 321). Por isso, o ato coloca em cena o ponto de visada do desejo e a heroína pode avançar sobre o limite de sua *Até*. Eis de que é feito o seu bem, sobre o qual realiza uma travessia para enveredar em seu desejo singular. Esse atravessamento é expresso pela heroína e referido como um ultraje:

> *Contra-senso insensato, pois, para Antígona a vida só é abordável, só pode ser vivida e refletida a partir desse limite em que ela já perdeu a vida, em que ela está para além dela – mas de lá ela pode vê-la, vivê-la sob a forma do que está perdido. (p. 339)*

No que tange à figura do herói em psicanálise, ao retomar Freud (1915-1916/1996o), encontramos o que o autor chamou de o "segredo do heroísmo" (p. 306). Em vez de uma busca por "bens abstratos e gerais", em detrimento da vida do herói, seria "muito mais frequente o heroísmo instintivo e impulsivo que desconhece tais razões e zomba do perigo . . . 'Nada pode acontecer a *mim*.'" (p. 306). Na sequência, enfatiza que o herói é aquele que sobrepujou as hesitações narcísicas presentes no medo de sua própria morte em um ato que se caracteriza por ser da ordem do inconsciente: "aquelas razões servem apenas para dissipar as hesitações que poderiam tolher a reação heroica que corresponde ao inconsciente. O medo da morte, que nos domina com mais frequência do que pensamos, é, por outro lado, algo secundário" (p. 307). No interior da tumba, após proferir reclamações, Antígona se enforca. Mas, como todo ato, o da heroína não está fora da linguagem, pois é marcado pelo significante. No entanto, atravessa o simbólico, revelando as inconsistências das coordenadas de sua determinação como sujeito, tocando, enfim, o real. Como observa Torres (2010), esse "tocar o real" refere-se a "certa ruptura do ato pelo que nele há de heterogêneo ao simbólico, ou seja, o objeto da pulsão." (p. 162). Apesar de, nesse momento de sua obra, Lacan (1959-1960/1997a) afirmar que Antígona levava ao limite um desejo puro, "o puro e simples desejo de morte como tal", posteriormente, o autor trabalhará sobre a impossibilidade dessa pureza do desejo (p. 342).

No seminário sobre *Os quatro conceitos fundamentais da psicanálise*, Lacan (1963-1964/1997b) refere que o desejo de analista é um desejo impuro; um desejo daquele(a) que atravessou sua fantasia e suas identificações no interior de uma experiência de análise. Daí o desejo inédito daquele(a) que concluiu uma análise ser um desejo "de obter a diferença absoluta, aquela que intervém quando, confrontado com o significante primordial, o sujeito vem, pela primeira vez, à posição de se assujeitar a ele" (p. 260). O que quer dizer, para enfim deixar de se sujeitar aos significantes de comando do Outro (S_1), separando-se desses ideais e da fixação de sua fantasia, restando a própria tendência pulsional, em sua plasticidade mesma. Assim é que o(a) analista pode "ocupar o lugar que é seu, o qual se define como aquele que ele deve oferecer vago ao desejo do paciente para que se realize como desejo do Outro", sede da linguagem (Lacan, 1960-1961/1992a, p. 109).

A esse processo de transformação, chamado de destituição subjetiva, Quinet (2005) observa que se encontra uma queda (termo que abordarei mais a frente neste trabalho):

> *queda dos significantes-mestres que representavam o sujeito, significantes da identificação ideal advindos do Outro. Não é raro esse processo de desidentificação ser experimentado como um momento de "despersonalização" . . . abalados os ancoramentos simbólicos . . . o sujeito é reduzido à sua divisão e o que se presentifica é o objeto que ele é e foi estruturalmente para o Outro. (p. 102)*

Encarna-se a falta de um significante que possa dizer definitivamente o que ele(a) "é" e enquanto puro objeto (*a*). E, mais a frente complementa: "A destituição subjetiva corresponde ao advento do ser. Sendo o sujeito falta-a-ter e falta-a-ser" (p. 102).

Paralelamente ao desvanecimento da suposta consistência do Outro na destituição subjetiva, a travessia do fantasma é outra forma de abordar essa metamorfose. Isso não quer dizer que a fantasia seja extinta, pois é ela que dá sustentação ao desejo e que envolve o sintoma. Antes, trata-se de "percorrê-la para que o sujeito possa experimentar-se nos dois polos" (tanto como sujeito quanto como objeto *a*). Respectivamente, na destituição subjetiva e na queda do objeto na travessia da fantasia, faz-se equivaler o $, "a falta constitutiva do sujeito", e o objeto *a*, "o vazio do objeto" (Quinet, 2009, p. 164).

A fantasia é a resposta que ao mesmo tempo dá suporte à constituição subjetiva, sendo assegurada pelas identificações do sujeito que dão contornos à sua forma de apreensão da realidade (como um quadro ou roteiro, conforme trouxe anteriormente). Ao levar em consideração essa realidade psíquica, o que uma análise pode oferecer é a promoção de:

> *um abalo e uma modificação nas relações do sujeito com a realidade, levando-o a uma zona de incerteza, pois ele é largado pela âncora da fantasia, liberado das amarras das identificações que mapeavam sua realidade . . . nada pode escamotear sua castração. (Quinet, 2005, p. 104)*

Trata-se de um processo transformativo que envolve desidentificação e desfalicização, de modo que, como nos diz Soler (1998), a fantasia deixa de servir à tamponação da castração por meio do objeto mais-de-gozar da ordenação fálica, para fazer advir o não-todo da posição feminina, em uma posição de sujeito à fantasia. Em outros termos, quando a fantasia deixa de ser o quadro estático e aprisionante do sujeito, elevando o objeto à dignidade da causa de desejo. Daí que a destituição subjetiva em uma análise permita ao sujeito encontrar "sua certeza em seu ser de objeto" pulsional ($\$ = a$) (Quinet, 2005, p. 104). Trata-se de uma letra (*a*) de ser, desprovida de sentido ou essência e, por isso, dotada de uma verdade sobre seu inconsciente. Afinal, nos termos de Lacan (1962-1963/2005b): "o que mais existe de mim mesmo está do lado de fora, não tanto porque eu o tenha projetado, mas por ter sido cortado de mim" (p. 246).

Esse abalo das coordenadas simbólico-imaginárias promove certa liberdade, apreendendo-a conforme Lacan (1971/2009) indica: "liberdade, na medida em que ela é precisamente idêntica à inexistência da relação sexual", isto é, à impossibilidade de plena satisfação ou de fusão com o outro (p. 69). Antígona, então, suspende e corta a passagem do tempo, quando a "relação com o ser suspende tudo o que tem relação com a transformação, com o ciclo das gerações e das corrupções, com a própria história", em suas excessivas determinações simbólicas e imaginárias (Lacan, 1959-1960/1997a, p. 344). Trata-se da escolha forçada do desejo e por isso a referência à destruição dos bens, que tentam forçar a completude e servem de muralha para a assunção do desejo. O herói, então, é o único que pode impunemente ser traído, pois é aquele cujo único bem está a serviço de pagar o preço do acesso ao desejo, portanto, é quem pagou com seu ser, ou melhor, com seu des-ser.

Ao retomar Édipo, Lacan enfatiza que esse personagem só se torna um herói quando passa a se situar entre duas mortes, ou seja, no momento em que ele perde tudo: "A entrada nessa zona é para ele constituída pela renúncia aos bens e ao poder... Se ele se arranca do mundo pelo ato que consiste em cegar-se, é que somente aquele que escapa das aparências pode chegar à verdade." (p. 371). E complementa:

> *Édipo nos mostra onde pára a zona limite da relação com o desejo. Em toda experiência humana essa zona é sempre repelida para além da morte, já que o ser humano comum regula sua conduta a partir do que é preciso fazer para não arriscar a outra morte, a que consiste simplesmente em abotoar o paletó.* Primum vivere *[primeiro viver], as questões de ser são sempre rejeitadas para mais tarde, o que não quer dizer que não estejam sempre no horizonte. (Lacan, 1959-1960/1997a, p. 367)*

De forma semelhante, é quando Creonte retorna ao lar e percebe que a esposa e o filho se encontram mortos que ele adentra as trilhas do herói, pois está enfim liberado desses bens. Como vimos anteriormente com a questão sobre a bolsa ou a vida, a escolha forçada pela vida implica uma vida amputada da bolsa, incompleta e, por isso, desejante. É uma vida que leva em conta um não-todo de satisfação, harmonia ou bem-estar. Por isso, em psicanálise, temos uma liberdade igualmente não-toda, pois não se a compreende como uma saída pela individuação autônoma ou pela individualização liberal. Não é sem o outro semelhante (imaginário) nem o Outro (simbólico), mas os atravessa, e esse atravessamento implica uma saída singular para cada sujeito, sem se confundir com o individualismo privado (Lacan, 1955/1998c). Isso implica que o herói não é alguém que age por si mesmo de maneira individualista.

Freud (1912-1913/1996s) mesmo observou que a concepção do herói como alguém que fez algo grandioso sozinho é um mito. Ao aprofundar o mito da origem da humanidade em *Totem e tabu*, conjecturou sobre um tempo no qual um homem, movido pela nostalgia da época de quando havia Um pai, teria se desligado do grupo ao qual pertencia e, assumindo o papel do pai, inventou o mito heroico:

> *Quem realizou isso foi o primeiro poeta épico, o avanço ocorreu em sua fantasia. O poeta "transmentiu" a realidade no sentido de seu anseio. Ele inventou o mito heroico. Herói era aquele que sozinho havia matado o pai, que no mito ainda aparecia como monstro totêmico. Assim como o pai fora o primeiro ideal do garoto, agora o poeta criava o primeiro ideal do Eu no herói que substituiria o pai. (Freud, 1912-1913/1996s, pp. 101-102)*

Chama atenção a pretensão "liberal autônoma" desse herói mítico, que fez a comunidade imaginar que ele teria realizado sozinho o grande feito heroico, mas, na verdade, o assassinato do pai primordial só pôde ser realizado pela comunidade. Com a criação desse mito, escreve o autor, o indivíduo emerge da massa, cunhando sua singularidade, caracterizada pelo desejo do herói e sua fantasia heroica. O sujeito neurótico seria justamente uma espécie de pseudo ou quase-herói que se encerra em sua própria fantasia, engendrando seu sintoma como metáfora de seu desejo:

> *Abandonado a si mesmo, o neurótico é forçado a substituir as grandes formações de grupo, das quais está excluído, por suas formações de sintomas. Ele cria para si o*

> *seu próprio mundo de fantasia, sua religião, seu sistema delirante, e assim repete as instituições da humanidade numa deformação que claramente evidencia a contribuição poderosa dos impulsos sexuais diretos. (Freud, 1912-1913/1996s, p. 111)*

A alienação aos significantes do Outro (S_1) que constituem o sujeito humano tem o poder de fazer com que cada um participe "da alma de muitos grupos, daquela de sua raça, classe, comunidade de fé, nacionalidade etc.", mas, atenta o autor, ele também é sujeito a uma separação igualmente constituinte e "pode também erguer-se além disso, atingindo um quê de independência e originalidade" (p. 92). Note-se o "um quê" de liberdade dada por meio da separação das coordenadas simbólico-imaginárias que instauram o sujeito na cultura. Nesse sentido, conforme esclarece Roudinesco (2003), a liberdade subjetiva e o exercício do desejo implicam sempre "um conflito entre o um e o múltiplo, entre a autoridade e a contestação da autoridade, entre o universal e a diferença." (p. 85).

A política da psicanálise se assenta em uma operação de separação dos ideais do Outro, dos significantes mestres, que fazem com que o sujeito cole no sentido produzido pela cadeia significante (S_1 - S_2) e em sua relação com a fantasia, que é, por sua vez, situada como tentativa de obturar a falta do objeto (*a*) causa de desejo. Dito de outra forma, a fantasia é uma tentativa de obturar a castração. Depreende-se, desse modo, que a ética analítica opera sobre ambos os polos da alienação ideológica: tanto na dimensão liberal-conservadora, quanto na vertente de um progressismo-iludido. Voltarei a esse ponto.

O herói-neurótico, que transmente por meio de sua fantasia um feito individual, é sujeito à revolução, cujo termo enseja sempre um retorno ao Pai, como vimos anteriormente com a teoria da anaciclose. A ideia de revolucionar é como dar uma volta de 360 graus e cair no mesmo lugar. Žižek (2011a) bem observou que, ao longo da história, as experiências revolucionárias lograram a manutenção do *status quo*, engendrando algo que a pós-modernidade bem apreendeu e que pode ser metaforizada no café descafeinado, no leite sem lactose e demais estratégias de consenso. Ou seja, para o autor, trata-se da revolução que não atingiu o sentido da perspectiva revolucionária.

Sem atravessar as coordenadas simbólico-imaginárias que o capturam, o sujeito tende apenas a recalcar o Pai e, portanto, fazê-lo novamente emergir sintomaticamente. Isso reitera o que estivemos desenvolvendo com a hipótese de um liberal-conservadorismo no inconsciente, comparecendo em termos de uma verdade recalcada. Como vimos, esse fenômeno se manifesta nas políticas públicas, podendo ser verificada também em grandes eventos históricos e seus desdobramentos: da Revolução Francesa a Napoleão; da Revolução Comunista a Stálin; da Revolução Cultural chinesa a Deng Xiaoping; de maio de 1968 ao neoliberalismo e, como fizemos notar, do *Welfare State* ao *new welfarism*. Aliás, nesse sentido, podemos verificar o retorno dessa verdade recalcada inclusive na psicanálise, comparecendo no risco da emergência do poder da sugestão hipnótica.

Considero que o fenômeno da reprodução daquilo que se pretende combater condiz com a facilidade em escorregarmos para o discurso da mestria, da dominação. Assim, o que caminha mal em instituições, serviços, programas e projetos políticos, assim como em uma análise, pode ser o anseio, mesmo que latente, não elaborado ou devidamente atravessado, de governar. No que tange à clínica analítica, esse fenômeno pode trazer uma contribuição acerca do lugar de psicanalista, sua ética e as transformações que uma análise pode produzir, isto é, a fim de que um(a) psicanalista se encontre como psicanalista em sua prática clínica e mesmo no interior de uma política pública. A aparente redundância não é fortuita, pois refere dificuldades presentes na formação e aponta para a transformação subjetiva que uma análise pode produzir. Na clínica, o fenômeno da reprodução daquilo que é objeto de um rechaço encontra-se como tendência do que, justamente, a psicanálise se insurgiu ao abandonar a sugestão hipnótica pela associação-livre. Assim, é o retorno da sugestão hipnótica que se pode encontrar como avesso inadvertido na própria psicanálise:

> *Eu teria mais tendência a acreditar que alguém que, no hipnotismo, procura fazer do sujeito o seu objeto, a sua coisa, torná-lo maleável como uma luva para lhe dar a forma que quer, para tirar dele o que quer, é, mais do que Freud, impelido por uma necessidade de dominar e de exercer o seu poder. (Lacan, 1953-1954/1986, p. 38)*

E não é fortuito que, logo nas primeiras linhas do seminário *De um discurso que não fosse semblante*, seminário seguinte a sua apresentação sobre os quatro discursos, Lacan (1971/2009) atente que "o discurso do mestre não é o avesso da psicanálise, é o lugar em que se demonstra a torção própria, eu diria, do discurso da psicanálise" (p. 9). Assim, os discursos do mestre e do psicanalista são constituídos de uma estrutura em que verso e reverso compõem-se como uma banda de Moebius: uma torção de uma única superfície. Eis por onde se situa o risco do poder da sugestão que espreita uma psicanálise.

O neurótico é "um rebelde, um renovador e um revolucionário. Entretanto, todo revolucionário é originalmente um filho desobediente, um rebelde contra o pai" (Roudinesco, 2005, p. 95). Em outras palavras, retomando o emprego dos termos recorrentes neste livro, a revolução libertária é marcada pelo retorno de um conservadorismo recalcado. Nas palavras de Freud (1939/1996g): "O herói é alguém que teve a coragem de rebelar-se contra o pai", como em diversos romances familiares de neuróticos(as) em que, após alguns anos sustentando uma idealização dos familiares, encerra-se na rivalidade e no desapontamento adolescente (pp. 23 e 24). Talvez em função dessa constatação, Lacan tenha preferido o heroísmo feminino, ressaltando a figura de Antígona:

> *E, para designar essa ausência de plenitude e de complementariedade entre os sexos, que agora aparecia no real, Lacan extraiu de Drieu La Rochelle uma observação da qual fará um aforismo: "A Mulher não existe". Ela é "não-toda", dirá, nem uma natureza, nem uma categoria, nem uma totalidade, nem uma cultura. Ela nunca é, para o homem, no mesmo momento, nem no mesmo instante, o que se acredita que poderia ser. (Roudinesco, 2003, p. 150)*

O ato de Antígona servirá como ponto de apoio para Lacan pensar o ato psicanalítico: um ato que altera retroativamente as coordenadas simbólico-imaginárias do sujeito, trazendo consigo uma política que leva em conta a falta e aponta para a criação de novas alternativas, ao modificar o que era tido por excessivamente determinado na vida de um sujeito. Para que possamos aprofundar o conceito de ato, que situa o objeto *a* no lugar de causa, é importante termos em mente o discurso do(a) psicanalista que, ao lado do discurso da histérica, seria um dos avessos da civilização.

A via política da psicanálise se assenta no sintoma como aquilo que se opõe à adaptação de qualquer realidade, que é sempre discursiva. O sintoma é justamente aquilo que é próprio ao sujeito, em sua divisão constitutiva ($):

> *isso quer dizer que não existe sujeito sem sintoma: o sintoma é universal [sua fixação de gozo é que é singular a cada sujeito]. Não consiste na infelicidade que alguns suportam, mas antes em uma estrutura que faz suplência à relação sexual. O sintoma não deve ser confundido com um processo patológico; ao contrário, é um efeito de linguagem sobre o ser falante. (Soler, 1998, p. 449)*

A aposta política da psicanálise se centra em certa liberdade do sujeito, de modo que se possa dizer: "Passe". Passar da impotência à impossibilidade e, assim, bem-dizer o sintoma e o desejo como formas de meio-dizer a verdade sobre o real que lhe causa, ou seja, a da castração. O impossível em Lacan não quer dizer que ele não possa acontecer, ou algo como uma falha contingencial: "não é esse o horizonte último do real lacaniano e, de certo modo, o Real-como-impossível significa que ele acontece." (Žižek & Daly, 2006, p. 204).

O discurso do(a) analista traz uma experiência que convoca o Real, o que remete ao impossível de psicanalisar, pois não há cura do inconsciente. Aqui, temos o(a) psicanalista que faz semblante de objeto causa de desejo (*a*), já que seu ato tem relação com o desejo de analista e por isso ocupa um lugar de semblante desse objeto para um sujeito em análise. O desejo de analista é dado pelo estilo que marcou a forma como o sujeito se separou de suas identificações e atravessou sua fantasia em uma experiência de análise.

Pode-se dizer que esse desejo permite que se opere tanto sobre o polo liberal-conservador, como no polo progressivo, mas excessivamente ilusório, do inconsciente. Isso pode promover a emergência do caráter subversivo do inconsciente, ao ressaltar a tendência pulsional e levar em conta uma ilusão advertida, não-toda, tola. Em uma análise, ou onde quer que um(a) psicanalista se encontre como psicanalista, trata-se do desejo de que uma análise se dê. O que implica não ceder ante os anseios do(a) analisando(a) em estabelecer uma parceria, sempre da ordem do imaginário, e mesmo os anseios contidos nas políticas sociais, como na forma de metas de eficiência. Seu lugar condiz com a função de fazer trabalhar o inconsciente de um sujeito.

No cerne de uma política da falta, a ética contida no desejo de analista é advertida de questões ideológicas. É outra forma de dizer que o(a) psicanalista está em uma posição cujo poder consiste justamente em não fazer – desse mesmo poder – um uso inadvertido na direção de um tratamento. Como lembra-nos Quinet (2009):

"Lá onde o analista poderia exercer um poder – poder que a própria transferência lhe confere – ele faz o exercício da falta." (p. 43).

Ao não corresponder à demanda de parceria (a-a') do(a) analisando(a), demandas de completude, felicidade ou bem-estar ($-A), sem visar ou coadunar com os empuxos do discurso do capitalismo em termos de eficácia, eficiência e plena satisfação, é que se permite ao inconsciente de um sujeito fazer da análise uma experiência trágica, na qual o sujeito possa se a haver com a dialética de seu desejo e gozo, articulados pela fantasia. Enfim, inventando alternativas que não aquelas acostumadas, mesmo que desconfortáveis, de suas coordenadas simbólico-imaginárias.

Ao intervir na dimensão liberal-conservadora do sujeito do inconsciente, torna-se possível fazer advir algo da ordem de um progresso, desde que entendido como atravessamento rumo ao seu desejo de desejar, marcado por um ato no qual o sujeito terá de se haver com o oco de seu próprio ser. Trata-se de um processo que vai do des-ser do sujeito ao ser de objeto *a*. Em outros termos, se o ser do sujeito condiz com o desejo, abre-se para a dimensão da contingência que o conduz ao des-ser, pois aponta para uma causa que lhe é exterior:

> *aquele que chega, no final, ao lugar do psicanalista, na medida em que aqui o sujeito decididamente se separa, se reconhece como causado pelo objeto em questão . . . Causado em sua divisão de sujeito: enquanto ele fica marcado, ao final da psicanálise, por essa hiância que é a sua e que se define, na psicanálise, pela forma da castração. (Lacan, 1967-1968, p. 145)*

O que se afigura nesse discurso é a ética psicanalítica que leva em conta a divisão subjetiva, o desejo, a fantasia e, portanto, o sujeito do inconsciente. Tal formulação aponta para uma lógica específica que é a do não-todo, conforme as fórmulas da sexuação apresentadas por

Lacan, que desenvolverei depois de nos debruçarmos sobre o tema do ato como aposta de uma política subversiva. Afinal, para apreendermos o ato heroico de Antígona, que atravessou aquilo que consistia seu mito heroico-neurótico, é preciso aprofundar o conceito desse ato para aqueles(as) que dele fazem profissão: o(a) psicanalista.

Ato como aposta política

Uma primeira elaboração sobre o ato em psicanálise pode ser localizada no sofisma dos três prisioneiros, trazido por Lacan em 1945. O intuito era distinguir o imaginário do simbólico, seguindo os desdobramentos do conceito de estrutura e suas investidas no campo do cálculo das probabilidades e da inserção da psicanálise no âmbito das ciências conjeturais[10] (Lacan, 1954-1955/2010a). A história desse sofisma é a seguinte: há três discos brancos e dois pretos, e os três prisioneiros devem se submeter à prova de adivinhar e justificar qual disco está nas costas de cada um para então serem libertados.

Nas costas de cada prisioneiro foram colocados três discos brancos, portanto, nenhum preto. O raciocínio empregado para produzir a solução que os liberta se dará em três tempos, chamados pelo autor de "instante de ver", "tempo de compreender" e "momento de concluir". Se um prisioneiro visse um disco preto nas costas de um outro, ele não teria dúvida de que portava um preto, pois havia somente dois pretos. No entanto, como nenhum dos prisioneiros vê um preto, deve-se deduzir que cada um somente vê discos brancos. Em outras palavras, ao observar apenas discos brancos, cada prisioneiro pode pensar que os outros dois devem ver dois discos brancos ou um branco e outro preto. A ideia, aqui, é que cada prisioneiro deve pensar, em meio a um transcurso temporal, sobre o que os outros

10 As ciências conjeturais põem em questão a combinação de elementos, como nas experiências dos jogos de azar, em que o sujeito não só coloca "sua sorte à prova", mas também a "sua sina" (Lacan, 1954-1955/2010a, p. 404).

prisioneiros podem estar pensando para formular o argumento da sua libertação.

Como nenhum dos outros dois prisioneiros se mexem, o prisioneiro conclui que ele mesmo só pode ser branco, pois se vissem nele um disco preto, o outro já teria chegado à mesma conclusão. Esse terceiro tempo se deve a uma especulação sobre a reciprocidade, de modo que ele possa inferir estar na mesma posição que os outros dois. Se ele não se adiantar à decisão, ou seja, se cair na incerteza inerente ao tempo de compreender, perderá a chance de sair.

Por se tratar de um sofisma, o que traz consigo possíveis inconsistências devido à sua estrutura interna de argumentação, Lacan afirma que é no ato do prisioneiro que se testemunha a sua verdade. Conforme a elaboração desse período de seu ensino, a certeza do prisioneiro é marcada pelo simbólico, sendo a hesitação que lhe faria incorrer no erro, marcado pelo imaginário: "A aceleração, a precipitação no ato, revela-se aí como coerente com a manifestação da verdade." (p. 390). Mas note-se que sem os outros,[11] a coletividade representada pelos três prisioneiros, ele não poderia chegar à conclusão de que todos eram igualmente brancos (Lacan, 1945/1998m, p. 212).

Por isso Lacan (1959-1960/1997a) dirá posteriormente que, por meio de seu ato, "o herói libera seu próprio adversário" (p. 384). Em outras palavras, o ato do herói permite que as disputas imaginárias dirigidas ao outro e em relação ao próprio narcisismo caiam. Na medida em que perdem seu frágil sentido, permite-se um atravessamento das determinações atribuídas ao Outro simbólico, ou seja, um

---

11 No seminário *Mais, ainda*, Lacan (1972-1973/1985) retoma o aspecto da intersubjetividade presente no sofisma dos três prisioneiros, fazendo constar o objeto *a* como central para a pressa no momento de concluir: "o que mereceria ser olhado de mais perto é o que suporta cada um dos sujeitos, não em ser um entre os outros, mas em ser, em relação aos dois outros, aquele que está em jogo no pensamento deles. Cada qual só intervindo nesse terno a título desse objeto *a* que ele é sob o olhar dos outros." (p. 67).

processo de destituição subjetiva. Essa destituição permite advir o objeto *a* enquanto causa de desejo, por sua vez não mais circunscrito à dimensão do objeto fálico faltante e, depois, perdido na constituição do sujeito. De modo que o estatuto ético da psicanálise passa a ser não mais exatamente o sujeito que deve advir lá onde Isso estava, mas "devo tornar-me o desejo" (Lacan, 1967-1968, p. 108). Trata-se de advir a causa de sua própria divisão subjetiva, a do objeto *a* como causa.

Por isso que o ato psicanalítico pode ser pensado como tendo efeitos no interior da pólis, pois, como vimos, a psicanálise não é uma terapêutica que separa indivíduo e sociedade, e seus efeitos se dão nas relações sociais, na relação com os outros e com a cultura de forma mais ampla. Como enfatiza Checchia (2015), ao promover a deflação das ilusões calcadas em significantes-mestres, uma experiência de análise pode promover a deflação "de certas ideologias" (p. 311), o que não quer dizer que a saída para a política seja a psicanálise – apesar de ser possível localizar em certas políticas públicas e experiências coletivas o reconhecimento da dimensão do sujeito do desejo, do inconsciente, como busquei trazer com a experiência do Diálogo Aberto.

> *A saída que o discurso psicanalítico pode provocar é, portanto, a princípio, uma saída que se faz um a um. O que não significa que todo sujeito que faça análise realize esse feito. Pela própria ética da psicanálise, isso depende das escolhas do sujeito. Logo, não há garantia do que o sujeito vai fazer com essa experiência. A saída um a um também não significa que possamos pensar em como levar de alguma forma essa experiência para o âmbito coletivo. [No entanto] Como adverte Lacan, a saída não constituirá progresso se for apenas para alguns. (Checchia, 2015, p. 391)*

Vale ressaltar que, por ser a ética psicanalítica uma ética da singularidade subjetiva concernente à relação transferencial estabelecida entre analisante e analista, não é possível estendê-la à ética pública e, portanto, a formulação, implementação e avaliação de políticas públicas. No entanto, o lugar marginal do(a) psicanalista na pólis é, justamente, o seu lugar de eficácia. Ao promover a escuta em diferentes contextos exteriores à clínica de consultório, pode tecer críticas a fenômenos socioculturais e políticos, especialmente quando excluem o sujeito do desejo e os fenômenos do inconsciente.

Esse "tecer críticas" diz daquilo que se escuta como sintoma, ou seja, daquilo que funciona mal ou mal funciona em uma solução de compromisso que não é plenamente satisfatória, e mesmo a partir daquilo que se escuta em termos de sofrimento, como estando atravessado por questões oriundas do mal-estar social. Daí que o desejo de analista dirija-se à subversão do sujeito onde quer que esse(a) psicanalista se situe em sua posição sempre um tanto deslocada, marginal e fora de lugar: na saúde pública e em hospitais privados, em equipamentos de assistência social e na educação, nas perícias em contextos jurídicos, em colunas de jornais de grande circulação ou blogs.

Importante reconhecer ainda a participação de psicanalistas em intervenções de cunho social e engajamentos coletivos. Nesse sentido, retomemos a experiência realizada pelo grupo de psicanalistas do projeto Clínica do Cuidado, coordenado por Ilana Katz e Christian Dunker e pela jornalista Eliane Brum, tendo por objetivo oferecer atendimento em saúde mental e realizar a construção de memórias dos(as) refugiados(as) da comunidade ribeirinha de Belo Monte no Pará; o projeto de entrevistas dos Psicanalistas que Falam, que aborda a psicanálise fora do *setting* tradicional; os(as) Psicanalistas pela Democracia (PPD), plataforma que teve início a partir do Ato Psicanalistas pelo Apoio Incondicional à Democracia no Brasil, que antecedeu ao impeachment de Dilma Rousseff; além das diferentes contribuições de psicanalistas em torno dos temas da memória, do testemunho e do trauma (como o Clínicas do Testemunho), de populações violentadas pelos aparatos do Estado (como o Margens Clínicas); especificamente na política de drogas, a importante figura de Antonio Lancetti, falecido em 2016, no cerne das estratégias de Redução de Danos; as iniciativas paulistas da Clínica Pública de Psicanálise na Vila Itororó, a Clínica Aberta de Psicanálise na Casa do Povo, a Psicanálise na Praça Roosevelt e a Psicanálise na Rua, de Brasília. São psicanalistas que, dirigindo-se às margens e desde sua posição marginal, reconhecem a singularidade subjetiva em experiências atravessadas por questões sociais, econômicas e políticas.

Desde sua posição marginal, ao tecer críticas sobre aquilo que não se ouve, mas dá-se à escuta, e inserir-se em espaços públicos e coletivos, a psicanálise tem chances de promover mudanças de posicionamentos subjetivos um a um, tencionando discursos que pretendam trazer a verdade sobre tudo ou tudo dizer sobre a verdade. Sem esquecer que a verdade em psicanálise tem uma estrutura de ficção, sempre singular e sujeita a um semi-dizer.

Um(a) psicanalista sabe que não é um(a) santo(a) dotado(a) de uma posição ingênua, já que é um produto da modernidade cartesiana e, historicamente, do liberalismo democrático. É uma boa pergunta, inclusive, como seria uma psicanálise fora da democracia como a conhecemos, isto é, em outras configurações políticas, como a experiência que Sabina Spielrein precursionou na antiga URSS. Semelhante apontamento acerca de outras configurações socioculturais, como aquelas não organizadas politicamente em torno do Estado (Clastres, 1975), ou aquelas cujas relações sociais são baseadas em trocas entendidas como dádivas, conforme trouxemos com o *potlatch*[12] (Mauss, 1950/2013).

---

12 No ensaio de Mauss (1950/2013), a dádiva é diferente do que concebemos como "trocas" no Ocidente. São relações sociais não articuladas em torno de uma autoridade estatal e no pressuposto de uma infraestrutura econômica (conforme tese marxiana sobre a diferença de classe social). Como encontramos no trabalho de Clastres (1975), sociedades que não se organizam politicamente em torno do

A psicanálise, não sendo uma visão de mundo nem uma práxis que pretende angariar o "poder de ajudar" a todos(as), é dotada de limitações. É sempre o caso de questionar a própria psicanálise e de, inclusive, nos curarmos dela quando for o caso. Isso diz da importância de se questionar a própria psicanálise, inclusive e especialmente no contexto de uma análise. Tendo em vista que sofremos *à la* psicanálise, como enfatizou Parker (2006): "Falamos psicanaliticamente quando não percebemos que o fazemos, e tal discurso psicanalítico nos faz ser quem somos." (p. 14). E, vale ressaltar que não existem garantias de que onde houver psicanalistas haverá ética psicanalítica. Como exemplo, lembremos o conhecido episódio de Amílcar Lobo, torturador acobertado pela Sociedade Brasileira de Psicanálise (SBP) do Rio de Janeiro, durante o período da ditadura militar (Kupermann, 1996).

Mas, deixando essas questões em suspenso, o que quero dizer é que um(a) psicanalista não está fora dos laços sociais, apesar de seu lugar "êxtimo" (íntimo-exterior; estranho-familiar) no qual renunciou ao poder – como no emprego, mesmo que dissimulado, da sugestão – promovendo experiências em que é sempre o sujeito quem pode produzir um saber sobre a verdade singular que lhe causa. Situar-se nas margens, como estrangeiro(a), é circular em um espaço que se situa entre o público e o privado. Como estrangeiro(a) marginal, um(a) analista se reconhece em sua função inconsciente: aquilo que emerge como estranho de nossas próprias formações do inconsciente em sonhos, atos falhos ou chistes. Afinal, eis o que é próprio do sujeito em sua divisão constitutiva.

Como sujeito suposto saber de um desejo que é do(a) analisando(a), o(a) analista não dá consistência à posição de um Outro que deteria um pleno saber, mas encontra-se para o sujeito como um Outro, enquanto lugar do tesouro dos significantes, promovendo a

---

Estado conduzem à tese de que a economia ocidental apenas encontre estofo já a partir da referência da organização política em torno do Estado.

associação livre do sujeito. Daí a importância de sua escuta. O(A) analista ocupa um lugar cuja função é inconsciente, promove a associação livre do(a) analisando(a) ao se posicionar como semblante do objeto causa de desejo (*a*) do sujeito, aquilo que se situa nos intervalos da cadeia significante, como a sua causa, suportando um lugar que, ao fim e ao cabo, será o de resto.

Lacan (1969-1970/1992b) tenciona esse lugar marginal do(a) psicanalista na pólis, dizendo que o discurso psicanalítico "poderia permitir a vocês situarem exatamente aquilo contra o que se revoltam." (p. 197). Desse modo, pode-se dizer que o discurso analítico estaria advertido dos riscos de se reproduzir o que se pretende combater, tendo em vista a tendência inconsciente em escorregar para o discurso da dominação, da mestria. Como exploramos anteriormente, a emergência da outra borda de uma mesma superfície, conforme Lacan (1971/2009) trouxe em relação à torção dos discursos do mestre e de analista, e como também ressaltei em termos do retorno do recalcado da sugestão hipnótica no interior da própria psicanálise. Enfim, outra forma de dizer que o discurso do mestre nos espreita.

O discurso do(a) psicanalista pode histerizar ($) os demais discursos, tendo uma função social ao apontar as incoerências contidas nos discursos veiculados socialmente e envoltos de excessos de consistência. Afinal, conforme observou Žižek (2003): "o único caminho para romper o círculo vicioso passa por um ato que mude as coordenadas do conflito" (p. 150). Em outras palavras, enquanto o sujeito neurótico se situa entre a cruz e a espada, o ato da passagem à analista permite romper com tais coordenadas em prol da invenção de outras alternativas. Conforme aprofundarei a seguir, o ato psicanalítico promove uma subversão da tendência revolucionária de repetir as coordenadas simbólicas e imaginárias que determinam excessivamente o sujeito, como vimos com a teoria da anaciclose no segundo capítulo. É nesse sentido que abordei o lugar do(a) psicanalista nas políticas públicas, considerando-o(a) no um a um, para cada psicanalista, apontando caminhos possíveis para sua inserção em uma política atravessada por um ato que implica e conduz ao não-todo.

7. Não-todo na política

Que antes renuncie a isso, portanto, quem não conseguir alcançar em seu horizonte a subjetividade de sua época.

Lacan, 1953/1998h, p. 322

Este capítulo apresenta três eixos que buscam, cada um a sua forma, tecer alguns desenvolvimentos finais a este livro. Enquanto o primeiro e o terceiro estão organizados em um estilo mais conclusivo, o segundo apresenta-se em um tempo para compreender. Seu estilo imprime-se em uma série de questões em aberto, cujas articulações teóricas se apresentam tateantes. Ainda assim, há uma aposta de que o exercício desse segundo subcapítulo seja importante ao abrir para o imprevisto que comparece no estado atual dos meus argumentos, causando, quem sabe, um desejo de saber, que resta por não se saturar.

Inicialmente, trarei os desenvolvimentos da psicanálise lacaniana sobre a lógica do não-todo. A partir das fórmulas da sexuação, ressalto como a referida lógica pode contribuir para fundamentar o lugar de analista e, a partir desse lugar, em sua inserção nas políticas públicas. Abordo o não-todo na política e recupero a ilusão tola, não totalmente ilusória, por estar advertida de seu caráter utópico. Essa advertência contribui para que um(a) analista não incorra no risco de se encontrar capturado pelo discurso do mestre, como nos empuxos das demandas dirigidas aos(às) "psis" em sua inserção nas políticas públicas. Desse modo, apreendemos como um(a) psicanalista pode funcionar enquanto contradispositivo no interior dos dispositivos de poder do Estado.

O terceiro subcapítulo apresenta uma discussão sobre o percurso de uma análise como condizente com um processo que perpassa uma série de revoluções – e, para isso, retomo a noção dos giros discursivos – rumo à subversão do sujeito em uma análise. Como pretendo desenvolver, essa direção que vai da revolução à subversão desponta como uma direção clínica, onde quer que se ache um(a) psicanalista. Da clínica à sua inserção nas políticas públicas, como que contrabandeando o discurso analítico nos dispositivos de poder do Estado, um(a) analista encontra-se como aquele(a) que fará infiltrar o discurso analítico, ressaltando a singularidade subjetiva e apontando para uma subversão.

No segundo subcapítulo, aproximamo-nos de algumas reflexões atravessadas pela psicanálise sobre a política, especialmente no que tange à democracia e ao comunismo. A proposta é trazer algumas referências que permitam uma reflexão sobre essas formas de governo, da produção de formas de vida mais condizentes com aquilo que uma psicanálise pode visar em termos de subversão. Cabe ressaltar que não se trata de situar uma forma de governo dada pela psicanálise, de aventar uma espécie de "analiticocracia". Trata-se de tatear, ainda assim, como por artifício, articulações sobre os efeitos que uma análise pode produzir, na medida em que um sujeito que passa por uma análise, não passa sem se posicionar de outra forma também na pólis.

A lógica do não-todo

As relações contidas nas fórmulas da sexuação trazidas por Lacan na década de 1970, especialmente nos seminários *De um discurso que não fosse semblante*, *...ou pior* e *Mais, ainda*, permitem apreender o que vimos acompanhando com a expressão "não-todo". Uma noção às voltas com o impossível oriundo das incursões do autor no campo da lógica. Como observa Dunker (2015), essas fórmulas partem das afirmações freudianas sobre a universalidade do falo, apreendido como função, e a existência da bissexualidade humana, uma teoria elaborada por um contemporâneo parceiro de Freud, Wilhelm Fliess.

As dimensões de universalidade e existência em Lacan – oriundas da lógica formal aristotélica – seguem uma lógica diferente da tradicional, na qual "da universalidade de um conjunto deduz-se a existência de seus elementos, assim como da negação de um conjunto deduz-se a inexistência de elementos e da negação dos elementos deduz-se o vazio." (p. 391). Lacan lançará suas investidas teóricas em uma lógica que inclui a contradição, na medida em que o inconsciente não reconhece a negação, a contradição e o tempo cronológico. Essas fórmulas foram pensadas de modo a contemplar uma teoria sobre a sexualidade, incorporando a noção de posições masculina e feminina em seus diferentes semblantes, formas de gozo e constituição da fantasia.[1]

Quanto ao que nos interessa neste livro, o não-todo apresenta-se segundo uma lógica suscitada pela posição feminina, na qual a mulher estaria não-toda submetida/inscrita na função fálica. Esta função seria oriunda da castração constitutiva do sujeito e determinaria a ordenação fálica do desejo do sujeito humano. Freud abordou a diferença entre os sexos por meio do "ter o falo", na posição masculina, e seu correlato no medo de perder; e do "não ter o falo", da posição feminina, e o correlato da inveja do pênis (*penisneid*). A partir disso,

1 Atualmente, psicanalistas têm se dedicado a repensar e destituir o binarismo, o falocentrismo e o eurocentrismo analíticos, isto é, termos e desenvolvimentos teórico-clínicos que serviram de pilares na psicanálise, de modo que os referidos lados "homem", "masculino" e "mulher", "feminino", também presentes na teoria da sexuação lacaniana, têm sido devida e tardiamente questionados. Manterei-os aqui, pois os desenvolvimentos que apresento permitem dar lugar à sua contribuição para o tema deste livro e, ao mesmo tempo, apontam suas limitações.

Freud indicou três saídas: renúncia, masculinidade e feminilidade. Já Lacan introduziu uma dissimetria entre "ter" e "ser" o falo. Assim, por não ter o falo, a mulher seria chamada à posição de ser o falo na relação sexual, considerando que não existe *rapport* (complementaridade) sexual.

A partir da concepção de que a mulher estaria não-toda inscrita na função fálica, delineiam-se as afirmações lacanianas de que "A mulher não existe" (por isso a escrita: A̸ mulher). Também é nesse sentido que se apresenta a noção de que "não há complementariedade entre os sexos", pois o que existe são mulheres como sujeitos singulares ($), contadas uma a uma. Além disso, masculino e feminino não formam uma totalidade no âmbito da fantasia, isto é, as fantasias não são complementares:

> *O fato de não haver proporção entre os sexos faz [com que] cada um dos lados busque supri-la de formas diferentes. O homem utiliza o objeto a como suplência da falta do Outro ($◊a). Para A̸ Mulher, outra coisa que não o objeto a vem em suplência da relação sexual que não há: o Outro gozo. (Prates, 2017, p. 184)*

Disso decorreriam duas posições. A masculina seria situada nos termos do gozo fálico, entre a universalidade da função fálica (do significante fálico) oriunda da castração, ou a existência de "ao menos um" que representa a exceção da castração e, ao mesmo tempo, funda a regra (como no pai mítico da horda primeva). Já a posição da mulher seria situada em termos de um gozo fálico masculino e um gozo feminino ou Outro gozo. Em outros termos, a mulher estaria entre a universalidade da não exceção à castração, que determina sua inscrição na ordem fálica, ou na posição de não-toda submetida ao falo, como escrita no matema: S(A̸) (Lacan 1971-1972/2012; 1972-1973/1985).

Observemos as fórmulas da sexuação, trazidas a seguir. Ao lado esquerdo e no primeiro patamar, encontramos a existência de uma exceção (daí a barra que indica uma negação sobre a castração): "existe x que não é castrado". Abaixo, a universalidade da castração e, portanto, da inscrição na norma fálica: "todo x é castrado". Ao lado direito e no primeiro patamar, a dupla negação trazida pelo autor que, em vez de conduzir a uma simples afirmação da universal, subverte a lógica clássica por manter a contradição no âmbito da existência: "não existe x que não seja castrado". Com isso, o autor atrela a norma fálica por meio da concepção da não existência de uma mulher que não esteja submetida à ordenação do falo. Abaixo à direita, localiza-se a lógica do não-todo e que remete a um Outro gozo que não o fálico.

Homem	**Mulher**
$\exists x \overline{\Phi x}$	$\overline{\exists x}\ \overline{\Phi x}$
$\forall x \Phi x$	$\overline{\forall x} \Phi x$

Figura 7.1 Fórmulas da sexuação.

A lógica feminina do não-todo se distinguiria da lógica inerente ao gozo fálico, como nos ensina a estrutura histérica. Isso porque, nesse caso, na medida em que ela se assenta na identificação com o pai, localiza-se um movimento que condiz com um fazer-se de homem, ou mesmo, no escopo da maternidade, em que um filho pode ser colocado no lugar do objeto fálico. Como nos diz Prates (2001), o não-todo traz um gozo mais-além do falo, isto é, da lógica de conjunto, "embora referido a ele", mas de maneira indeterminada e inconsistente, pois está às voltas com o impossível do registro do real, que excede o simbólico (p. 25).

Enquanto a posição masculina se encontraria referida ao significante fálico, portanto, inscrevendo-se na lógica do conjunto homem, o lado mulher não apresentaria um significante que pudesse toda representar ou circunscrevê-la, não havendo conjunto. Assim, a mulher teria um bi-gozo: o gozo fálico e o gozo não-todo fálico ou Outro gozo. O gozo fálico é oriundo da inscrição do sujeito no simbólico da linguagem ($) o que, para a mulher, constituiria um gozo suplementar, o que já significa não complementar.

A partir da teoria psicanalítica, sabemos que é em função da castração que há, no processo da constituição psíquica, uma perda de gozo. Em outras palavras, é em razão da interdição do gozo pleno que só é possível atingi-lo pela "escala invertida da lei do desejo. Desse modo, só pode ser alcançado via castração e falo" (Prates, 2017, p. 180). Já o gozo Outro remete à lógica da não-toda, em que a mulher escaparia ao discurso, remetendo ao real, o "que a faz encarnar o Outro absoluto", caracterizando-se por um gozo "que não há palavras para dizer" (pp. 181 e 188).

Mesmo que não seja o objetivo deste livro, cabe ressaltar que essas considerações teóricas foram importantes na clínica psicanalítica, especialmente em termos de fim de análise. Isso porque o advento do feminino, como construção da feminilidade em uma análise, condiz com uma posição da ordem do contingencial, de ser semblante de objeto *a*, causa de desejo, promovendo um abalo na rocha da castração – o que nos aponta para o lugar de psicanalista. Nas palavras da autora, em termos daquilo que uma análise pode produzir, não sem riscos: "A análise possibilita que a mulher suporte esse lugar inconsistente . . . em favor da contingência de uma pulsação feminina", assumindo seu gozo (p. 195).

Para circunscrever o que referimos como "riscos" e tendo em vista os propósitos deste trabalho, o não-todo contingencial abala a rocha da castração. É um processo que desdobramos anteriormente, quando da passagem da impotência para a dimensão do impossível em relação à castração. Nos termos da autora: "como suportar, então, a satisfação passiva – em termos freudianos – ou, em outras palavras, 'assumir o gozo' . . . a não ser consentindo com o terremoto do gozo feminino que faz tremer a rocha da castração?" (p. 220). Eis o que pode se despontar de uma análise: o advento do feminino como posição que permite, ocasionalmente, fazer-se de semblante de objeto *a* para um sujeito em uma análise.

A aproximação que faço dessa teoria oriunda da clínica psicanalítica ao que trabalhamos em relação às políticas públicas diz respeito ao que busquei sustentar com relação ao lugar de analista nessas políticas. Também faz referência ao que apresentei em relação à política de saúde mental finlandesa do Diálogo Aberto e sobre como penso as dimensões de eficácia, eficiência e, mais propriamente, da satisfação no campo dessas políticas. Em outras palavras, uma política que atende paradoxal e suficientemente a esses critérios é aquela que não aspira de forma "toda" a harmonia, o bem-estar ou a felicidade para todos(a). Isso por considerar a subjetividade singular do sujeito e os conflitos humanos no cerne do mal-estar na civilização. Daí a referência trazida no capítulo precedente em termos de uma ilusão tola, não totalmente ilusória, como aquilo que pode permitir uma direção diferente daquela que redunda na impotência frente à castração. Como desenvolvi, é esta a direção que se pode esperar de um(a) psicanalista. Trata-se, enfim, de pensar uma dialética na qual um(a) analista será aquele(a) que infiltrará o não-todo na política, reconhecidas as impossibilidades inerentes a uma política pública que considere sua impotência em satisfazer plenamente.

A seguir, a proposta será aproximar autores(as) atravessados(as) pela teoria psicanalítica e que refletiram sobre a democracia e o comunismo. Essas formas de governo, de produção e reprodução de modos de vida, serão pensadas a partir daquilo que uma psicanálise pode produzir em termos da subversão de um sujeito, conforme aprofundarei no final deste livro. Como enfatizei, não se trata de propor uma forma de governo *à la* psicanálise, mas de pensar formas de fazer política mais condizentes com o que uma análise pode produzir em termos de uma transformação do sujeito, o que não se reduz à subjetividade singular, pois também produz transformações em sua inserção na pólis.

Uma radicalidade democrática

Este subcapítulo traz incursões em autores(as) que pensam a política atravessados(as) pela teoria psicanalítica. A intensão, aqui, é trazer suas concepções sobre a democracia e o comunismo, como enviesadas pela psicanálise. O cerne da questão é aproximarmos os efeitos que uma experiência de análise pode produzir, no sentido das transformações que um sujeito pode experenciar em sua relação com as dinâmicas socioculturais e políticas, que permitem considerar novas formas de estar no espaço público e fazer política.

Já tivemos a ocasião de desenvolver que a política da psicanálise se orienta na direção da falta – um processo que perpassa a falta-a-ser, passando pelo des-ser de analista e seu ser de objeto *a* –, buscando as brechas pelas quais infiltrar o discurso analítico e para funcionar como um contradispositivo em meio à lógica do poder do Estado. No entanto, a questão nesse momento é pensar se alguma política de Estado pode se aproximar da orientação política da psicanálise. Para investigar essa questão, faremos uma incursão nas concepções de democracia e comunismo em diferentes autores(as) que se encontram, de algum modo, atravessados(as) pela teoria psicanalítica.

Rancière (2014), por exemplo, observa que a palavra "democracia" quer dizer um governo "anárquico fundamentado em nada mais do que na ausência de qualquer título para governar." (p. 57). Para esse autor, a representação é uma farsa à democracia. Isso porque a representação democrática acaba se traduzindo como o governo dos interesses particulares de uma minoria que detém as insígnias para exercer o poder e que, por meio das eleições, apenas legitima o anseio da maioria consentir com um "poder superior" (p. 70). Corrobora com essa concepção a reflexão de Safatle (2012) sobre a esquerda: "Uma esquerda que não tem medo de dizer seu nome deve falar com clareza que sua agenda consiste em superar a democracia parlamentar pela pulverização de mecanismos de poder de participação popular direta." (p. 51).

A essência de uma democracia direta, no dizer de Rancière, condiz com a radicalidade contingencial trazida na prática do sorteio. Como derradeiro, e em um sentido mais ordinário, a democracia versa sobre um governo e uma sociedade fundamentalmente ingovernáveis, às voltas com o impossível de governar no interior do mal-estar na civilização. Assim, conforme o que já desenvolvi neste livro, é possível dizer que uma democracia estrito senso seja uma forma de fazer política que comporta o não-todo e que carrega consigo uma ilusão tola, advertida dos impossíveis no cerne das políticas públicas.

Isso porque política é divisão, conflito. É no sentido de uma democracia direta e radical que Rancière aborda o que denomina uma "democracia das multidões ou comunismo" (p. 121). Notemos como esse autor traça um paralelo entre certa concepção de democracia e comunismo. Para sondarmos esse paralelo, recorro ao que Badiou (2012) entende por esta forma de fazer política. Para ele, em um sentido genérico, a palavra "comunismo" quer dizer "sociedade igualitária, sociedade que, por seu próprio movimento, derruba os muros e as separações, sociedade da polivalência e dos trajetos variáveis... formas de organização política cujo modelo não é a hierarquia dos lugares." (p. 38). Portanto, a "Ideia de comunismo" – com letra maiúscula, conforme escreve – não condiz com as experiências reais e experimentadas de comunismo ao longo da história.

Em sua definição geral da palavra "comunismo", encontramos a concepção de uma sociedade igualitária, que "derruba os muros e as separações", além das "formas de organização política cujo modelo não é a hierarquia dos lugares." (p. 38). Na esteira desses autores,

Žižek (2012b) diz que comunismo é "o problema da área comum como espaço universal da humanidade, do qual ninguém deveria ser excluído" (p. 362). Já para Althusser (1999), trata-se de pensar uma democracia "para o povo" de forma transitória, de modo que possa culminar na "Revolução socialista propriamente dita" (p. 134).

Desse modo, trata-se de uma forma de fazer política que valoriza o comum. Nesse mesmo sentido, para Safatle (2012), a esquerda condiz com uma defesa radical da igualdade, reconhecendo no modo de produção capitalista e, desta feita, no modo de vida engendrado pela ideologia do liberalismo político-econômico, como dotado de uma contradição interna. Como enfatizou Marx (1844/2010a), a referida contradição se deve ao aumento da concentração da riqueza (monopólio) e o consequente aumento da desigualdade socioeconômica.[2] Desse modo, criam-se condições de impossibilidade para uma efetiva emancipação/liberdade e que engendram a sua própria destruição, por meio de renovadas crises.

Nos termos de Žižek (2011a), para essa emancipação, é preciso reconhecer a condição universal de proletarização, isto é, de despossessão da vida dos sujeitos que culmina na sua transformação em mercadorias. Segundo o autor, é por esse motivo que Marx teria centrado sua aposta em uma política pautada na indiferença absoluta. Tal indiferença se daria na medida em que não se restringe a quaisquer dimensões particularistas, isto é, dos interesses e necessidades particulares, como nas demandas por direitos de ditas "minorias". Na crítica do autor, a política das diferenças foi a tônica resultante da pós-modernidade, que engendrou um discurso sobre a tolerância e o multiculturalismo, isto é, em demandas de reconhecimento da diversidade cultural, buscando fazer incluir os(as) excluídos(as) de forma individual ou particularista (Žižek,

2 Vale ressaltar, ainda segundo a filosofia marxiana, que a desigualdade econômica é considerada o principal antagonismo, sendo que é daí que, segundo essa concepção, partem os demais antagonismos sociais.

2003). Em outros termos, e na linha crítica de Marx (1843/2010b) em *Sobre a questão judaica*, tais reivindicações revelaram-se como interesses da manutenção da classe burguesa dominante.

O que se esconde na tolerância multicultural é uma radical intolerância a qualquer alteridade verdadeira, ou seja, tudo aquilo que passa a ser considerado como ameaça ao *establishment* ideológico hegemônico ou, como desenvolvi no quinto capítulo, que ameaça o *status quo* liberal-conservador de nossa tendência pulsional. Para uma defesa radical da igualdade, segundo esses autores, é preciso abrir mão de qualquer artifício particularista, aquilo que Safatle (2012) chamou de "política da indiferença" (p. 21).

No entanto, conforme a advertência freudiana em *Psicologia das Massas*, a indiferença é um afeto que pode ser violento. Daí que talvez seja possível pensarmos a referida política da indiferença como uma forma radical de reconhecimento. Em outras palavras, se a psicanálise valoriza a singularidade, ela se pauta no reconhecimento do desejo e das diferentes modalidades de gozo dos sujeitos. Lacan (1971-1972/2012) busca arrefecer o peso que a palavra "indiferença" pode trazer em termos de um "afeto reacionário", quando traz uma distinção entre o Um da repetição – referido ao traço unário,[3] isto é, à matriz da identificação do sujeito, na lógica do conjunto – e o Um do S_1, no discurso psicanalítico.

Em função da destituição subjetiva, no discurso analítico, o "Há-um" encontra-se já separado do S_2 da articulação significante, como trabalhamos anteriormente. Com esse aporte, é possível considerar que essa indiferença remeta, na verdade, a uma diferença radical.

3 O traço unário marca uma diferença, mas pode ser usado como traço de identificação por várias pessoas ao mesmo tempo, como o bigode de Hitler. Quinet (2006) salienta que o aspecto da unidade "é encontrada e generalizada por Lacan com o 'traço unário' (relativo ao segundo tipo de identificação descrito por Freud no texto 'A Psicologia das massas e análise do eu'): o traço unário é o traço distintivo que está na base de toda identificação" (p. 91).

Assim, nos termos do autor: "*Distinto* significa apenas *diferença radical*, já que nada pode se assemelhar. Não existe espécie. Tudo aquilo que se distingue da mesma maneira é o mesmo elemento." (p. 158). E, mais a frente, complementa:

> *Tomando o elemento apenas como pura diferença, também podemos vê-lo como a mesmidade dessa diferença . . . Ao ser tomada como isolável [um a um], e não como presa na inclusão "conjuntificadora" [da lógica de conjunto], digamos, que fará dela um subconjunto, a mesmidade da diferença absoluta é contada como tal. (p. 158)*

Só existe uma diferença: a própria diferença, isto é, o Um da diferença. Este Um, conforme o seminário *Mais, ainda*, é diferente do "Um da fusão universal" (Lacan, 1972-1973/1985, p. 19). Daí que a posição feminina remeta ao uma a uma, diferentemente do fechamento de conjunto contido na lógica fálica da posição masculina. O Um como pura diferença é esvaziado de sentido, efeito da falta e indica uma não distinção entre uns em um conjunto. Assim, conforme o exemplo do autor, só pode haver um "esfregão", um "guardanapo", só que não há nada que os distinga na medida em que já se encontram e se contam um a um. Em outras palavras, não se trata de uma distinção feita por meio de atributos ou predicados e por isso tem de ser contado: "O Um de diferença é não apenas contável, como *tem* que ser contado nas partes do conjunto." (Lacan, 1971-1972/2012, p. 183).

Desse modo, sem desmerecer as lutas por direitos sociais e a dignidade da luta das ditas "minorias", o que Žižek diz é que a "base dessas lutas é a *globalização* capitalista" (Žižek & Daly, 2006, p. 185, grifo nosso). O problema que o autor ressalta é que as diferentes formas de manifestação contra os antagonismos sociais são derivadas e apropriadas, ao fim e ao cabo, pelo discurso do capitalismo (Žižek, 2011b). Dito de outro modo, todos(as) podem ser incluídos no multiculturalismo desde que não haja verdadeira diferença, isto é, sem que haja "qualquer ameaça real às convenções existentes", sem qualquer desmedida intemperante de gozo, como trabalhamos anteriormente, ou seja, sem uma verdadeira alteridade no interior do modo de vida do capitalismo (Žižek & Daly, 2006, p. 149).

A democracia em um sentido estrito, aquela das multidões, não comporta um sistema hierárquico de representação política, na medida em que se traduz por meio da voz igualitária. Daí que essa concepção de democracia comporte uma universalidade radical, sem condizer, contudo, ao que levou aos *gulags* soviéticos ou aos campos de concentração nazista. Nesse sentido, conforme ressaltaram Castoriadis (1979) e Lefort (1981), historicamente, tanto a esquerda quanto a direita lograram excessos, mantendo a exploração e a opressão, cada uma a sua forma.

Enquanto no capitalismo contido no liberalismo burguês são poucas as pessoas que exploram e oprimem a maioria da população, no socialismo haveria uma burocracia comunista também a explorar e oprimir a maioria da população. No dizer de Castoriadis (1979), inclusive, a burocracia representaria uma nova classe dominante e que acabaria por personificar "a última fase do desenvolvimento do capitalismo" (p. 55). Ao pretender suprimir conflitos e diferenças, governos de esquerda e direita tiveram o poder de fazer emergir, como sinaliza Lefort (1981), a outra face daquilo que se pretendia com a democracia: a pretensão de uma ausência de conflitos revela-se como potencialmente totalitária. Na esteira dos argumentos desses autores, Žižek (2011a) nos traz:

> *Nesse sentido exato, política e democracia são sinônimos: o alvo básico da política antidemocrática é e foi, sempre e por definição, a despolitização, a exigência de que "tudo volte ao normal", em que cada indivíduo se mantém em sua tarefa específica. E isso nos leva à inevitável conclusão*

> *paradoxal: a ditadura do proletariado é outro nome para a violência da própria explosão democrática . . . O que temos aqui é a "negação da negação" hegeliana, a passagem da negação simples e direta ("esse rei não é legítimo, é um usurpador") à autonegação inerente ("rei autêntico" é um oximoro, ser rei é usurpação). (Žižek, 2011a, p. 411)*

Em uma democracia radical, como tento depreender, a indiferença contida no princípio da igualdade não seria aquela que conduziu aos campos de extermínio. Não se trata de apagar as diferenças entre pessoas, grupos e sociedades – daquilo que as caracteriza e que marca suas identidades. Trata-se de uma abertura para o reconhecimento do desejo e das diferentes modalidades de gozo de cada sujeito. Assim, para que a política não redunde no espaço dos discursos particularistas sobre família, religião, sexualidade, etnia ou nacionalidade, o Estado deveria ser "indiferente às diferenças, no sentido de aceitá-las todas e esvaziar a afirmação da diferença de qualquer conteúdo político." (Safatle, 2012, p. 31). Para Safatle, somente por meio de um governo democrático direto, que inclua o Estado e suas políticas públicas, que se poderia dirimir as desigualdades:

> *O problema da desigualdade só pode ser realmente minorado por meio da institucionalização de políticas que encontram no Estado seu agente. Pode-se dizer isso porque, de outra forma, elas nunca terão a escala e a universalidade necessárias para funcionar. O Estado é a única instituição que garante o estabelecimento de processos gerais capazes de submeter toda a extensão da sociedade. (Safatle, 2012, p. 23)*

Conforme é possível extrair, a forma como o comunismo é apresentado condiz com uma democracia direta, mesmo que não exatamente em sua forma final, a da derrocada do Estado. Essa ideia de "radicalidade democrática", como estou chamando, apoia-se também em Castoriadis (1979), que apreende a democracia mais próxima de seu sentido original grego e, inclusive, como única forma de se garantir e exercer as pretensões de uma liberdade emancipatória. Isso quer dizer que, mesmo sob as pretensões do liberalismo da direita, ela só se torna possível na realização dos direitos ou liberdades sociais, como tradicionalmente preconiza a esquerda.

Ainda sobre a "Ideia de comunismo", explica-nos Badiou (2012): "Enquanto estivermos sujeitos, na ordem das representações intelectuais, à convicção de que não podemos acabar com isso, que essa é a lei do mundo, nenhuma política de emancipação será possível. É isso que propus chamar de hipótese comunista." (p. 39). Segundo esse autor, a Ideia dessa hipótese traz consigo um entusiasmo que implica uma modificação da subjetividade pela superação dos limites do narcisismo individualista. Trata-se de um processo de transformação que se aproxima, no modo como o entendo, de uma experiência de uma psicanálise levada a seu termo. Isso quer dizer que tal emancipação não se encontra atrelada a processos de individualização autônoma, nem a processos que conduzem a adequações ideologicamente orientadas, mas, ao contrário disso, a processos que promovem a valorização de singularidades/alteridades e, portanto, que reconhecem em seu bojo o descentramento subjetivo. Nesse sentido, nos termos de Soler (1998):

> *O psicanalista, no sentido do psicanalisado, é aquele que assume com conhecimento de causa seu impossível de universalizar. Apesar disso ele não sai do mundo, mas é através disso que ele se separa das injunções do discurso corrente e se faz uma causa desta separação. Sua própria prática faz objeção ao consentimento à proletarização contemporânea dos sujeitos. (p. 262)*

Proletarização reconhecida por Lacan (1975) como único sintoma social, na medida em que o proletário seria aquele indivíduo que "não tem nenhum discurso com que fazer laço social", isto é, alguém que estaria coisificado/reificado (p. 182). Nos termos de Badiou (2012): "De um lado, a política de emancipação é essencialmente a das massas anônimas, é a vitória dos sem-nome, daqueles que são mantidos pelo Estado numa monstruosa insignificância." (p. 142). A concepção de que a proletarização é um sintoma social universal diz respeito ao fato de sermos todos(as) potencialmente excluídos(as), sem lugar na atual configuração das pretensas liberdades e igualdades das democracias liberais. É nesse sentido que os autores indicam que uma democracia à esquerda ou comunismo não deve temer a criação de amplos mecanismos de participação popular nas decisões governamentais e, portanto, no âmbito das políticas públicas.

Outro aspecto de aproximação da concepção política desses autores atravessados pela psicanálise diz respeito ao ato. A Ideia de comunismo, para Badiou (2012), implica em ato. Trata-se da perspectiva de um ato que engendre uma mudança nas coordenadas que aprisionam o sujeito, como vimos ao abordar o ato psicanalítico. Segundo a concepção de Žižek (2003), que aproxima ato político de ato psicanalítico, tem-se um abalo das coordenadas simbólicas e imaginárias (fantasmático-traumáticas), um abalo na rocha da castração. Um ato que, sem garantias quanto ao seu devir, aposta na possibilidade de que algo diferente possa emergir, *ex nihilo*, conforme desenvolvi sobre o ato de Antígona. Com Lacan (1957-1958/1999), podemos aproximar essa dinâmica política ao que desenvolveu sobre o significante:

> *Há no significante, portanto, em sua cadeia e em sua manobra, sua manipulação, algo que está sempre em condições de destituí-lo de sua função na linha ou na linhagem – a barra é um sinal de abastardamento –, de destituí-lo como tal, em razão da função propriamente significante...*

> *ele sempre pode decair da função que lhe constitui seu lugar, ser arrancado da consideração em constelação que o sistema significante institui ao ser aplicado ao mundo e ao pontuá-lo. A partir daí, ele cai da desconsideração para o rebaixamento [*désidération*], onde é marcado precisamente por isso, por deixar a desejar. (p. 356)*

A política é uma função simbólica, o que implica na castração. A concepção de significante trazida por Lacan permite pensar que, na política, seu exercício é condizente com a ideia de que cada um(a) pode, ocasionalmente, ocupar um lugar na dinâmica política, para ali, deixar a desejar e fazer girar a função, de modo que outros(as) ocupem esse lugar fundamentalmente vazio. No dizer de Lefort (1981): "à imagem da soberania popular se junta a de um lugar vazio, impossível de ser ocupado, de tal modo que os que exercem a autoridade pública não poderiam pretender apropriar-se dela." (p. 76). Por isso, enfatiza esse autor, quando se confunde esse lugar simbólico, fundamentalmente vazio, com o real da realidade, encontra-se a outra face da democracia, isto é, o totalitarismo como denegação da divisão e dos conflitos, por meio de um fechamento totalizante.

Em conformidade com o que refere Lacan (1957-1958/1999):

> *É unicamente a partir do momento em que pode ser barrado que um significante qualquer tem seu status próprio, ou seja, entra na dimensão que faz com que todo significante seja, em princípio – para distinguir aqui o que quero dizer –, revogável. (p. 357)*

Essa concepção de que se trata de um lugar revogável articula-se ao significante qualquer (Sq), que engendra a transferência na clínica psicanalítica e que, ao final, advirá como um significante qualquer, entre outros, isto é, já abalado pelos efeitos da desalienação na destituição subjetiva. Isso se articula também com o que Clastres (1975) desenvolveu a partir de suas incursões em outras formas de organização política, isto é, aquelas não assentadas no poder do Estado e seus representantes.

Referi-me a esse autor quando abordei o *potlatch* estudado por Mauss (1950/2013), no sexto capítulo, para trabalhar o ato psicanalítico e a figura do herói em psicanálise. A imersão antropológica de Clastres se deu em sociedades não organizadas politicamente em torno do Estado e, portanto, que não comportavam uma representação de autoridade calcada no pressuposto weberiano do uso legítimo da força. A forma de representação encontrada em certas comunidades indígenas condizia, justamente, com aquilo que Lacan (1957-1958/1999) aludiu em termos de um "deixar a desejar", isto é, alguém que encarna uma função que é, de certo modo, prescindível – ao menos quando tomamos a representação política ocidental como referência.

Disso extraio algumas questões: uma forma de fazer política que abarque o que os autores trazidos sustentam como democracia ou comunismo não aponta para outras formas de vida, inéditas? Se o que esses autores atravessados pela psicanálise pensaram sobre a política não pôde ser ainda factível, situando-se como perspectiva ou entusiasmo, não é o caso de extrairmos que seja preciso uma outra antropologia? Quero dizer: outras formas em termos de ser e estar que, talvez, possam condizer com a visada de uma experiência de análise?

Não seria, portanto, uma democracia radical, próxima da ideia de comunismo, condizente com as transformações que uma psicanálise pode produzir? Afinal, seus efeitos de separação dos ideais do Outro, de abertura, como tivemos ocasião de sustentar no sexto capítulo, aponta para a divisão conflitiva da subjetividade e comporta também outras formas, singulares e inéditas, de se posicionar na pólis. No entanto, como pensar essas questões sem que se desponte o risco dessa perspectiva tornar-se uma visão de mundo? Deixemos essas questões em aberto.

Para Castoriadis (1979) e Lefort (1981), a sociedade socialista rumo ao comunismo condiz com uma democracia à esquerda, o que implica na participação livre e igualitária de todos(as) no poder para decidirem sobre os problemas atinentes ao que é do coletivo. Isso se daria, na crítica desses autores à tese original marxista, na qual o direito e suas leis seriam meramente reprodutoras dos interesses particularistas burgueses, por meio das leis democráticas. Nos termos desses autores, a justiça deve permanecer como uma questão aberta, de modo a reconhecer no exercício das instituições democráticas uma inadequação permanente.[4] Daí que os autores apontem uma gestão coletiva/operária como exercício democrático em uma sociedade socialista, isto é, para uma democracia à esquerda.

Para isso, segundo Castoriadis (1979), é preciso confrontar a tese marxiana de que a diferença de classe, o pressuposto econômico, seria o principal antagonismo. Segundo ele, esse pressuposto é um "imaginário capitalista" (p. 29). Na tese desse autor, foi por Marx ter reduzido os conflitos na sociedade à dimensão econômica que as experiências revolucionárias não lograram uma transformação social efetiva. Por isso que, para uma radical transformação social, seria preciso – em conformidade com minha hipótese – uma transformação antropológica:

> *A transformação da sociedade, a instauração de uma sociedade autônoma implica um processo de mutação antropológica que, com toda certeza, não podia e não pode realizar-se única e centralmente no processo de produção*

---

4 Para Lefort (1981), a democracia é uma forma de fazer política que reconhece e demanda novos direitos, sem que eles redundem na satisfação dos interesses privados. Ao contrário, são os direitos, inclusive aqueles voltados para "minorias", que limitam o poder político, que "acolhe os efeitos da divisão" no corpo social (p. 69). Assim, não obstante sua apropriação pela direita, em sua forma burguesa e liberal, a democracia é uma contínua invenção que nasceu dos conflitos de classes e das aspirações por direitos (de direitos/liberdades individuais e sociais), desde as reivindicações operárias, como vimos em *Germinal*.

> *... a contestação da ordem estabelecida, a luta pela autonomia, a criação de novas formas de vida individual e coletiva invadem e invadirão (conflitiva e contraditoriamente) todas as esferas da vida social. E entre essas esferas não há nenhuma que desempenhe um papel "determinante", mesmo que "em última instância". (Castoriadis, 1979, pp. 30-31)*

É essa "mutação antropológica" que permitiria a realização de uma experiência democrática. Conforme entendo, essa transformação não se reduz a uma experiência subjetiva singular, mas também se encontra no exercício de cada um(a) no cerne das gestões coletivas, isto é, às voltas com os espaços de vínculos de trabalho e outros círculos de convivência social. O que se extrai desse autor é que não é possível atingir o socialismo, quer dizer, uma forma inédita de vida, que não seja a mera reprodução de nossos conhecidos modos de sofrer no mal-estar da civilização, senão pela democracia.

Como penso neste trabalho, trata-se do exercício realizado por cada qual em subtrair-se de um suposto "pleno" poder, por atentar à farsa democrática contida na representação política, fazendo-se prescindível e, com isso, permitindo o vazio simbólico inerente a esse lugar. Que outra alternativa temos para não reproduzir o que queremos combater, isto é, o terror do fechamento totalitário, se não deixar abalar nosso narcisismo, nossas tendências pulsionais inconscientes, por meio de uma radical transformação subjetiva e que inclui outras formas de se relacionar na pólis? Em outros termos, trata-se de combater nossa própria tendência totalitária, sempre e a cada vez.

Para Lefort (1981), por implicar conflitos e reconhecer a alteridade, a democracia é um exercício de viver a indeterminação – o que, como vimos com Dunker (2015), pode conduzir a experiências produtivas ante o excesso de experiências improdutivas de determinação.

Por isso, a democracia é descorporificada, em outras palavras, ela não pode ser toda encarnada, como sustentei via lógica do não-todo. No dizer de Lefort (1981), e como abordei ao trazer a torção do discurso do mestre e de psicanalista, a outra face da democracia é o totalitarismo, ou seja, processos que ensejam fechamento, totalização, normatização e que remetem ao estático, ao excessivamente ideal, à ausência de conflitos ou divisão. Como também acompanhamos, essa outra face da democracia corresponde à política do Um de conjunto, da lógica fálica contida na encarnação do poder em figuras como as do rei, do Estado-partido ou outros superiores como vigora o falocentrismo machista e patriarcal. Além disso, é o totalitarismo que nega direitos fundamentais à própria vida em sociedade.

A democracia, ao não prescindir dos direitos/liberdades individuais, permite o exercício da singularidade. De modo que, para que haja um comum não totalitário, isto é, que não represente um corpo, e esteja sujeito às indeterminações democráticas, é preciso atentar aos processos de homogeneização, fechamento ou unificação. Na crítica do autor, seguindo as experiências comunistas ao longo do tempo, a imersão no todo social, como um único "corpo", suprime o indivíduo (o que estou chamando de "singularidade"). Em seus termos: "é porque supostamente figura o homem comunista, porque sua individualidade deve se dissolver num bom corpo político, o povo soviético ou o partido" que surge, na esquerda, o totalitarismo por meio das pretensões de se alcançar um suposto bem comum (p. 44). É preciso, então, um exercício para não transformar a própria ideia dessa transformação social na colocação em cena da fantasia do bem comum, como desenvolvi no quarto capítulo.

> *Quem sonha com uma abolição do poder conserva à mão a referência do Um e a referência do Mesmo: imagina uma sociedade que estaria espontaneamente de acordo consigo mesma, uma multiplicidade de empreendimentos*

> *que seriam transparentes uns aos outros, se desenvolveriam num tempo e num espaço homogêneos; uma maneira de produzir, de morar, de comunicar, de se associar, de pensar, de sentir, de ensinar que traduziria como que uma só maneira de ser. Ora o que é esse ponto de vista sobre tudo e sobre todo, esse amoroso abraço da boa sociedade senão um equivalente do fantasma de onipotência que o exercício de fato do poder tende a produzir? Que é o reino imaginário da autonomia senão um reino governado por um pensamento despótico? (Lefort, 1981, p. 67)*

Nota-se como o autor, apesar de não empregar exatamente esses termos, atenta para um efeito de Eros-unificante como potencialmente despótico e destruidor. Trata-se de uma dinâmica que desenvolvemos neste trabalho: a tendência gregária de fazer Um com o outro, a pretensão de uma plena harmonia ou plenitude, revela-se como a Coisa destruidora. No entanto, atentos à dualidade pulsional, é por sermos castrados(as) que Tânatos pode servir à resistência e fazer pulsar a vida. Frente a essa tendência unificante, mortífera do Um, um sujeito pode consternar-se e resistir em sua singularidade mesma, fazendo valer sua divisão subjetiva, como evidencia seu sintoma. Aliás, como já tivemos ocasião de trabalhar, a peste da psicanálise trouxe a política do sintoma, o que vai na contramão das diferentes formas de fechamento totalizante. Isso porque o sintoma ressalta a singularidade, cria a diferença, é um rebelde frente à universalização.

Nesse ínterim, se a pulsão de morte é dotada de uma dimensão anárquica, como sustenta Zaltzman (1993), que ela sirva para combater o Um totalitário à esquerda e à direita, contido em nossas tendências pulsionais. Afinal, como ressalta a autora, é esse fechamento que produz o alarme da angústia no sujeito, sinalizando o advento da potência da pulsão de morte em outra dimensão:

> *A exigência destruidora que arruína toda relação fixa é obra de uma categoria de pulsão de morte: a pulsão anarquista. Esta tem como objetivo abrir uma saída vital onde uma situação crítica fecha-se sobre um sujeito e o destina à morte. (pp. 61-62)*

Para essa autora, a pulsão de morte em sua vertente anarquista é fundamental para a vida e mesmo para a transformação de certos modos excessivamente fechados/determinados de vida, o que nos remete a outras formas de ser e estar na pólis. Em suma e em suas palavras: "Só a energia dissociativa da pulsão de morte pode propulsar o ímpeto libertário." (pp. 65-66).

A concepção de uma democracia atravessada pelo não-todo coaduna com o que os autores e a autora desenvolveram e podem contribuir para pensarmos o(a) psicanalista nas políticas de Estado. A partir de seu desejo, um(a) psicanalista encontra-se contingencialmente em uma posição na qual, tendo renunciado ao poder, não denega que exerce um poder. Afinal, tal denegação seria uma manifestação da canalhice, como aquela contida no cinismo enquanto falência da crítica, típica do mundo pós-ideológico. Em termos mais precisos, ao não empregar o poder inadvertidamente, um(a) analista permite que se aponte para a singularidade subjetiva, ao desejo como não governável e educável, às voltas com o impossível da ordem do real. Nesse sentido, também observou Goldenberg (2006):

> *Não se trata de pleitear em defesa da mediocridade em matéria de política, mas de reconhecer que o político, assim como o governo que resultará da sua prática, está movido por um ideal como causa, que há de ser reconhecido antecipadamente como incalculável... Se o ideal de uma perfeita harmonia entre as forças políticas conflitantes*

> *for seu objetivo, a finalidade concreta a ser efetivamente alcançada, o governo decorrente de semelhante política será um fracasso, na melhor das hipóteses, ou uma catástrofe, na pior . . . O ideal não pode estar na frente, como a cenoura do burro, mas na popa, como o motor de uma embarcação. O governo será feito na sua permanente precariedade. Provisório será aqui definitivo, desde que se saiba que o definitivo é impossível. E fazer bem-feito o provisório não é um demérito; é precisamente optar pelo bom, desistindo do melhor. (pp. 65-66)*

Dos caminhos e recortes que percorremos, a arte do possível na política, como nas políticas públicas, condiz com certo manejo do impossível de governar, rumo a certa "sobrevivência" a esses impossíveis. Já a psicanálise trata seu impossível de maneira diferente, como ressalta também Goldenberg (2006): "Ele não só não pode ter nenhum ideal como objetivo da sua ação, como tampouco pode tê-lo como causa oculta . . . uma psicanálise é a tarefa mesma de pôr os ideais em questão." (p. 66). Nos termos de Dunker (2015), a partir de uma concepção sobre uma posição transversal do(a) psicanalista: "Boa clínica é crítica social feita por outros meios. Isso não tem a mínima e parca relação com sugestionar pacientes, fornecer demandas doutrinárias e criar visões de mundo alternativas." (p. 397). Afinal, como já tive ocasião de trazer neste livro: o que caminha mal em uma política pública, assim como em uma análise, é o anseio, mesmo que latente, de governar.

Ao retomar a visada revolucionária contida na primeira tópica freudiana, temos o humano como não sendo senhor em sua própria casa. Com os desdobramentos da segunda tópica, da visada por estratégias educativas, ortopédicas e de mestria, centradas no suposto bem do outro, encontramos uma tendência potencialmente conservadora na própria psicanálise. Algo que Lacan (1960/1980) se deu conta ao dizer que a psicanálise teria se desviado em prol de um "sucesso adaptativo", no melhor estilo de um *American way of life*, por centrar-se na ideia de um "pretenso *eu autônomo*" (p. 823). Recuperemos aquilo que, em 1921, Freud escrevia sobre o seu incômodo em relação ao método da sugestão hipnótica:

> *Quando gritavam a um doente que não se mostrava dócil: "O que está fazendo?* Vous vous contresuggestionez!", *eu achava aquilo uma evidente injustiça e uma violência. Ele tinha o direito a contrassugestões certamente, se tentavam sujeitá-lo com sugestões. (Freud, 1921/2011b, p. 41)*

Freud, enfim, não abandonou o caráter revolucionário da descoberta do inconsciente. Manteve-se como mediador de espinhos ao aprofundar os conflitos inerentes à subjetividade e às relações humanas, chamando atenção para o pacto simbólico constituinte do sujeito e da própria civilização. Apesar do tom pessimista que muitas vezes encontramos no autor, legou-nos também suas apostas na pulsão, naquilo que concerne à dimensão trágica do sujeito. Afinal, é do interior de uma experiência trágica que se encontra a possibilidade de uma experiência cômica.[5] Em 1927, escreveu sobre o humor que, como no chiste e na comicidade, possui algo liberador, em que tanto a instância do Eu quanto do princípio do prazer triunfam ao recusar-se

5 Sabemos, com Lacan (1957-1958/1999), que o cômico se distingue da tirada espirituosa (ou chiste), na medida em que este inclui a instância terceira do Outro, remetendo ao sentido de uma mensagem como estando para-além do código linguageiro, ao inconsciente, enquanto o cômico remete à relação dual, à consciência. Contudo, como observa, o jogo dual do cômico pode "preparar" um dito espirituoso e com isso produzir uma "surpresa" (p. 118). O interesse, aqui, é chamar atenção para a transformação que uma análise pode produzir.

"a deixar-se afligir pelos ensejos vindos da realidade, a ser obrigado a sofrer" (Freud, 1927/2014c, p. 325).

> *É certo que o prazer humorístico jamais alcança a intensidade do prazer no cômico ou no chiste, jamais se expressa em riso aberto; também é verdadeiro que o Super-eu, ao provocar a atitude humorística, está efetivamente rejeitando a realidade e servindo a uma ilusão. Mas atribuímos – sem saber exatamente por quê – um alto valor a esse prazer não tão intenso, sentimo-lo como particularmente liberador e exaltador . . . Ele quer dizer: "Vejam, isso é o mundo que parece tão perigoso. É uma brincadeira de crianças, é bom para um gracejo!". (pp. 329-330)*

Sua aposta em Eros não excluía o além do princípio do prazer, apontando para uma subversão do sujeito, como resultado da peste psicanalítica. Nos termos de Lacan (1972-1973/1985), Eros não deve redundar em uma tendência a fazer Um com o outro. Isso porque a direção que a peste analítica evoca diz respeito ao desejo que "só nos conduz à visada da falha" ($), de modo que seja possível um riso, isto é, uma abertura para o que é do inconsciente (p. 14). Se o lugar do(a) psicanalista nas políticas públicas é o do não-todo na política, sua posição transversa os dispositivos de poder do Estado. Trata-se de um lugar marginal, mais além da esquerda e da direita do Danúbio, em Buda-Peste, lá onde se acha um(a) psicanalista.

Da concepção de uma democracia radical à ideia de comunismo, associados pelos(as) autores(as) trabalhados neste capítulo, os efeitos que uma análise pode produzir ensejam outras formas de se posicionar nos espaços públicos e, portanto, condiz com uma abertura para outras formas de se pensar o fazer político, como aquele da política psicanalítica: que ressalta a singularidade subjetiva, os diferentes modos de desejo e gozo dos sujeitos, fazendo frente aos discursos de dominação e aos diferentes modos de cerceamento da subjetividade. Assim, é possível pensar que, para um exercício democrático radical ou comunista, é preciso estar advertido(a) de nossas tendências pulsionais inconscientes, para o que nos espreita sob sua outra face, a saber, o risco da mestria e seu empuxo totalitário.

Da revolução à subversão em psicanálise

> *A subversão, se ela existiu em algum lugar e em algum momento, não é ter-se trocado o ponto de rotação do que gira, é ter-se substituído o* isso gira *por um* isso cai.
>
> Lacan, 1972-1973/1985, p. 59

Nestes momentos finais, meu objetivo é tecer algumas considerações sobre as noções de revolução e subversão em psicanálise. Especificamente, sobre o que desenvolvi no sentido de uma subversão do sujeito, a partir do discurso analítico e no âmbito de sua inserção nessas políticas, como o lugar do não-todo na política.

Inicialmente, trabalharei duas formas de se apreender a noção de revolução em psicanálise, ambas como a de um giro que se completa. A primeira está no engendramento de um retorno ao ponto de origem, incorrendo na reprodução daquilo que se pretende combater. A segunda condiz com a passagem de um discurso ao outro, especialmente o discurso psicanalítico como um discurso que promove tais revoluções discursivas. Não se trata de abrir mão da ideia de revolução em psicanálise, mas ponderá-la rumo à concepção de uma subversão que possa ser coerente com o lugar do(a) psicanalista e, a partir desse lugar, nas políticas públicas.

No seminário *O avesso da psicanálise*, Lacan (1969-1970/1992b) encontrava-se sob os efeitos da Revolução de maio de 1968, que percorreu a Europa, atingiu particularmente a França e foi marcada por fortes críticas às instituições, especialmente as universitárias. Segundo Roudinesco (2008), o autor:

> *Sublinhava que a contestação conduzira à supressão na universidade da antiga função do mestre para substituí-la por um sistema tirânico fundado no ideal da comunicação e da relação pedagógica. Nada mais verdadeiro, já que se sabe hoje que a revolução das barricadas foi um dos momentos da substituição, na universidade, dos intelectuais pelos tecnocratas. (p. 471)*

Lacan atentava para o caráter problemático desse movimento revolucionário, levando em consideração o que observei anteriormente quanto a esse termo, isto é, a dinâmica de um retorno ao ponto de origem, de uma volta condizente a um giro de 360°. Nos termos do autor: "O discurso do mestre realiza sua revolução em outro sentido, no de giro que se completa" (Lacan, 1969-1970/1992b, p. 91). Na mesma época, em uma conferência realizada em Vincennes, com muita dificuldade de prosseguir sua fala, por ser reiteradamente interpelado pelos estudantes presentes, enfatizou: "a aspiração revolucionária só tem uma chance, a de culminar, sempre, no discurso do mestre. Isto é o que a experiência provou" (p. 217).

Cumpre enfatizar uma dinâmica a respeito do desenvolvimento das políticas públicas ao longo da história, dos direitos individuais do liberalismo à chegada do *new welfarism* nessas políticas, e que trabalhei no Capítulo 4. Daí que não seja fortuito o que pude constatar sobre uma insistência do liberalismo na política e, como derradeiro, nas políticas públicas. Trata-se de uma estrutura cuja dinâmica se revela como da ordem de uma verdade recalcada, daí o sintoma manifesto no impossível de governar. Não apenas na impossibilidade de haver plena satisfação por meio dessas políticas, mas do surgimento de manifestações conservadoras para que nada mude efetivamente, mantendo um pernicioso *status quo* na civilização ou cultura.

Não obstante essa dimensão mais problemática sobre a noção de revolução, o autor trabalhou a estrutura dos quatro discursos (do mestre, universitário, histérico e analítico), evocando justamente essa forma de giro a partir de seus quartos de volta, por onde se situam as transformações discursivas. Em outros termos, na passagem de um discurso ao outro – algo a ser promovido no contexto de uma análise – encontramos transformações condizentes a revoluções. No entanto, são distintas da subversão:

> *A noção mesma de quarto-de-volta evoca a revolução, mas certamente que* não no sentido em que revolução é subversão. *Muito pelo contrário, o que gira – é o que chamamos de revolução – está destinado, por seu enunciado mesmo, a evocar o retorno. (Lacan, 1972-1973/1985, p. 57, grifo nosso)*

Mesmo quanto ao discurso analítico, é preciso ressaltar, não se fica nesse lugar para sempre ou a todo o momento. Nesse ínterim, observa: "Nós nem mesmo somos semblantes. Somos, ocasionalmente, o que pode ocupar o seu lugar, e nele fazer reinar o quê? – o objeto *a*." (p. 129). Isso quer dizer que é apenas, ocasionalmente, na posição de objeto causa de desejo para um(a) analisando(a) (objeto *a*), que um psicanalista pode promover a emergência do discurso analítico a cada travessia de um discurso para outro. É nos momentos de torção promovidos pelo discurso analítico que o discurso do(a) analisando(a) pode se transformar, são momentos de travessia discursiva. E é de uma série de revoluções discursivas, como penso, que a posição do sujeito pode, enfim, subverter-se. Esse processo transformativo condiz com uma passagem que vai do "isso gira" para um "isso cai" (Lacan, 1972-1973/1985, p. 59).

Não se trata da política de um único discurso que seria, supostamente, o que engendraria algo como a "melhor política", lembrando o que trabalhamos no subcapítulo anterior, no esforço de localizar uma vertente política que poderia ser condizente com a psicanálise. Essa ideia de giro dos discursos coaduna com o não-todo e é precisamente essa a função do discurso analítico: a de promover esses giros.

A partir do lugar do não-todo nas políticas públicas, o que se despnta é o caráter subversivo do próprio inconsciente. O desejo é justamente um ponto de ancoragem para essa discussão, o que não quer dizer que represente uma potência que redunde em uma transgressão. No seminário sobre *O avesso da psicanálise*, diferentemente do que se despontava em *A Ética da psicanálise*, Lacan (1969-1970/1992b) disse: "não se transgride nada. Entrar de fininho não é transgredir. Ver uma porta entreaberta não é transpô-la . . . não se trata aqui de transgressão, mas antes de irrupção, *queda* no campo de algo que é da ordem do gozo" (p. 18, grifo nosso). Conforme a hipótese que levantei, é na localização dessas brechas que o discurso analítico pode inserir algo da lógica do não-todo, subvertendo o que se dispõe no interior dos dispositivos de poder do Estado e promovendo uma queda.

A posição de analista, com sua escuta, seu desejo inédito, impuro e conforme o estilo-disforme que marcou sua travessia, encontra-se à disposição dos sujeitos que lhe chegam. É dessa posição que uma histerização pode ser promovida quando falamos da clínica psicanalítica. Nessas brechas, encontra-se algo que vacila no discurso do sujeito e que o(a) analista escuta. É a partir de uma vacilação daquilo que o sujeito traz e pelo qual se ambientou em termos do seu sofrimento, conflitos ou o próprio sintoma, que algo é extraído. De uma solução de compromisso não totalmente satisfatória, sinaliza-se uma implicação subjetiva inconsciente em que o sujeito se vê às voltas com o próprio desejo naquilo que lhe traz sofrimento e que remete ao seu gozo. A retificação subjetiva da entrada em análise refere-se ao conhecido aforisma freudiano sobre essa implicação do sujeito na desordem sobre a qual se queixa (Freud, 1901-1905/1996e).

A histerização que marca a entrada em análise é promovida pelo discurso analítico, diz da emergência da divisão do sujeito ($), a partir dessa retificação subjetiva, marcando um giro discursivo. Isto é, quando o sujeito pode, enfim, formular uma questão sobre a sua divisão, implicando-se em seu sofrimento e direcionando seu sintoma, na forma de demanda, a um(a) analista. Isso se dá conforme aponta o primeiro patamar do discurso histérico e a vertical do discurso analítico no sentido da produção: $\$ \rightarrow S_1$.

É a partir do discurso do(a) psicanalista que é possível ao sujeito dirigir aquilo que é de seu sintoma ($) como uma questão a ser decifrada, ao(à) analista, o que é também chamado de sintoma analítico. Esse direcionamento encontra-se no lugar do logro de uma suposição de saber (S_1) ao(à) analista. Esse logro inicial serve ao estabelecimento da transferência, porém, está advertida de sua culminação residual ($S(\not{A})$) que aponta para o fim de uma análise (*a*). O que quer dizer que o(a) analista não responde do lugar de uma parceria imaginária (a - a'), mas relança o saber (S_2) para que o sujeito venha a produzi-lo, singularmente, em sua análise.

Não obstante o emprego corrente do sintagma "retificação subjetiva" entre analistas, como encontramos em Quinet (2005) e Jorge (2017), esse operador clínico foi extraído de Lacan (1958/1998d), especialmente do escrito *A direção do tratamento e os princípios de seu poder*, dos esparsos momentos em que o autor alude ao termo "retificação". Lacan não chegou a nomear dessa maneira, apesar do emprego do termo "inversão dialética" no contexto das transformações ocorridas em análise, como verificamos em *Intervenção sobre a transferência* (Lacan, 1951/1998i, p. 218). De modo que a retificação de que se trata no cerne da entrada em análise, assim como da série de suas produções verificadas ao longo de uma análise, condizem com transformações da posição do sujeito rumo à destituição subjetiva no final de uma análise.

Quanto à referida "queda", temos um termo que considero precioso em psicanálise. No texto de abertura dos *Escritos*, Lacan (1966-1967) chamou atenção para um descentramento visado em uma análise, no qual a centralidade do humano cede lugar para a queda do objeto *a*. Mas foi no seminário *Mais, ainda* que o autor se debruçou especificamente sobre esse assunto, ao apontar uma diferença entre a revolução copernicana e a subversão newtoniana. Sobre a primeira, temos a conhecida revolução de Copérnico sobre o heliocentrismo: uma forma de transformação dada pela constatação de que a Terra gira em torno do sol (Lacan, 1972-1973/1985). O que o autor observou, no entanto, é que nada mudou estruturalmente. Afinal, apenas retirou a Terra do centro e colocou o sol como novo centro do universo, ou seja, "não tem nada em si que subverta o que o significante *centro* conserva por si mesmo" (p. 58).

O autor acrescenta, ainda, que o humano substituiu tranquilamente a Terra pelo sol. Assim como continua bem centrado ao carregar o "sentido" e o "sentimento" de que faz parte de sua "familiazinha e de tudo que gira ao redor" de si mesmo(a) (p. 58). Chamava atenção à manutenção desse centro, inclusive com relação ao que ele chamou de "esquerdistas" de seu tempo, com a série de "preconceitos" que carregavam consigo e que faziam com que sua "concepção do mundo" permanecesse "perfeitamente esférica" (pp. 58 e 59). Em outros termos, assim como a humanidade passou a se centrar tranquilamente em torno do sol, uma vertente ideológica passava a ser igualmente um centro, como mais uma concepção de mundo (*Weltanschauung*).

No âmbito dessas revoluções, é importante lembrar o que desenvolvi no primeiro capítulo sobre o surgimento da psicanálise. Freud mesmo enfatizou que, após a revolução copernicana deslocar o sujeito do centro do universo e a teoria darwinista descender a espécie humana dos macacos, a psicanálise fez o inconsciente prevalecer sobre as luzes da consciência, no qual o "homem" não seria mais "senhor em sua própria casa". A descoberta da psicanálise trouxe à cultura uma perspectiva diferente no que tange à investigação e ao tratamento do sofrimento humano, consolidando-se como uma ciência e um método de investigação dos processos psíquicos inconscientes, que se sobrepunham à consciência.

Com a terceira revolução promovida pela psicanálise, temos igualmente uma mudança com relação ao centro: o da consciência para o inconsciente. Talvez não seja fortuito encontrarmos as idas e vindas de Freud no âmbito dos impasses entre sua primeira e segunda tópicas. Especialmente do acento dado ao Eu e à consciência no contexto do tratamento psicanalítico, com a pretensão de conscientização dos processos psíquicos inconscientes e as discussões em torno do ouro e do cobre na própria psicanálise. Somam-se a isso as querelas entre os pós-freudianos com relação à direção do tratamento e a presença incômoda de Lacan no círculo psicanalítico da IPA. Essa *persona non grata* chamou atenção, justamente, para o descentramento do sujeito, a divisão subjetiva e a canalhice contida nas pretensões de harmonia ou bem-estar, por sua vez calcadas no querer o bem do outro e em formas de visão de mundo.

Em um texto que traz em seu título, justamente, a palavra "subversão", Lacan (1960/1980) antecipava sua crítica ao termo revolução: "não se acha que o heliocentrismo não é, por exaltar o centro, menos enganoso do que ali ver a Terra" (p. 811). Inclusive, sobre a psicanálise, ao "representar o advento de um novo sismo" calcado no inconsciente (p. 811). Sua crítica perpassava a concepção de consciência, como na consciência-de-si hegeliana (*Selbstbewusstsein*), "o ser de si consciente, todo-consciente", como aquela em que a Psicologia teria se agarrado e pela qual enveredara a própria psicanálise (p. 812). No entanto, como aponta o autor, a noção de consciência em psicanálise é um "traço tão caduco" que chega a ser insuficiente deduzir o inconsciente da simples negação do consciente (p. 813). Por isso, o autor trouxe à tona a concepção de sujeito, cujo conceito encontra-se no interior das teorias da linguagem, sob a influência do estruturalismo de sua época. Trata-se de um sujeito marcado pela divisão subjetiva promovida pelo significante, correspondendo-o como seu efeito e de modo evanescente.

A leitura lacaniana sobre a descoberta do inconsciente se encontra na concepção de uma subversão do sujeito, no sentido da transformação em relação à centralidade imaginária da consciência. Essa leitura contempla a construção histórica da consciência, do cogito cartesiano à consciência hegeliana, no interior de uma dialética na qual o desejo é constituído simbolicamente, mediado pelos significantes da linguagem e constitutivos do sujeito. Assim, como traz o autor, a "mola mestra" dessa subversão é o complexo de castração (Lacan, 1960/1980, p. 835). Para Lacan, Freud trouxe uma novidade no que tange às concepções de sujeito a partir, justamente, desse complexo: "Estrutural no sujeito, o complexo de castração constitui neste essencialmente a margem que todo pensamento evitou, saltou, contornou ou encobriu, todas as vezes em que aparentemente conseguiu apoiar-se num círculo, fosse ele dialético ou matemático." (p. 835).

Ao longo da história do pensamento, sempre se tentou manter o sujeito em um centro esférico, escamoteando a castração, enquanto Freud teria feito sua descoberta por sobre uma hiância constitutiva da subjetividade humana, fundamentada no conceito de castração. Justamente o que constitui a visada do discurso analítico no sentido do não-todo e, desse modo, da direção contida em uma experiência de análise.

Para abordar a noção de subversão, Lacan (1972-1973/1985) aproximou essa concepção ao desenvolvimento efetuado por Newton, ao ressaltar a substituição "do *isso gira* por um *isso cai*", conforme a teoria da gravidade (p. 59). Com isso, apontou que o giro se dá, conforme teorizara Kepler, em elipse, questionando enfim a função do centro.

A transformação em chave de subversão permite que se desvencilhe forçosamente da função imaginária inerente à transformação do tipo revolucionário, apesar de ela também estar fundada no real. Na subversão, o acento é dado ao significante descolado de quaisquer efeitos de significado, em conformidade com a concepção de interpretação lacaniana, isto é, no sentido do desconhecimento, da queda e da equivocação que promovem uma abertura. Esse dizer de analista traz consigo, ainda, algo da enunciação do "oráculo":

> *Se a experiência analítica acha-se implicada, por receber seus títulos de nobreza do mito edipiano, é justamente por preservar a contundência da enunciação do oráculo e, eu diria ainda, porque a interpretação permanece sempre nesse mesmo nível. Ela só é verdadeira por suas consequências, tal como o oráculo. A interpretação não é submetida à prova de uma verdade que se decida por sim ou não, mas desencadeia a verdade como tal. Só é verdadeira na medida em que é verdadeiramente seguida. (Lacan, 1971/2009, p. 13)*

Ao colocar em questão a função do centro, temos o abandono de qualquer consistência do Um enquanto totalidade, como em uma visão de mundo qualquer. O discurso analítico, como potencialmente subversivo, é aquele que tende a "refraturar, encurvar, marcar com uma curvatura própria . . . aquilo que produz como tal a falha, a descontinuidade." (Lacan, 1972-1973/1985, p. 61). Por isso que, ao promover uma série de revoluções, é possível advir uma subversão, isto é, uma queda cujo devir resta como inédito e singular para cada um(a).

Ao aproximar essas considerações presentes no seminário *Mais, ainda* ao que o autor trabalhou no texto sobre a *Subversão do sujeito e dialética do desejo no inconsciente freudiano*, mesmo que temporalmente distantes, podemos considerar que o acento dado ao complexo de castração permite apontar para os destinos do sujeito em termos de um ato em relação a suas coordenadas simbólico-imaginárias. Afinal, o sujeito neurótico dá consistência ao Outro, como se ele não fosse barrado, castrado e, por isso, desejante, para não ter de se haver com a própria castração. Tal alienação constitutiva faz com que o sujeito se apegue à castração, mas negando-a, para que, supostamente, o Outro não goze da castração do sujeito. Ao fazê-lo consistir, no entanto, goza desse suposto gozo do Outro. É por meio dessa fantasia, independente das montagens pelas quais o sujeito goza, que ele também deseja.

Para confrontar-se com o Outro, a castração indica ser preciso uma recusa ao gozo, para que seja atingido na escala invertida da Lei do desejo. Daí que tal subversão conduza a uma experiência de se realizar como objeto, não para o Outro, mas como a própria queda. Ao refraturar, encurvar o que produz a falha, a descontinuidade, o recurso encontra-se na "alíngua",[6] como aquilo que fratura e constitui o inconsciente. É nesse âmbito que o autor sinaliza como horizonte da análise, a saber, o uso da letra em matemática: "A letra revela no discurso o que, não por acaso, não sem necessidade, é chamado de gramática. A gramática é aquilo que, da linguagem, só se revela por escrito." (Lacan, 1972-1973/1985, p. 61).

Essa forma de transformação pode ser lida em alusão à Outra cena freudiana, o lugar onde Isso fala, isto é, a Outra cena do inconsciente que permite ao sujeito encaminhar-se rumo à travessia de sua

---

6 Sobre esse termo, encontramos em Lacan (1972-1973/1985) uma concepção sobre o próprio inconsciente como alíngua: "A linguagem, sem dúvida, é feita de alíngua. É uma elucubração de saber sobre alíngua. Mas o inconsciente é um saber, um saber-fazer com alíngua. E o que se sabe fazer com alíngua ultrapassa de muito o de que podemos dar conta a título de linguagem." E, em seguida: "Alíngua nos afeta primeiro por tudo que ela comporta como efeitos que são afetos. Se se puder dizer que o inconsciente é estruturado como uma linguagem, é no que os efeitos de alíngua, que já está lá como saber, vão bem além de tudo que o ser que fala é suscetível de enunciar." (p. 190).

fantasia. Tal atravessamento implica justamente uma queda, da ordem do real, isto é, do objeto *a*, ao mesmo tempo que o sujeito se torna a própria falha, a barra da castração do sujeito ($), fazendo advir um novo desejo: o de analista. Nos termos do autor, no seminário sobre *O ato psicanalítico*, o sujeito "é consequência da perda", ele se realiza como castração, encarna a falta, e "seria preciso que ele se colocasse na consequência da perda, a que constitui o objeto '*a*', para saber o que lhe falta" (Lacan, 1967-1968, p. 89).

Trata-se de um saber sobre a verdade que lhe causa, em um radical movimento de transformação subjetiva. Eis o que é promovido pela subversão da operação analítica: "tornar-se a verdade desse saber" sobre o objeto *a*, a partir da queda do sujeito suposto saber (S(Ⱥ)), eis o que é promovido pela subversão da operação analítica (p. 90). Curiosamente, já em 1936, no trabalho intitulado *Para-além do "Princípio de Realidade"*, Lacan dizia, ao iniciar uma seção chamada de "Revolução do método freudiano":

> *O primeiro sinal dessa atitude de submissão ao real em Freud foi reconhecer que, dado que a maioria dos fenômenos psíquicos no homem relaciona-se, aparentemente, com uma função de relação social, não há por que excluir a via que, por isso mesmo, abre-lhe o acesso mais comum: a saber, o testemunho do próprio sujeito desses fenômenos. (Lacan, 1936/1998n, p. 84)*

O autor enfatizava que o ostracismo dado ao testemunho, isto é, o não reconhecimento da fala do(a) paciente, dava-se justamente em função do não reconhecimento dos preconceitos dos próprios médicos nos tempos de Freud. Isso porque a categoria do psíquico e mesmo do sintoma psicológico eram entendidos como ilusórios, no sentido de serem menos reais que o sintoma material, organicamente determinado. Para Lacan, ao valorizar a fala do(a) paciente, Freud pôde fundamentar uma experiência na qual a linguagem trazida era escutada e legitimada como contendo um sentido inconsciente, tendo assim descoberto a eficiência de sua aposta.

Para isso, como sabemos, algumas referências em termos técnicos foram engendradas na experiência analítica e fundamentadas na regra da associação livre. Por exemplo, a lei da não-omissão, que condiz com a não seleção de elementos do discurso do(a) paciente que sejam do interesse do(a) analista, como aqueles elementos notáveis do ponto de vista teórico – o que corresponderia a uma busca de equivalências para a compreensão a partir das próprias teorias. Além disso, a não-sistematização, que é complementar à anterior, admitindo que a incoerência é parte da experiência, com a "presunção de significação a qualquer rebotalho da vida mental" (p. 85). A partir desse texto, Lacan nos indica o que seria um movimento de transformação em uma experiência de análise que vai da revolução à subversão:

> *Com efeito, é no próprio movimento que o sujeito lhe comunica, através de sua intenção, que o observador é informado desta, e até insistimos na primordialidade dessa via; inversamente, pela assimilação que o observador propicia entre ele mesmo e a imagem, ele subverte já na origem a função desta no sujeito; ora, ele só identifica a imagem no próprio progresso dessa subversão, e tampouco encobrimos o caráter constitutivo desse processo. (Lacan, 1936/1998n, p. 89)*

Àqueles(as) que experenciaram uma transformação radical em sua subjetividade, é possível dizer que estejam condenados(as), por resultarem como rebotalhos (*a*), a uma direção que permite apontar para um processo que vai de uma série de revoluções discursivas à subversão subjetiva. Em outros termos, rumo a uma travessia cuja queda é sem volta.

8. Considerações finais

Neste livro, busquei investigar as implicações do mal-estar nas políticas de bem-estar social, a partir de uma articulação entre a psicanálise e as políticas públicas. A partir disso, problematizei o lugar do(a) psicanalista nessas políticas, considerando uma confluência de impossíveis nesses campos. Isso porque tanto as políticas públicas quanto a psicanálise encontram-se às voltas com o impossível da plena satisfação pública e privada. Ao considerar os discursos do mestre e de analista, destrinchei como cada uma dessas áreas trata seus respectivos impossíveis: de governar e psicanalisar. Com isso, circunscrevi o lugar da psicanálise, em sua orientação ética, clínica e política e, desde esse lugar, nas políticas públicas, a funcionar como um contradispositivo no interior dos dispositivos de poder do Estado.

Trouxe uma tensão sobre o ouro e o cobre em psicanálise, desde a conferência freudiana em Budapeste, para pensar o caráter revolucionário e subversivo que orientam um(a) psicanalista. Trata-se de uma leitura que ressaltou um movimento que vai dos giros revolucionários à queda localizada em termos de uma subversão do sujeito. Desse modo, onde quer que se ache um(a) psicanalista, sua função implica na localização das brechas dos discursos de poder, contrabandeando o discurso analítico para dentro de espaços onde há empuxos de fechamento esférico, plena satisfação ou mestria. Marquei o risco calcado no poder dessa mestria, não só como aquilo que pode condicionar a manutenção de um *status quo* entrópico nas políticas públicas, como também na clínica psicanalítica e, especialmente, como advertência para um(a) psicanalista no interior das políticas de Estado.

Quando Lacan (1973/2003c) disse que "Só existe analista se esse desejo lhe advier, que já por isso ele seja rebotalho [*rébut*] da dita (humanidade)", apreendemos que há uma aposta em termos de uma transformação das formas de nos relacionarmos com nossas tendências pulsionais inconscientes, rumo a alternativas mais inventivas sobre como lidamos com o próprio mal-estar na civilização (p. 313). Esse desejo inédito e impuro de analista, ensejado no um a um, encontra-se como resultado dessa transformação. Ao encarnar a rachadura de sua divisão subjetiva e sua própria queda (objeto *a*), condiciona efeitos de transformação em seu modo de gozo, o que remete à plasticidade mesma da pulsão. Afinal, é possível tratar o mal que nos causa para pôr um fim à série que nos resigna na impotência.

Os impasses entre bem-estar e mal-estar social se encontram quando se pretende impor o bem-estar por sobre um mal-estar estrutural. Não tanto por má-fé, mas pelos excessos de uma ilusão insabida de seu caráter ilusório. As políticas sociais, enquanto parte fantasmática do bem comum, são dotadas de uma dimensão simbólica, importantes à vida na pólis. Portanto, não se trata de abrir mão dessas políticas, mas de atentar para sua tendência entrópica. Não se é mais de todo tolo(a) a ignorar nossas tendências inconscientes, ao mesmo tempo que uma abertura pode se dar, conduzindo a uma valorização de nossas bobagens cotidianas. Assim é que algo se extrai da impossibilidade de não nos curarmos do inconsciente: aproveitá-lo em uma economia outra.

O ato que permite incorrer na castração, rumo ao advento da experiência do não-todo, permite um abalo na rocha da castração. Desse modo, em uma experiência radical condizente a um abalo do si mesmo narcísico e da lógica fálica, produz-se o ato de uma abertura ao inédito. Dessa transformação, encontra-se a possibilidade para também ocupar-se de uma psicanálise, onde quer que se ache um(a) psicanalista.

Neste livro, o aforisma lacaniano: "o inconsciente é a política" foi tomado literalmente, ao pé da letra. Isto é, remetendo-o ao inconsciente como discurso do Outro, portanto, às coordenadas que determinam excessivamente o sujeito, na medida em que se constitui pela linguagem transmitida pelo Outro. Como trabalhei a partir da observação de Freud (1930/2010f) sobre uma "semelhança entre o processo de civilização e o desenvolvimento libidinal", extraí o que essa semelhança pode evidenciar sobre nosso próprio inconsciente (p. 59). Sustentei uma insistência liberal na política e uma tendência pulsional cuja visada conservadora lhe é correlata, como um fenômeno que tende à repetição daquilo que é objeto de um rechaço.

Para além de uma possível contribuição da psicanálise ao campo das políticas públicas, que não foi uma pretensão deste trabalho, ressalto o referido paradoxo à advertência de um(a) psicanalista nos espaços públicos e, mais precisamente, em uma política pública. Digo do empuxo à dominação pela emergência do discurso do mestre. Mas o inconsciente, a partir do discurso analítico, pode advir a um não-todo liberal-progressista, isto é, nem à condição de um liberal-conservadorismo nem, estritamente, a um progressismo-iludido. Seu lugar é sempre marginal, à esquerda da esquerda e em um mais-além que descortina o que a direita recalca. É por essa via que um(a) analista pode encontrar-se suficientemente advertido(a) do retorno da sugestão, como na hipnose, e ocupar um lugar de resistência aos fechamentos totalitários.

Uma ousadia a mais para reconhecer que "quem combate monstruosidades deve cuidar para que não se torne um monstro" (Nietzsche, 1886/2001, aforismo 146). Então, ousemos uma esquerda que permita dirimir as injustiças que, concordamos, não precisam nem devem existir. Mais fácil quando não é preciso persuadir e, enfim, supostamente educar, como vigora o discurso universitário, àqueles(as) que não reconhecem o suicídio que produzem ao perpetuar o subdesenvolvimento, como no mito de Oroboro, a teoria sobre os ciclos dos governos e o advento do neoliberalismo – como manifestação de uma insistência liberal – nas políticas públicas.

Freud (1901-1905/1996e) nos legou a advertência de que estamos sempre implicados na desordem que nos queixamos. Uma psicanálise não apenas se encontra como espaço de escuta, tratamento e refúgio quando prédios desmoronam; quando a cidade produz enjeitados sociais; quando os discursos hegemônicos engendram e ao mesmo tempo deslegitimam diferentes modalidades de sofrimento. O discurso da psicanálise também implica um espaço onde se convida sujeitos a um trabalho sobre aquilo lhes concerne, em sua própria subjetividade, em meio ao desabamento desses tijolos. Trata-se de reconhecer um *another brick* no espelho de sua própria reificação.

Reproduzimos o que queremos combater, e não apenas como forma de reprodução da ideologia hegemônica na qual fomos criados(as) e somos constantemente forçados(as) a engolir, a fim de que se mantenham as bases da exploração capitalista. Também reproduzimos o que pretendemos combater não apenas por fetiche, mas pela falta da devida crítica, ou na denegação contida no cinismo, como nas palavras proferidas por alguém que diz: "Se um de nós dois morrer, eu vou pra Paris."

Se o Estado tem o poder de produzir políticas que não alteram as condições estruturais de reprodução daquilo que pretende combater, produzindo desastres espetaculares para a televisão, a propagação do medo cotidiano e o discurso da insuficiência que culmina na insatisfação pública, nós também temos esse poder. Daí uma contribuição psicanalítica para o que temos o poder de produzir e que reproduzimos, na medida em que a mestria, o anseio de dominação, espreita-nos. Daí o valor dado ao conflito, à radicalidade democrática ou comunismo. Isso por estarmos atentos aos riscos que incorremos no poder da sugestão, na tendência em buscar soluções pela força ou mesmo pelo consenso, nas aspirações contidas na lógica de conjunto e, portanto, toda fálica.

Afinal, uma democracia radical ou comunismo implica experiências de indeterminação. Sem abrir mão de nossas diferenças, da singularidade subjetiva e da legitimidade de demandas identitárias, a variação pode encontrar versos e rimas variados em um espaço para um refrão ocasionalmente partilhável. Nesse processo, pode-se reconhecer a alteridade, a abertura para um indecidível, contingencial e mesmo para o sem sentido que, em vez de produzir segregação, pode levar-nos a construir pontes. Algo como na brincadeira de crianças em que se decide o vencedor em um par ou ímpar, esvaziando a tensão.

Um passo e estamos a nos relacionar com o outro, colocando-o no lugar de impotência e silenciamento. Dois passos e estamos a colocá-lo no lugar de objeto de nossos saberes, nossas escolhas e, enfim, domínio. Três passos e criamos um manicômio, uma prisão ou um convento. Para resistir, um processo ousado de desconstrução é preciso. No entanto, seguimos permissivos à construção de muros. Eis a radicalidade de uma transformação e que impacta nossas relações sociais, ao menos aquelas que se pretendem radicalmente democráticas ou comunistas. E não temos como prever aonde isso pode nos levar: tamanha abertura quando não temos toda a consistência de um quadro fantasmático para nos conformar. Quando já se abriu mão da cruz e da espada, resta deambular.

Para mais um passo, podermos então romper com o "círculo vicioso", de modo que se "mude as coordenadas do conflito" (Žižek, 2003, p. 150). Que, em vez de decidirmos entre a cruz e a espada, inventemos outras saídas, mais criativas, inclusive para nossas formas acostumadas de sofrer. Para isso, apostemos em um processo que conduza a uma perda do si mesmo narcísico, em parte incurável, de nosso modo sintomático acostumado e também das formas desconfortáveis de fazer sofrer. Trabalhemos para não incorrer numa volta a cair no exato ponto de onde partimos. Ousemos um imprevisto que nos desassossegue e subverta como no simples jogo de dois ou um. Quem sabe aí, não será mais o Exército a subir, mas o morro a descer e sem tempo para ensaio geral.

Referências

Agência Record. (2014, fevereiro). Chacina deixa três mortos na zona leste da capital. *Portal R7*. http://noticias.r7.com/sao-paulo/chacina-deixa-tres-mortos-na-zona-leste-da-capital-05022014. Acesso em: 6 fev. 2014.

Althusser, L. (1970). *Ideologia e aparelhos ideológicos de Estado*. Editorial Presença.

Althusser, L. (1999). *Sobre a reprodução*. Vozes.

Alvez, I. G. (2015). Da caridade ao welfare state: um breve ensaio sobre os aspectos históricos dos sistemas de proteção social ocidentais. *Ciência e Cultura. 67*(1), 52-55

Ariès, P. (1981). *História social da criança e da família* (2a ed.). LTC.

Aristóteles (1973). Ética a Nicômaco. In *Os Pensadores* (L. Vallandro e G. Bornheim Trads.). Abril Cultural.

Aristóteles (1998). *A política* (14a ed., N. S. Chaves Trad.). Ediouro.

Avelino, G., Brown, D. S., & Hunter, W. A. (2007). Internacionalização econômica, democratização e gastos sociais na América Latina, 1980-1999. In G. Hochman, M. Arretche, & E. Marques (Orgs.), *Políticas públicas no Brasil* (pp. 207-243). Fiocruz.

Badiou, A. (2012). *A hipótese comunista*. Boitempo.

Bauman, Z. (1999). *Modernidade e ambivalência*. Jorge Zahar.

Beauchesne, H. (1989). *História da psicopatologia*. Martins Fontes.

Berlin, I. (1981). Dois conceitos de liberdade. In I. Berlin. *Quatro ensaios sobre a liberdade* (pp. 133-175, W. H. Ferreira Trad.). Universidade de Brasília.

Berri, C. (diretor e produtor). (1993). *Germinal*. Lume Filmes.

Bobbio, N. (1995). *Direita e esquerda: razões e significados de uma distinção política* (M. A. Nogueira Trad.). Editora da Universidade Estadual Paulista.

Bobbio, N. (2003). Sobre as possíveis relações entre filosofia política e ciência política. In N. Bobbio. *Norberto Bobbio: o filósofo e a política: antologia* (C. Benjamin Trad.). Contraponto.

Bobbio, N. (2004). *A era dos direitos* (C. N. Coutinho Trad.). Elsevier.

Bobbitt, P. (2003). *The shield of Achilles: war, peace and the course of History*. Penguin Books.

Boron, A. A. (2004). Justiça sem Capitalismo, Capitalismo sem Justiça. In A. de Vita, & A. A. Boron (Orgs.), *Teoria e filosofia política: a recuperação dos clássicos no debate latino-americano* (pp. 135-155). Editora da Universidade de São Paulo, Clacso.

Brasil. (2003). *Política do Ministério da Saúde para a atenção integral a usuários de álcool e outras drogas* (2a ed.). Ministério do Desenvolvimento Social e Combate à Fome. Programa Bolsa Família. Brasília. http://www.mds.gov.br/mds-sigpbf-web/. Acesso em: 21 out. 2015.

Brasil. (2005). Gabinete de Segurança Institucional. Conselho Nacional Antidrogas. *Resolução nº 3, 27 out. 2005. Aprova a Política Nacional sobre Drogas*. Diário Oficial da União.

Brasil. (2001). *Lei nº 10.216, de 6 de abril de 2001. Dispõe sobre a proteção e os direitos das pessoas portadoras de transtornos mentais e redireciona o modelo assistencial em saúde mental.* http://www.planalto.gov.br/ccivil_03/leis/leis_2001/l10216.htm. Acesso em: 26 jan. 2018.

Brasil. (2011, 23 de dezembro). *Portaria nº 3.088, de 23 de dezembro de 2011. Institui a Rede de Atenção Psicossocial para pessoas com sofrimento ou transtorno mental e com necessidades decorrentes do uso de crack, álcool e outras drogas, no âmbito do Sistema Único de Saúde (SUS).* http://bvsms.saude.gov.br/bvs/saudelegis/gm/2011/prt3088_23_12_2011_rep.html. Acesso em: 26 jan. 2018.

Brasil. (2013, 10 de julho). *Lei. nº 12.842, de 10 de julho de 2013. Dispõe sobre o exercício da Medicina.* Publicado em: 11 de julho de 2013. Diário Oficial da União.

Cardoso, S. (2002). Que república? Notas sobre a tradição de Governo Misto. In N. Bignotto (Org.), *Pensar a República.* (pp. 27-48). Editora da UFMG.

Carta Capital. (2013a, 22 de outubro). *Dilma pede desculpas a médico cubano hostilizado no Ceará.* http://www.cartacapital.com.br/politica/dilma-pede-desculpas-a-medico-cubano-hostilizado-no-ceara-9655.html. Acesso em: 19 fev. 2014.

Carta Capital. (2013b, outubro). *Por que o senhor atirou em mim? Quem vai responder a pergunta do Douglas?* http://negrobelchior.cartacapital.com.br/2013/10/28/por-que-o-senhor-atirou-em-mim. Acesso em: 29 out. 2013.

Carta Capital. (2014a, fevereiro). *"Tá com dó? Leva pra casa".* http://www.cartacapital.com.br/sociedade/ta-com-do-leva-pra-casa-9077.html. Acesso em: jul. 2015.

Carta Capital. (2014b, fevereiro). Após morte de cinegrafista, Senado tenta acelerar "lei antiterror". *Sessão Política.* http://www.cartacapital.com.br/politica/lei-antiterrorismo-1873.html. Acesso em: 11 fev. 2014.

Carta Maior. (2015). *Serra, o "trensalão tucano" e a mídia.* http://cartamaior.com.br/?/Editoria/Midia/Serra-o-trensalao-tucano-e-a-midia/12/33317. Acesso em: 23 abr. 2015.

Cassirer, E. (2003). *O mito do Estado.* Códex.

Castel, R. (2011). *A discriminação negativa: cidadãos ou autóctones?* Vozes.

Castoriadis, C. (1979). *Socialismo ou barbárie: o conteúdo do socialismo.* Brasiliense.

Clastres, P. (1975). *A sociedade contra o Estado. Investigações de antropologia política.* Afrontamento.

Checchia, M. (2015). *Poder e política na clínica psicanalítica.* Annablume.

Congresso em Foco. (2014, março). *Senado "ressuscita" redução da maioridade penal.* http://congressoemfoco.uol.com.br/noticias/senado-%E2%80%9Cressuscita%E2%80%9D-reducao-da-maioridade-penal/. Acesso em: 10 mar. 2014.

Conselho Federal de Psicologia. (1987). *Código de Ética Profissional do Psicólogo.* Resolução CFP nº 002/87 de 15 de agosto de 1987.

Constant, B. (1985). Da liberdade dos antigos comparada à dos modernos. In *Filosofia política* (pp. 9-25, L. Silveira Trad.). L&PM.

Constantino, R. (2015, julho). Menos escolas, mais prisões! *Revista Veja.* http://veja.abril.com.br/blog/rodrigo-constantino/educacao/menos-escolas-mais-prisoes/. Acesso em: 3 jul. 2015.

Cortes, S. V. (2013). Sociologia e políticas públicas. In E. Marques, & C. A. P. de Faria (Orgs.), *A política pública como campo multidisciplinar* (pp. 47-68). Unesp; Fiocruz.

Danto, E. A. (2019). *As clínicas públicas de Freud: psicanálise e justiça social, 1918-1938*. Perspectiva.

Darmon, M. (1994). *Ensaios sobre a topologia lacaniana*. Artes Médicas.

DataFolha. (2015, junho). *87% aprovam redução da maioridade*. http://datafolha.folha.uol.com.br/opiniaopublica/2015/06/1646200-87-aprovam-reducao-da-maioridade.shtml. Acesso em: 5 jul. 2015.

Desentorpecendo a Razão. (2014, março).*Deputado Jean Wyllys protocola projeto de lei de regulação da maconha e descriminalização da posse de drogas para consumo pessoal*. http://coletivodar.org/2014/03/deputado-jean-wyllys-protocola-projeto-de-lei-de-regulacao-da-maconha-e-descriminalizacao-da-posse-de-drogas-para-consumo-pessoal/. Acesso em: 20 mar. 2014.

Draibe, S. M. (1997). Estado de bem-estar, desenvolvimento econômico e cidadania: algumas lições da literatura contemporânea. In. G. Hochman, M. Arretche, & E. Marques (Orgs.), *Políticas públicas no Brasil*. (pp. 27-64). Fiocruz.

Draibe, S. M., & Riesco, M. (2011). Estados de bem-estar social e estratégias de desenvolvimento na América Latina. Um novo desenvolvimentismo em gestão? *Sociologias*, Porto Alegre, *1*(27), 220-254.

Dunker, C. I. L. (2015). *Mal-estar, sofrimento e sintoma: uma psicopatologia do Brasil entre muros*. Boitempo (Estado de sítio).

Dunker, C. I. L. (2016). *Por que Lacan?* Zagodoni.

Esping-Andersen, G. (1991). As três economias políticas do *Welfare State*. *Lua Nova*, *1*(24), 85-116.

Estadão. (2013, julho). *Sob presidência de Feliciano, comissão aprova projeto da "cura gay"*. http://politica.estadao.com.br/noticias/geral,sob-presidencia-de-feliciano-comissao-aprova-projeto-da-cura-gay,1043950. Acesso em: 18 jun. 2013.

Estadão. (2014a, janeiro). *Grupos protestam pelo Brasil contra a Copa do Mundo.* http://esportes.estadao.com.br/noticias/futebol,grupos-protestam-pelo-brasil-contra-a-realizacao-da-copa-do-mundo,1122884. Acesso em: 27 jan. 2014.

Estadão. (2014b, janeiro). *Em ação surpresa, Polícia Civil reprime com bombas dependentes da Cracolândia.* http://www.estadao.com.br/noticias/cidades,em-acao-surpresa-policia-civil-reprime-com-bombas-dependentes-na-cracolandia,1121973,0.htm. Acesso em: 24 jan. 2014.

Estadão. (2015, julho). *Duas sessões de soco. As torturas em SP e o caso Hideki.* http://sao-paulo.estadao.com.br/blogs/sp-no-diva/tortura-violencia-e-taxas-altas-de-crime-anda-juntas-em-sp/. Acesso em: jul. 2015.

Faria, C. A. P. de. (2013). A multidisciplinaridade no estudo das políticas públicas. In E. Marques, & C. A. P. de Faria (Orgs.), *A política pública como campo multidisciplinar* (pp. 11-21). Unesp; Fiocruz.

Fingermann, D., & Dias, M. M. (2005). *Por causa do pior.* Iluminuras.

Folha de São Paulo. (2014, março). *Marcha da Família com Deus reúne cerca de 700 pessoas em SP; quatro são detidos.* http://www1.folha.uol.com.br/poder/2014/03/1429580-marcha-da-familia-com-deus-reune-cerca-de-500-pessoas-no-centro-de-sp.shtml. Acesso em: 24 mar. 2014.

Folha de São Paulo. (2015a, agosto). *PM suspeita que plano de chacina na Grande SP começou em velório.* http://www1.folha.uol.com.br/cotidiano/2015/08/1673674-pm-suspeita-que-plano-de-chacina-na-grande-sp-comecou-em-velorio.shtml. Acesso em: 28 ago. 2015.

Folha de São Paulo. (2015b, julho). *Redução da maioridade avança na Câmara após manobra.* http://www1.folha.uol.com.br/cotidiano/2015/07/1650544-reducao-da-maioridade-avanca-na-camara-apos-manobra.shtml. Acesso em: 3 jul. 2015.

Fórum Econômico Mundial. (2016). *Global Gender Gap Index*. Rankings. http://reports.weforum.org/global-gender-gap-report-2016/rankings/. Acesso em: 12 mar. 2017.

Freud, S. (1996a). A interpretação dos sonhos. In S. Freud. *Edição standard das obras psicológicas completas de Sigmund Freud* (Vol. 4, pp.13-363, J. Salomão Trad.). Imago. (Trabalho original publicado em 1900)

Freud, S. (1996b). Análise terminável e interminável. In S. Freud. *Edição standard das obras psicológicas completas de Sigmund Freud* (Vol. 23, pp. 225-274, J. Salomão Trad.). Imago. (Trabalho original publicado em 1937)

Freud, S. (1996c). Construções em análise. In S. Freud. *Edição standard das obras psicológicas completas de Sigmund Freud* (Vol. 23, pp. 275-287, J. Salomão Trad.). Imago. (Trabalho original publicado em 1930)

Freud, S. (1996d). Dois verbetes de enciclopédia. Psicanálise. In S. Freud. *Edição standard das obras psicológicas completas de Sigmund Freud* (Vol.18, pp. 251-274, J. Salomão Trad.). Imago. (Trabalho original publicado em 1923 [1922])

Freud, S. (1996e). Fragmento da análise de um caso de histeria. In S. Freud. *Edição standard das obras psicológicas completas de Sigmund Freud* (Vol. 7, pp. 15-118, J. Salomão Trad.). Imago. (Trabalho original publicado em 1905 [1901])

Freud, S. (1996f). *Memorandum* sobre o tratamento elétrico dos neuróticos de guerra. In S. Freud. *Edição standard das obras psicológicas completas de Sigmund Freud* (Vol. 17, pp. 227-231, J. Salomão Trad.). Imago. (Trabalho original escrito em 1920)

Freud, S. (1996g). Moisés e o monoteísmo. In S. Freud. *Edição standard das obras psicológicas completas de Sigmund Freud* (Vol. 23, pp. 15-151, J. Salomão Trad.). Imago. (Trabalho original publicado em 1939 [1934-1938])

Freud, S. (1996h). O ego e o id. In S. Freud. *Edição standard das obras psicológicas completas de Sigmund Freud* (Vol. 19, pp. 14-81, J. Salomão Trad.). Imago. (Trabalho original publicado em 1923)

Freud, S. (1996i). O inconsciente. In S. Freud. *Edição standard das obras psicológicas completas de Sigmund Freud* (Vol. 14, pp. 165-218, J. Salomão Trad.). Imago. (Trabalho original escrito em 1915)

Freud, S. (1996j). Prefácio a Juventude Desorientada de Aichhorn. In S. Freud. *Edição standard das obras psicológicas completas de Sigmund Freud* (Vol. 19, pp. 307-308, J. Salomão Trad.). Imago. (Trabalho original publicado em 1925)

Freud, S. (1996k). Prefácio ao relatório sobre a Policlínica Psicanalítica de Berlim (março de 1920 a junho de 1922). In S. Freud. *Edição standard das obras psicológicas completas de Sigmund Freud* (Vol. 19, p. 319, J. Salomão Trad.). Imago. (Trabalho original publicado em 1923)

Freud, S. (1996l). Psicanálise 'silvestre'. In S. Freud. *Edição standard das obras psicológicas completas de Sigmund Freud* (Vol. 11, pp. 229-239, J. Salomão Trad.). Imago. (Trabalho original publicado em 1910)

Freud, S. (1996m). Recomendações aos médicos que exercem a psicanálise. In S. Freud. *Edição standard das obras psicológicas completas de Sigmund Freud* (Vol. 13, pp. 123-133, J. Salomão Trad.). Imago. (Trabalho original publicado em 1912)

Freud, S. (1996n). Recordar, repetir e elaborar: novas recomendações sobre a técnica da psicanálise II. In S. Freud. *Edição standard das obras psicológicas completas de Sigmund Freud* (Vol. 12, p. 163-171, J. Salomão Trad.). Imago. (Trabalho original publicado em 1914)

Freud, S. (1996o). Reflexões para os tempos de guerra e morte. In S. Freud. *Edição standard das obras psicológicas completas de Sigmund Freud* (Vol. 14, pp. 284-316, J. Salomão Trad.). Imago. (Trabalho original publicado em 1915-1916)

Freud, S. (1996p). Sobre a psicoterapia. In S. Freud. *Edição standard das obras psicológicas completas de Sigmund Freud* (Vol. 7, pp. 241-254, J. Salomão Trad.). Imago. (Trabalho original publicado em 1905 [1904])

Freud, S. (1996q). Sobre a transitoriedade. In S. Freud. *Edição standard das obras psicológicas completas de Sigmund Freud* (Vol. 14, pp. 317-323, J. Salomão Trad.). Rio de Janeiro: Imago. (Trabalho original publicado em 1915-1916)

Freud, S. (1996r). Sobre o início do tratamento (Novas recomendações sobre a técnica da psicanálise I). In S. Freud. *Edição standard das obras psicológicas completas de Sigmund Freud* (Vol. 12, pp. 137-158, J. Salomão Trad.). Imago. (Trabalho original publicado em 1913)

Freud, S. (1996s). Totem e tabu. In S. Freud. *Edição standard das obras psicológicas completas de Sigmund Freud* (Vol. 13, pp. 13-168, J. Salomão Trad.). Imago. (Trabalho original publicado em 1912-1913)

Freud, S. (1996t). Três ensaios para uma teoria da sexualidade. In S. Freud. *Edição standard das obras psicológicas completas de Sigmund Freud* (Vol. 7, pp. 119-229, J. Salomão Trad.). Imago. (Trabalho original publicado em 1905)

Freud, S. (1996u). Um estudo autobiográfico. In S. Freud. *Edição standard das obras psicológicas completas de Sigmund Freud* (Vol. 20, pp. 11-78, J. Salomão Trad.). Imago. (Trabalho original publicado em 1925)

Freud, S. (1998). O futuro de uma ilusão. In S. Freud. *Edição standard das obras psicológicas completas de Sigmund Freud* (Vol. 21, pp.15-65, J. Salomão Trad.). Imago. (Trabalho original publicado em 1927)

Freud, S. (2010a). Acerca de uma visão de mundo. Novas conferências introdutórias à psicanálise. In S. Freud. *O mal-estar na civilização, novas conferências introdutórias à psicanálise e outros textos* (1930-1936). (Vol. 18, pp. 321-354, P. C. de Souza Trad.). Companhia das Letras. (Trabalho original publicado em 1933)

Freud, S. (2010b). Além do princípio do prazer. In S. Freud. *História de uma neurose infantil: ("O homem dos lobos"); Além do princípio do prazer e outros textos (1917-1920)* (Vol.14, pp. 161-239, P. C. de Souza Trad.). Companhia das Letras. (Trabalho original publicado em 1920)

Freud, S. (2010c). Caminhos da terapia psicanalítica. In S. Freud. *História de uma neurose infantil: ("O homem dos lobos"); Além do princípio do prazer e outros textos (1917-1920)* (Vol.14, pp. 279-292, P. C. de Souza Trad.). Companhia das Letras. (Trabalho original publicado em 1919)

Freud, S. (2010d). Introdução a psicanálise das neuroses de guerra. In S. Freud. *História de uma neurose infantil: ("O homem dos lobos"); Além do princípio do prazer e outros textos (1917-1920)* (Vol.14, pp. 382-388, P. C. de Souza Trad.). Companhia das Letras. (Trabalho original publicado em 1919)

Freud, S. (2010e). O inquietante. In S. Freud. *História de uma neurose infantil: ("O homem dos lobos"); Além do princípio do prazer e outros textos (1917-1920)* (Vol.14, pp. 328-376, P. C. de Souza Trad.). Companhia das Letras. (Trabalho original publicado em 1919)

Freud, S. (2010f). O mal-estar na civilização. In S. Freud. *O mal-estar na civilização, novas conferências introdutórias à psicanálise e outros textos (1930-1936)* (Vol. 18, pp. 13- 123, P. C. de Souza Trad.). Companhia das Letras. (Trabalho original publicado em 1930)

Freud, S. (2010g). Uma dificuldade da psicanálise. In S. Freud. *História de uma neurose infantil: ("O homem dos lobos"); Além do princípio do prazer e outros textos (1917-1920)* (Vol. 14, pp. 240-251, P. C. de Souza Trad.). Companhia das Letras. (Trabalho original publicado em 1917)

Freud, S. (2011a). "Psicanálise" e "Teoria da Libido". In S. Freud. *Psicologia das massas e análise do eu e outros textos (1920-1923)* (Vol. 15, pp. 274-308, P. C. de Souza Trad.). Companhia das Letras. (Trabalho original publicado em 1923)

Freud, S. (2011b). Psicologia das massas e análise do eu. In S. Freud. *Psicologia das massas e análise do eu e outros textos (1920-1923)* (Vol. 15, pp. 13-113, P. C. de Souza Trad.). Companhia das Letras. (Trabalho original publicado em 1921)

Freud, S. (2014a). A questão da análise leiga: diálogo com um interlocutor imparcial. In S. Freud. *Inibição, sintoma e angústia, O futuro de uma ilusão e outros textos (1926-1929)* (Vol. 17, pp. 124-230, P. C. de Souza Trad.). Companhia das Letras. (Trabalho original publicado em 1926)

Freud, S. (2014b). Compêndio de psicanálise. In S. Freud. *Compêndio de psicanálise e outros escritos inacabados* (Vol. 3, pp.11-198, P. H. Tavares Trad.). Autêntica. (Trabalho original escrito em 1940)

Freud, S. (2014c). O humor. In S. Freud. *Inibição, sintoma e angústia, O futuro de uma ilusão e outros textos (1926-1929)* (Vol. 17, pp. 322-330, P. C. de Souza Trad.). Companhia das Letras. (Trabalho original publicado em 1927)

Freud, S., & Andréas-Salomé, L. (1975). *Correspondência completa* (D. Flackeman Trad.). Imago.

Frey, K. (2000). Políticas públicas: um debate conceitual e reflexões referentes à prática da análise de políticas públicas no Brasil. *Planejamento e Políticas Públicas*, 21, 211-259.

G1. (2015a, junho). *MP vai investigar participação do Bope no Caso Amarildo.* http://g1.globo.com/rio-de-janeiro/noticia/2015/06/mp-vai-investigar-participacao-do-bope-no-caso-amarildo.html. Acesso em: 3 jul. 2015.

G1. (2015b, setembro). *PM inicia 'Operação Verão' para coibir arrastões na orla da Zona Sul do Rio.* https://g1.globo.com/

rio-de-janeiro/noticia/2015/09/pm-inicia-operacao-verao-para-coibir-arrastoes-na-orla-da-zona-sul-do-rio.html.

G1. (2016, maio). *FMI diz políticas neoliberais aumentaram a desigualdade.* http://g1.globo.com/economia/noticia/2016/05/fmi-diz-que-politicas-neoliberais-aumentaram-desigualdade.html. Acesso em: 1 jun. 2016.

Gargarella, R. (2004). Liberalismo diante do Socialismo. In A. de Vita, & A. A. Boron (Orgs.), *Teoria e filosofia política: a recuperação dos clássicos no debate latino-americano* (pp. 95-118). Editora da Universidade de São Paulo, Clacso.

Gay, P. (2012). *Freud: uma vida para o nosso tempo.* Companhia das Letras.

Gobetti, S. W., & Orair, R. O. (2015). *Jabuticabas tributárias e a desigualdade no Brasil.* http://www.desenvolvimentistas.com.br/blog/blog/2015/08/04/jabuticabas-tributarias-e-a-desigualdade-no-brasil/. Acesso em: 13 set. 2015.

Goldenberg, R. (2006). *Política e psicanálise.* Jorge Zahar.

Gonçalves, L. H. P. (2000). *O discurso do capitalista: uma montagem em curto-circuito.* Via Lettera.

Gracia, E., & Merlo, J. (2016). Intimate partner violence against women and the Nordic paradox. *Social Science* & *Medicine,* 157, 27-30. https://www.researchgate.net/profile/Juan_Merlo/publication/299737791_Intimate_partner_violence_against_women_and_the_Nordic_paradox/links/57064c1908aecbf68ba9a980.pdf. Acesso em: 12 mar. 2017.

Grüner, E. (2004). A tragédia, ou o Fundamento perdido do político. In A. de Vita, & A. A. Boron (Orgs.), *Teoria e filosofia política: a recuperação dos clássicos no debate latino-americano* (pp. 15-51). Edusp.

Heloani, J. R. (2003). *Gestão e organização no capitalismo globalizado: história da manipulação psicológica no mundo do trabalho*. Atlas.

Hobbes, T. (2014). *Leviatã* (R. D' Angina Trad.). Martin Claret. (Trabalho original publicado em 1651)

Hochman, G.; Arretche, M., & Marques, E. (2007). Introdução. In G. Hochman, M. Arretche & E. Marques (Orgs.). *Políticas públicas no Brasil* (pp. 13-23). Fiocruz.

Höfling, E. M. de. (2001). Estado e políticas (públicas) sociais. *Cadernos Cedes*, ano XXI, (55).

Instituto Brasileiro de Opinião Pública e Estatística (Ibope). (2013, junho). *75% dos brasileiros são favoráveis às manifestações públicas.* http://www.ibope.com.br/pt-br/noticias/Paginas/75-dos-brasileiros-sao-favoraveis-asanifestaco-publicas.aspx. Acesso em: jul. 2015.

Instituto Brasileiro de Opinião Pública e Estatística (Ibope). (2014). *Indicadores de referência de bem-estar no Município.* Rede Nossa São Paulo. https://www.nossasaopaulo.org.br/irbem-indicadores-de-referencia-de-bem-estar-no-municipio/. Acesso em: 4 jul. 2014.

Instituto de Pesquisa Econômica Aplicada (Ipea). (2015). Política sociais: acompanhamento e análise. *BPS*, (23).

Jorge, M. A. C. (2017). *Fundamentos da psicanálise de Freud a Lacan, vol. 3: a prática analítica.* Zahar.

Jullien, F. (1998). *Tratado da eficácia.* Editora 34. Coleção TRANS.

Kant, I. (2003). *Ideia de uma história universal de um ponto de vista cosmopolita* (R. Naves e R. Terra Trads.). Martins Fontes. (Trabalho original publicado em 1784)

Kant, I. (2009). *Fundamentação da metafísica dos costumes* (G. A. de Almeida Trad.). Barcarolla. (Trabalho original publicado em 1785)

Kerstenetzky, C. L. (2012). *O estado do bem-estar social na idade da razão: a reinvenção do estado social no mundo contemporâneo.* Elsevier.

Koltai, C. (2000). *Política e psicanálise. O estrangeiro.* Escuta.

Kubrick, S. (diretor e produtor). (1999). *De olhos bem fechados.* Warner Bros.

Kupermann, D. (1996). *Transferências cruzadas: uma história da psicanálise e suas instituições.* Revan.

Lacan, J. (1966-1967). *O Seminário, livro 14: a lógica do fantasma.* Inédito.

Lacan, J. (1967-1968). *O Seminário, livro 15: o ato psicanalítico.* Inédito.

Lacan, J. (1975). A terceira. In J. Lacan. *Lettres de l'École freudienne.* (16), 177-203.

Lacan, J. (1978). Discours de Jacques Lacan à l'Université de Milan le 12 mai 1972, paru dans l'ouvrage bilingue: Lacan in Italia 1953-1978. In *Italie Lacan* (pp. 32-55). La Salamandra. http://www.ecole-lacanienne.net/documents/1972-05-12.doc. Acesso em: 18 maio 2011. (Trabalho original publicado em 1972)

Lacan, J. (1985). *O Seminário: livro 20: mais, ainda.* Jorge Zahar. (Trabalho original publicado em 1972-1973)

Lacan, J. (1986). *O Seminário, livro 1: os escritos técnicos de Freud.* Jorge Zahar. (Trabalho original publicado em 1953-1954)

Lacan, J. (1992a). *O Seminário, livro 8: a transferência.* Jorge Jahar. (Trabalho original publicado em 1960-1961)

Lacan, J. (1992b). *O Seminário, livro 17: o avesso da psicanálise.* Jorge Zahar. (Trabalho original publicado em 1969-1970)

Lacan, J. (1995). *O Seminário, livro 4: a relação de objeto.* Jorge Zahar. (Trabalho original publicado em 1956-1957)

Lacan, J. (1997a). *O Seminário, livro 7: a ética da psicanálise.* Jorge Zahar. (Trabalho original publicado em 1959-1960)

Lacan, J. (1997b). *O Seminário, livro 11: os quatro conceitos fundamentais da psicanálise*. Jorge Zahar. (Trabalho original publicado em 1963-1964)

Lacan, J. (1998a). A agressividade em psicanálise. In Lacan, J. *Escritos* (pp. 104-126). Jorge Zahar. (Trabalho original publicado em 1948)

Lacan, J. (1998b). A ciência e a verdade. In J. Lacan. *Escritos* (pp. 869-892). Jorge Zahar. (Trabalho original publicado em 1965-1966)

Lacan, J. (1998c). A coisa freudiana ou o Sentido do retorno a Freud em psicanálise. In J. Lacan, *Escritos* (pp. 402-437). Jorge Zahar. (Trabalho original publicado em 1955)

Lacan, J. (1998d). A direção do tratamento e os princípios de seu poder. In J. Lacan, *Escritos* (pp. 591-652). Jorge Zahar. (Trabalho original publicado em 1958)

Lacan, J. (1998e). A instância da letra no inconsciente ou a razão desde Freud. In J. Lacan, *Escritos* (pp. 496-536). Jorge Zahar. (Trabalho original publicado em 1957)

Lacan, J. (1998f). A significação do falo. In J. Lacan, *Escritos* (pp. 692-703). Jorge Zahar. (Trabalho original publicado em 1958)

Lacan, J. (1998g). Formulações sobre a causalidade psíquica. In J. Lacan, *Escritos* (pp. 152-198). Jorge Zahar. (Trabalho original publicado em 1946)

Lacan, J. (1998h). Função e campo da fala e da linguagem em psicanálise. In J. Lacan, *Escritos* (pp. 238-324). Jorge Zahar. (Trabalho original publicado em 1953)

Lacan, J. (1998i). Intervenção sobre a transferência. In J. Lacan, *Escritos* (pp. 214-237). Jorge Zahar. (Trabalho original publicado em 1951)

Lacan, J. (1998j). Kant com Sade. In J. Lacan, *Escritos* (pp. 776-806). Jorge Zahar. (Trabalho original publicado em 1963)

Lacan, J. (1998k). O estádio do espelho como formador da função do eu tal como nos é revelada na experiência psicanalítica. In J.

Lacan, *Escritos* (pp. 96-103). Jorge Zahar. (Trabalho original publicado em 1949)

Lacan, J. (1998l). O seminário sobre "A carta roubada". In J. Lacan, *Escritos* (pp. 13-68). Jorge Zahar. (Trabalho original publicado em 1955)

Lacan, J. (1998m). O tempo lógico e a asserção de certeza antecipada. In J. Lacan, *Escritos* (pp. 197-213). Jorge Zahar. (Trabalho original publicado em 1945)

Lacan, J. (1998n). Para-além do "Princípio de Realidade". In J. Lacan, *Escritos* (pp. 77-95). Jorge Zahar. (Trabalho original publicado em 1936)

Lacan, J. (1998o). Subversão do sujeito e dialética do desejo no inconsciente freudiano. In J. Lacan, *Escritos* (pp. 807-842). Jorge Zahar. (Trabalho original publicado em 1960)

Lacan, J. (1998p). Variantes do tratamento-padrão. In J. Lacan, *Escritos* (pp. 325-364). Jorge Zahar. (Trabalho original publicado em 1955)

Lacan, J. (1999). *O Seminário, livro 5: as formações do inconsciente.* Jorge Zahar. (Trabalho original publicado em 1957-1958)

Lacan, J. (2003a). Alocução sobre as psicoses da criança. In J. Lacan, *Outros escritos* (pp. 359-368). Jorge Zahar. (Trabalho original publicado em 1967)

Lacan, J. (2003b). Introdução à edição alemã de um primeiro volume dos Escritos. In J. Lacan, *Outros escritos*. Jorge Zahar. (Trabalho original publicado em 1975)

Lacan, J. (2003c). Nota italiana. In J. Lacan, *Outros escritos* (pp. 311-315). Jorge Zahar. (Trabalho original publicado em 1973)

Lacan, J. (2003d). Radiofonia. In J. Lacan, *Outros escritos* (pp. 400-447). Jorge Zahar. (Trabalho original publicado em 1970)

Lacan, J. (2003e). Televisão. In J. Lacan, *Outros escritos* (pp. 508-543). Jorge Zahar. (Trabalho original publicado em 1974)

Lacan, J. (2005a). Discurso aos católicos. In J. Lacan, *O triunfo da religião, precedido de, Discurso aos católicos*. Jorge Zahar. (Trabalho original publicado em 1960)

Lacan, J. (2005b). *O Seminário, livro 10: a angústia*. Jorge Jahar. (Trabalho original publicado em 1962-1963)

Lacan, J. (2005c). O triunfo da religião. In J. Lacan, *O triunfo da religião, precedido de, Discurso aos católicos*. Jorge Zahar. (Trabalho original publicado em 1974)

Lacan, J. (2009). *O Seminário, livro 18: de um discurso que não fosse semblante*. Jorge Zahar. (Trabalho original publicado em 1971)

Lacan, J. (2010a). *O Seminário, livro 2: O eu na teoria de Freud e na técnica da psicanálise*. Jorge Zahar. (Trabalho original publicado em 1954-1955)

Lacan, J. (2010b). *O Seminário, livro 3: as psicoses*. Jorge Zahar. (Trabalho original publicado em 1955-1956)

Lacan, J. (2012). *O Seminário, livro 19: ... ou pior*. Jorge Zahar. (Trabalho original publicado em 1971-1972)

Landersø, R., & Heckman, J. J. (2016). The Scandinavian fantasy: the sources of intergenerational mobility in Denmank and the U.S. *NBER Working Papel Series*. National Bureau of Economic Research. Cambridge.

Laplanche, J., & Pontalis, J.-B. (1992). *Vocabulário da psicanálise*. Martins Fontes.

Lefort, C. (1981). *A invenção democrática: os limites do totalitarismo*. Brasiliense.

Lipovetsky, G. (2005). *A era do vazio: ensaios sobre o individualismo contemporâneo*. Manole.

Locke, J. (2014). *Segundo tratado sobre o governo civil* (M. de M. Dantas Trad.). EDIPRO. (Trabalho original publicado em 1689)

Lowi, T. (1972). Four systems of policy, politics, and choice. *Public Administration Review.* 32(4). 298-310. http://www.platonicmedia.co.uk. Acesso em: 10 jun. 2015.

Marino, A. S. (2013a). *Crianças infratoras: garantia ou restrição de direitos? Um estudo psicanalítico sobre as medidas de proteção no campo do ato infracional infantil.* Juruá.

Marino, A. S. (2013b). Por que o ato médico pode fazer mal à saúde? *Jornal GGN: Observatório de Saúde Mental, Drogas e Direitos Humanos (OIA).* http://www.jornalggn.com.br/grupo/observatorio-de-saude-mental-drogas-e-direitos-humanos. Acesso em: 2 jul. 2013.

Marino, A. S.; Coaracy, A. R., & Andrade, E. (2022). Sobre o acesso à formação psicanalítica. *Revista Brasileira de Psicanálise*, *56*(3), pp. 115-130.

Marques, E. (2013). As políticas públicas na ciência política. In E. Marques, & C. A. P. de Faria (Orgs.), *A política pública como campo multidisciplinar* (pp. 23-46). Unesp; Fiocruz.

Marx, K. (2010a). *Manuscritos econômico-filosóficos* (4a ed., J. Ranieri Trad.). Boitempo. (Trabalho original escrito em 1844)

Marx, K. (2010b). *Sobre a questão judaica* (D. Bensaïd, W. C. Brant Trad.). Boitempo. (Trabalho original publicado em 1843)

Marx, K., & Engels, F. (2007). *A ideologia alemã: crítica da mais recente filosofia alemã em seus representantes Feuerbach, B. Bauer e Stirner, e do socialismo alemão em seus diferentes profetas* (R. Enderle, N. Schneider, L. C. Martorano Trads.). Boitempo. (Trabalho original publicado em 1845-1846)

Mauss, M. (2013). *Ensaio sobre a dádiva.* Edições 70. (Trabalho original publicado em 1950)

Miller, J-A. (2005). Megera modernidade. In J-A. Miller, *O sobrinho de Lacan* (pp. 108-124). Forense Universitária.

Moore, M. (diretor e produtor). (2007). *SICKO- SOS Saúde.* Dog Eat Dog Films.

Moore, M. (diretor e produtor). (2009). *Capitalismo: uma história de amor*. Dog Eat Dog Films.

Napoleoni, L. (2011). *Economia bandida: a nova realidade do capitalismo* (2a ed., P. Jorgensen Jr. Trad.). DIFEL.

Nascimento, M. M. de. (2010). A tradição crítica dos Direitos Humanos. In L. F. G. Ferreira, M. N. T Zenaide, & M. Pequeno (Orgs.), *Direitos Humanos na educação superior: subsídios para a educação em Direitos Humanos na filosofia* (pp. 119-148). Editora Universitária da UFPB.

Nietzsche, F. (2001). *Além do bem e do mal. Ou prelúdio a uma filosofia do futuro*. Hemus. (Trabalho original publicado em 1886)

Nobre, M. (2008). Introdução: modelos de teoria crítica. In M. Nobre (Org.), *Curso livre de teoria crítica.* Papirus.

Observatório da Imprensa. (2014, fevereiro). *Da violência da mídia à violência dos black blocs.* http://www.observatoriodaimprensa.com.br/news/view/_ed786_da_violencia_da_midia_a_violencia_dos_black_blocs. Acesso em: 12 fev. 2014.

Oxford Learner's Dictionary. (2005). Welfare. In *Oxford Dictionary.* Oxford University Press.

Parker, I. (2006). *Cultura psicanalítica: discurso psicanalítico na sociedade ocidental.* Idéias & Letras.

Piketty, T. (2014). *O capital no século XXI* (M. B. de Bolle Trad.). Intrínseca.

Platão. (2011). *A república.* (L. Vallandro Trad.). Nova Fronteira.

Políbios. (1985). *Histórias* (pp. 325-349, M. da G. Kury Trad.) Editora Universidade de Brasília.

Prates, A. L. (2001). *Feminilidade e experiência psicanalítica.* Hacker Editores e FAPESP.

Prates, A. L. (2017). *Feminilidade e experiência psicanalítica* (2a ed.). Agente Publicações.

Quinet, A. (2005). *As 4 + 1 condições de análise*. Jorge Zahar.

Quinet, A. (2006). *Psicose e laço social: esquizofrenia, paranóia e melancolia*. Jorge Zahar.

Quinet, A. (2009). *A estranheza da psicanálise: a escola de Lacan e seus analistas*. Jorge Zahar.

Rancière, J. (2014). *O ódio à democracia*. Boitempo.

Rego, W. L. (2004). Democracia integral e justa liberdade. In Vita, A. & Boron, A. A. (Orgs.), *Teoria e filosofia política: a recuperação dos clássicos no debate latino-americano* (pp. 119-134). Edusp.

Revista Exame. (setembro/2013). *O que torna a Dinamarca o país mais feliz do mundo*. http://primeiraedicao.com.br/noticia/2013/09/19/o-que-torna-a-dinamarca-o-pais-mais-feliz-do-mundo. Acesso em: 18 out. 2016.

Revista Fórum. (2013, novembro). *"Por que o senhor atirou em mim?". Protesto questiona mortes de jovens negros nas periferias*. http://revistaforum.com.br/blog/2013/11/protesto-em-sp-vai-perguntar-por-que-o-senhor-atirou-em-mim/. Acesso em: 13 nov. 2013.

Rosa, M. D. (2006). Gozo e política na psicanálise: a toxicomania como emblemática dos impasses do sujeito contemporâneo. *Traumas*, 6(4), 101-111.

Rosa, M. D. (2016). *A clínica psicanalítica em face da dimensão sociopolítica do sofrimento*. Escuta/Fapesp.

Rossi, M. A., & Amadeo J. (2004). Platão e Aristóteles: duas visões sugestivas sobre política. In Vita, A., & Boron, A. A. (Orgs.), *Teoria e filosofia política: a recuperação dos clássicos no debate latino-americano* (pp. 63-74). Edusp.

Roudinesco, E. (2003). *A família em desordem*. Jorge Zahar.

Roudinesco, E. (2005). *O paciente, o terapeuta e o Estado*. Jorge Zahar.

Roudinesco, E. (2008). *Jacques Lacan: esboço de uma vida, história de um sistema de pensamento*. Companhia de Bolso.

Rousseau, J-J. (2011). *Do contrato social ou Princípios do direito político* (E. Brandão Trad.). Pinguin Classics Companhia das Letras. (Trabalho original publicado em 1762)

Saúde Livre. (2015, julho). *Links com denúncias de maus tratos em comunidades terapêuticas*. http://saude-livre.blogspot.com.br/p/links-com-denuncias-de-maus-tratos-em.html. Acesso em: 2 jul. 2015.

Safatle, V. (2008). *Cinismo e falência da crítica*. Boitempo.

Safatle, V. (2012). *A esquerda que não teme dizer seu nome*. Três Estrelas.

Seikkula, J., & Olson, M. E. (2003). The open dialogue approach to acute psychosis: its poetics and micropolitics. *Family Process*, *24*(3), 403-418.

Seikkula, J.; Alakare, B.; Aaltonen, J.; Holma, J.; Rasinkangas, A., & Lehtinen, V. (2003). Open dialogue approach: treatment principles and preliminary results of a two-year follow-up on first episode schizophrenia. *Ethical Human Sciences and Services*, 5(3), 163-182.

Sen, A. (2010). *Desenvolvimento como liberdade*. Companhia das Letras.

Sen, A. (2011). *A ideia de justiça*. Companhia das Letras.

Sennett, R. (2012). *A corrosão do caráter*. BestBolso.

Singer, A. (2004). Rousseau e O Federalista: pontos de aproximação. In A. de Vita, & A. A. Boron (Orgs.), *Teoria e filosofia política: a recuperação dos clássicos no debate latino-americano* (pp. 53-61). Editora da Universidade de São Paulo.

Smith, A. (2011). *Uma investigação sobre a natureza e causas da riqueza das nações e a nova economia.* Hemus. (Trabalho original publicado em 1776)

Soler, C. (1998). *A psicanálise na civilização* (pp. 257-308). Contra Capa Livraria.

Souza, C. (2003). "Estado do Campo" da pesquisa em políticas públicas no Brasil. *Revista Brasileira de Ciências Sociais, 18*(51), 15-20.

Souza, C. (2006). Políticas Públicas: uma revisão da literatura. *Sociologias*, Porto Alegre, *1*(16), 20-45.

Souza, C. (2007). Estado da arte da pesquisa em políticas públicas. In. G. Hochman, M. Arretche, & E. Marques (Orgs.), *Políticas públicas no Brasil* (pp. 65-86). Fiocruz.

Sustainable Development Solutions Network. (2013). *World Happiness Report.* http://unsdsn.org/resources/publications/world-happiness-report-2013/. Acesso em: 18 out. 2016.

Torres, R. (2010). *Dimensões do ato em psicanálise.* Annablume.

Vernant, J.-P. (1992). *As origens do pensamento grego* (7a ed., Í. B. B. da Fonseca Trad.). Bertrand Brasil.

Vianna, M. L. T. W. (1991). Notas sobre política social. *Physis – Revista de Saúde Coletiva, 1*(1), 133-159.

Villey, M. (2007). *O direito e os direitos humanos* (M. E. de A. P. Galvão Trad.). WMF Martins Fontes.

Waizelfisz, J. J. (2014). *Mapa da violência 2014: os jovens do Brasil.* Flacso Brasil.

Wilson, R. (2008). Policy analysis as policy advice. In M. Moran, M. Rein, & R. E. Goodin (Ed.), *The Oxford handbook of public policy.* Oxford University Press.

Zaltzman, N. (1993). *A pulsão anarquista.* Escuta. Coleção Ensaios.

Žižek, S. (2003). *Bem-vindo ao deserto do Real!: cinco ensaios sobre o 11 de setembro e datas relacionadas*. Boitempo.

Žižek, S. (2011a). *Em defesa das causas perdidas*. Boitempo.

Žižek, S. (2011b). *Primeiro como tragédia, depois como farsa*. Boitempo.

Žižek, S. (2012a). *O amor impiedoso (ou Sobre a crença)*. Autêntica .

Žižek, S. (2012b). *Vivendo no fim dos tempos*. Boitempo.

Žižek, S., & Daly, G. (2006). *Arriscar o impossível – Conversas com Žižek*. Martins.

GRÁFICA PAYM
Tel. [11] 4392-3344
paym@graficapaym.com.br